소통 불통 먹통

화법전문가 구현정 교수의 소통 불통 먹통

© 구현정, 2011

1판 1쇄 발행__2011년 08월 30일
2판 1쇄 발행__2013년 06월 20일

지은이__구현정
펴낸이__양정섭

펴낸곳__도서출판 경진
　　　　등　록__제2010-000004호
　　　　주　소__경기도 광명시 소하동 1272번지 우림필유 101-212
　　　　블로그__http://kyungjinmunhwa.tistory.com
　　　　이메일__mykorea01@naver.com

공급처__(주)글로벌콘텐츠출판그룹
　　　　대　표__홍정표
　　　　편　집__노경민 배소정 최민지
　　　　기획·마케팅__이용기
　　　　일러스트__강성남
　　　　디자인__김미미
　　　　경영지원__안선영
　　　　주　소__서울특별시 강동구 천중로 196 정일빌딩 401호
　　　　전　화__02-488-3280
　　　　팩　스__02-488-3281
　　　　홈페이지__www.gcbook.co.kr

값 15,000원
ISBN 978-89-5996-195-5 13320

화법전문가 구현정 교수의
대화의 기술, 대화의 모든 것!!

대화에도 기술이 있다!

소통 불통 먹통

구현정 지음

도서출판 경진

누구나 말을 잘 하고 싶어 하고, 말이
통하는 사람과 함께 살고 싶어 한다. 이런 갈망이 있다는 말은 역
설적으로는 말을 잘 하는 사람도 드물고, 말이 통하는 사람도 드물다는
말일 것이다. 현대 문명의 발달로 삶의 질이 많이 높아졌다고 하지만, 정
작 인간 소외의 문제는 더 심각해지고 있고, 극단적으로는 스스로 세상
과의 단절을 시도하는 사람들도 매년 늘어나고 있다.

　인공지능을 연구하며 사람과 소통하는 로봇을 개발하는 연구자들은
현재의 기술로 사람과 대화를 하면서 필요한 정보들을 모두 제공해 줄
수 있는 '친구 로봇'을 만드는 것은 어렵지 않다고 말한다. 그러나 그 이
후 사회와 인간 행태의 변화를 예측하고 대안을 제시하는 일에 대해서
는 얼마나 준비되어 있을까? 내가 원하는 모습의 아바타를 선택해서, 내
가 원하는 옷을 입히고, 내가 원할 때 스위치만 올리면 나타나서 내가
필요로 하는 정보를 검색해 알려주고, 내가 원하지 않을 때는 언제나 침

묵하고, 나를 칭찬하고, 나에게 감사하는 내 친구 로봇과의 관계는 실제로 부대끼는 내 친구보다 훨씬 더 편하고, 친절하고, '스마트'하기 때문에 세상 속으로 나가서 친구를 만나기보다는 내 세계 속에서 로봇 친구와의 사귐을 더 선호하게 될 수도 있을 것이다. 기술의 발전 속도에 비해 인문학적 바탕은 얼마나 준비되었는가 하는 문제를 다시 한 번 생각하지 않을 수 없다. 이러한 기술의 발달은 결국 사람들끼리의 관계 장애와 소외의 문제를 더 심각하게 만들 것이기에, 이제는 사람다운 생활을 위해서 뿐만 아니라, 기계에게 내 친구를 빼앗기지 않기 위해서도 말을 통해 서로 협동하고, 소통하는 방법에 대해 알고, 실천해야 할 필요가 절실해진다.

대학에서 학생들과 생활하다 보니 느끼는 점이 있다. 해가 갈수록 대학생들의 창의성과 개성은 더 높아지지만, 다른 사람과 말을 통해 협동하며 관계를 만들어 가는 것은 점점 더 서툴어지는 것 같다. 대부분의 청소년들이 입에 욕을 달고 사는 것이 국가 정책의 문제로 거론될 만큼, 대화하는 법을 배우고 연습해야 할 청소년기에 단순한 평가나 비방으로 의사소통을 하고 있으니, 성인이 되어도 대화를 할 줄 모르는 것은 당연한 결과인지 모르겠다.

말을 잘하고 싶어서 언어에 관해 공부하려 했다는 학생들을 위해 〈대화의 기법〉이라는 강좌를 시작한 것이 1995년의 일인데, 여전히 많은 학생들이 수강하는 것을 보면 소통의 중요성에 비해, 소통의 방법을 잘 모르거나, 현실적으로 사용하는 말이 스스로 생각하기에도 규준과 다르다고 생각되어서, 대화에 관한 생각들을 정리하고 싶은 마음이 큰 것 같다. 이 책은 이런 생각과 관심을 나누기 위해 쓰게 되었다.

처음 일반인들을 위해 대화에 관한 글을 쓴 것은 2003년 인디북에서 펴낸 『대화』라는 책이다. 이것은 그해 EBS 교육방송에서 우리말 우리글 〈구현정의 말하기 배워봅시다〉를 통해 방송된 내용들을 엮어서 펴낸 것인데, 그동안 출판사에 큰 변화가 있었고, 더 이상 책을 펴낼 수 없는 상황이 되었다. 그래도 지속적으로 책을 찾는 문의를 하시는 분들, 그 책을 다시 출판해 달라는 분들의 말씀에 힘을 얻어, 그동안 강의하면서 틈틈이 모아두었던 원고들을 모아 다시 책으로 엮었다.

이 책의 내용은 다섯 부분으로 구성되어 있다.

제1부 '가까이 하기엔 너무 다른 당신'에서는 대화에 참여하는 사람에 관한 내용으로 기본적으로 말하는 이와 듣는 이 사이의 다른 점들을 틀렸다고 말하지 않고, 스스로의 가치에 대해 인정하는 것이 필요함을 이야기하였다.

제2부 '청산유수, 몇 프로 부족하다'에서는 말을 잘 하는 것은 거침없이 말을 많이 하는 것과는 다르다는 것과, 대화를 원활하게 하기 위해 이해해야 할 원리들을 다루었다.

제3부 '센스 있는 대화'에서는 같은 내용을 전달하더라도 더 정중하고 부드럽게 말하는 방법과 상대방을 높이고 대접하는 말들에 대해 다루었다.

제4부 '대화와 인간관계'에서는 대화를 나누는데 걸림돌이 되는 표현과 심리, 대화를 나누는 구도, 갈등을 처리하고 관계를 회복하는 방법 등을 다루었다.

제5부 '이런 말 저런 말'에서는 인사부터 시작해서 감사, 칭찬, 사과, 유머, 남의 말, 거짓말, 화가 났을 때, 껄끄러운 말하기 등 상황에 맞게 말하는 방법들에 대해 다루었다.

출판을 망설이며 원고를 넘기지 않는 저자를 독려하며 2년을 기다려 주신 도서출판 경진의 양정섭 대표님께 감사드리며, 그동안 다양한 경로로 대화와 관련된 부족한 강의를 들으면서 격려해 주신 많은 분들, 가까이에서 힘이 되어 주는 상명대학교의 여러 선생님들, 모든 불편을 사랑으로 감내해 주는 가족들, 그리고 모든 것이 합력하여 선을 이루게 하시는 하나님께 감사드린다.

2011년 8월
구 현 정

contents

책머리에 ⋯ 4

Part 1 가까이 하기엔 너무 다른 당신

다른 것은 틀린 것? ⋯ 13
대화와 거리 찾기 ⋯ 19
독립과 유대관계 ⋯ 26
정보성과 친교성 ⋯ 32
공감과 문제 해결 ⋯ 39
여성의 무기, 친화력 ⋯ 45
사랑하기 때문에 ⋯ 52
대화와 자아의식 ⋯ 59
대화와 자존감 ⋯ 65
자존감에 따른 대화 모형 ⋯ 72

Part 2 청산유수, 몇 프로 부족하다

목소리 온도 ⋯ 81
눈으로 말해요 ⋯ 88
몸은 나보다 먼저 말한다 ⋯ 95
대화의 원리 ⋯ 102
내가 말할 차례일까? ⋯ 111
우연히 그런 걸까? ⋯ 118
오는 말, 가는 말 ⋯ 124
주는 말, 받는 말 ⋯ 131
화제 이어가기 ⋯ 139

Part 3 센스 있는 대화

　　내 말은 그게 아니야 … 149

　　부드럽게 돌려 말하기 … 156

　　정중하게 말하기 … 162

　　체면 세워주기 … 170

　　나-전달법, 너-전달법 … 176

　　뭐라고 부를까? … 183

　　말로 대접하는 방법 … 189

　　높여서 대접하는 어휘 … 196

　　공감하며 듣기 … 201

Part 4 대화와 인간관계

　　자기 노출 … 211

　　대화의 걸림돌 … 219

　　이기고 싶은 마음 … 225

　　시더요, 이더시지 마세여 … 230

　　내가 쓰면 재미있고, 남이 쓰면 듣기 싫고 … 237

　　깔보지 마세요 … 243

　　날 따돌려? … 249

　　무시하지 마세요 … 254

　　수용과 거부 … 260

　　갈등, 피할 수는 없을까? … 266

　　서먹한 관계, 어떻게 풀까? … 273

contents

Part 5 이런 말 저런 말

감사하는 말 ··· 281

칭찬하는 말 ··· 287

사과하는 말 ··· 294

기분 좋은 유머 ··· 300

냉소적 유머 ··· 306

남의 말 ··· 315

거짓말 ··· 321

꾸지람하기 ··· 328

화가 났을 때 ··· 335

껄끄러운 말 ··· 340

참고문헌 ··· 348

가까이 하기엔
너무 다른 당신

다른 것은 틀린 것?

대화와 거리 찾기

독립과 유대관계

정보성과 친교성

공감과 문제 해결

여성의 무기, 친화력

사랑하기 때문에

대화와 자아의식

대화와 자존감

자존감에 따른 대화 모형

part 1

가까이 하기엔 너무 다른 당신

다른 것은 틀린 것?

대화는 혼자서 할 수 없다. 대화를 하려면 기본적으로 말을 하는 사람과 듣는 사람이 있어야 한다. 그런데 그 역할은 고정된 것이 아니어서 내가 말을 할 때는 상대방이 듣는 사람이지만, 상대방이 말을 할 때는 내가 듣는 사람이다. 따라서 대화에서는 반드시 상대방이 있게 마련이다. 혼자서 하는 말은 독백이지, 대화가 아니다.

그런데 자기가 말하는 사람일 때와 말을 듣는 사람일 때, 입장이 달라진다. 말을 할 때 보면, 말하는 사람은 힘과 시간을 덜 들이는 경제성의 원리를 추구해서 될 수 있는 대로 쉽고, 간단하고, 편리하게 말하고 싶어한다. 그래서 보통 말하는 사람은 자기가 말하고 싶은 것만 자기 방식대로 말할 뿐이고, 상대방이 충분히 이해할 수 있도록 배려해서 말하지 않는다. 그런가 하면 말 듣는 사람은 상대방이 정확하고, 분명하고, 이해하기 쉽게, 격식을 갖추어서 말해 주기를 바란다. 그러면서도 상대방이 말하는 것을 다 듣는 것이 아니고 자기가 듣고 싶은 부분만 가려서 들을 뿐이어서, 대부분 상대방의 말에 어떻게 반응할까 하는 생각하면서 들을 뿐이지 들리는 내용을 다 듣는 것이 아니다.

사람은 기본적으로 누구나 다 자기중심적이어서, 자기가 말하는 사람일 때와 말 듣는 사람일 때에 원하는 것이 달라진다. 그래서 자기가 말하는 사람일 때는 자기 편한 대로 말하고, 듣는 사람일 때는 대충 듣다가 조금 거슬리는 부분이 나오면 날카로운 반응을 보이게 된다. 말하는 사람과 말 듣는 사람 사이의 이러한 대립은 대화의 기본적인 배경이 된다. 그렇기 때문에 대화에서 제일 중요한 것은 상대방을 배려하는 것이다.

심리학자들은 사람이 누구나 자기중심적이라는 것을 몇 가지 재미있는 예로 설명한다. 그중 하나는 '단체 사진을 찍고 사진이 나왔을 때 누구를 제일 먼저 찾느냐' 하는 것이다. 같이 사진 찍은 사람 가운데 아무리 사랑하는 사람이 있고, 존경하는 사람이 있어도 우리의 눈은 '내가 어디에 있는지'를 제일 먼저 찾아가게 마련이다. 또 다른 하나는 '열쇠 없이 문을 여는 상황'이다. 사무실에 들어가려는데 사무실 열쇠가 없다. 이럴 경우 모두들 자기가 가지고 있는 열쇠꾸러미를 꺼내서 밀어 넣어 보지만, 맞을 리가 없다. 그렇다 하더라도 "나와 봐. 나와 봐. 내가 한번 해볼게" 하고 나서게 되는 것의 바탕에는 '내가 하면 될 것 같다는 자기중심적 생각'이 있기 때문이다.

사람은 누구나 자기중심적인 생각을 가지고 있다. 그렇기 때문에 대화를 잘 하기 위해서는 자기중심적이 되려고 하는 욕구를 어떻게 잘 조절해서 상대방의 욕구를 충족시키는 방향으로 전환하느냐 하는 것이 가장 중요하다. 그래서 "남에게 대접을 받고자 하는 대로 남을 대접하라"는 성경 구절이 가장 중요한 대화의 원리가 된다. 내가 다른 사람에게 듣고 싶었던 말을 내가 먼저 해 주고, 다른 사람이 나에게 말했을 때 기분 나빴던 말은 내가 하지 않는 것이 좋은 대화가 된다는 말이다.

가장 말을 잘하는 사람은 듣는 사람의 입장을 가장 잘 생각해 주는 사람이고, 가장 말을 잘 듣는 사람은 말하는 사람의 입장을 가장 잘 생각해 주는 사람이다. 내가 아무리 어떤 말을 하고 싶어도 듣는 사람들이 원하지 않는다면 하지 않아야 하고, 그 반대로 상대방이 말할 때 아무리 지루하고 듣기 싫어도 상대방의 입장을 생각해서 잘 들어 주는 것이 대화의 기본이라는 말이다.

상대방을 배려하기 위해 필요한 것은 관용의 마음이다. 상대방은 나하고 생각이 다르고, 느낌이 다르고, 판단이 다를 수 있는데, 이 경우 사람들은 보통 다른 것을 틀렸다고 말하고 싶어 한다. 그런 생각이 얼마나 보편적인지 많은 사람들이 '이것과 그것은 다르다'라는 말과 '이것과 그것은 틀리다'라는 말이 같은 뜻인 것처럼 생각을 하고 있다. 빨간색과 파란색은 색깔이 틀리다고 하거나, 두 그림을 비교해서 다른 점을 찾는 게임의 이름을 '틀린 그림 찾기'라고 해도 아무도 문제삼지 않는다. 그렇지만 '다르다'는 것과 '틀리다'는 것은 정말 다르다. 영어로 옮기면, 다른 것은 같지 않은 거니까 'different'이고 틀린 것은 잘못된 것이니까 'wrong'인데 습관적으로 구별 없이 그냥 써 온 것이다.

나와 다른 것을 틀렸다고 할 때는 전형적으로 "아냐, 그게 아니라니까~", "그 사람 틀려먹었어" 하는 식의 말을 하는데, 자세히 들여다보면 그렇게 말함으로써 자신은 옳고, 다른 사람은 옳지 않다는 주장을 하고 있는 셈이다. 여기서 멈추는 것이 아니라 '틀린 것'이니까 '나쁜 것'으로 생각이 확산되어서 나와 같지 않으면 틀려먹은 사람이고 나쁜 사람이라는 생각을 하는 것이다. 나와 다르니까 그 사람은 틀렸고, 그 사람은 틀렸기 때문에 나쁘다는 평가까지도 내포하고 있다. 그렇지만 누구라도 "아니야, 그게 아니라고", "그건 그런 게 아니라니까"와 같은 말을 들으면, 설사 내 생각이 잘못되었을 경우에도 끝까지 우겨서 이기고 싶은 마음이 생기게 된다. 이럴 경우에 대화에 '자존심'을 걸게 되는데, 이렇게 되면 서로 공격적이고 부정적인 말이 오가게 되고, 대화가 싸움으로 바뀌게 된다.

이런 일로 다투는 예는 주변에서 얼마든지 찾을 수 있다. 치약 짤 때 밑에서부터 짜는 사람과 가운데를 눌러서 짜는 사람, 옷 입을 때 오른팔부터 끼우는 사람과 왼팔부터 끼우는 사람, 단추를 위에서부터 채우는 사람과 밑에서부터 채우는 사람……. 그런데 대화하면서 나와 많이 다른 것에 대해서는 비교적 관대하지만, 나와 조금 다른 것에 대해서는 더 참지 못하는 경향이 있다. 어떤 가수가 방송에 나와 성격 차이로 이혼하게 된 이야기를 했다. 자신은 칫솔모를 위로 향하게 꽂아두는데, 아내는 칫솔모를 아래로 향하게 꽂아 두는 식으로 사사건건 틀린데 (이것도 다른 것이지 틀린 것은 아니다.) 어떻게 같이 살 수 있겠느냐는 것이다. 그것만 가지고 이혼하지야 않았겠지만, 화장실에서 변기 뚜껑 올려둔 채 나온 것 때문에 부부싸움을 하는 경우는 아주 많다. 그게 왜 싸움이 되었을까?

• 대화 1

아내 당신은 왜 화장실 들어갔다 나오면서 뚜껑도 안 덮고 나와요?

남편 아니, 그걸 뭐 꼭 닫아야 되는 거요?

아내 그럼, 뚜껑이 닫으라고 있는 거지, 뭐 장식인 줄 아세요?

남편 아니, 그럼 당신 화장대엔 왜 그렇게 뚜껑 열어둔 화장품이 많아?

그리고 부엌에 가면 뚜껑 열린 그릇은 왜 그렇게 많은 거야? 닫을 건 안 닫고, 별 걸 다 가지고 잔소리를 하니, 참!

대화가 이런 식으로 진행되면 싸움이 되지 않을 수 없다. 그러나 다른 것에 대해 서로 인정하면서 말을 하면 어떻게 달라질까?

• 대화 2

아내 화장실 변기 뚜껑이 올라가 있네요.

남편 아, 내가 또 올려둔 채 나왔네요. 당신은 뚜껑이 올라가 있으면 불편해 하는데…

아내 예, 뚜껑이 꼭 닫혀 있어야 되는 건 아니지만, 왠지 냄새도 날 것 같고, 좀 불결한 느낌이 들어서요. 별 것도 아닌데 당신 신경 쓰이

꼭 닫아야 돼?

장식인 줄 아세요?

게 하지요?

남편   아니에요. 당신이 신경 쓰는 줄 알면서도 닫는 습관이 안 되어서
자꾸 잊어버리네요.

이렇게 서로 다르다는 것을 인정하면 대화가 언쟁으로 바뀌지는 않기 때
문에 이런 일이 자주 있다고 해도 부부 사이에 문제가 생기지는 않는다.

세상의 사람들은 모두 다른 모습을 하고 있고, 살아가는 모습도 다
다르다. 그리고 그 사람들은 다 자기중심적인 성향을 갖고 있다. 그렇기
때문에 말을 하면서 나하고 다른 것을 틀렸다고 말하지 않고, 다른 사
람을 배려하고 수용하면서 말하는 것은 진정한 대화를 시작하는 첫걸
음이 된다.

대화와 거리 찾기

사회가 복잡해지고 다양해질수록 우리가 맺게 되는 인간관계도 다양해진다. 그리고 될 수 있으면 많은 사람과 더불어 원만한 인간관계를 유지하고 싶어 한다. 그러나 현실적으로는 인간관계에서 얻는 만족감보다는 오히려 불편해진 인간관계 때문에 고민하면서 보내는 시간이 점점 더 많아진다. 심지어는 가장 가까운 가족들 사이에서도 이러한 고민은 점점 더 커지고 있다.

대화를 하기 위해 상대방을 배려하는 마음이 중요하다고 하지만, 어떻게 하는 것이 잘 배려하는 것일까? 아무리 마음으로는 상대방을 배려한다고 해도 그것이 행동으로 표현되지 않으면 실제적으로는 의미가 없다. 상대방에 대한 배려를 나타내는 행동 가운데 하나는 상대방과 나 사이의 거리를 잘 파악하고, 상대방이 원하는 거리에 맞추는 것이다.

말을 할 때 상대방과의 거리에 따라서 표현이 많이 달라진다. 우리말은 세계의 언어 가운데 높임법이 가장 발달한 언어이다. 이 세상에 태어나 살아온 역사인 '나이'를 기준으로 거리를 측정해서 상대방이 나보다 나이가 많으면 존댓말을 하고, 그렇지 않으면 반말을 한다. 그런데 나보다 나이가 많은 어른한테 반말을 하는 것도 상대방의 기분을 상하게 하는 것이지만, 나와 아주 가까운 친구한테 극존칭을 쓰는 것도 기분을 상하게 하는 것이다. 그리고 늘 반말하다가 갑자기 존댓말로 이야기하면 화가 난 것 같이 느껴지기도 한다.

거리에는 물리적인 거리와 심리적인 거리가 있다. 우리는 친한 사람이라는 말을 가까운 사람이라고 말하는데, 친한 것이 심리적 거리라면 가까운 것은 물리적 거리이다. 이 두 가지가 서로 연결되어 있어서 사이가 좋을 때는 붙어 다니다가, 사이가 나빠지면 잘 마주치지도 않고, 멀리 떨어져서 다니는 게 일반적이라는 점에서 심리적 거리와 물리적 거리는 비례한다.

철학자 쇼펜하우어는 '고슴도치가 어떻게 겨울 추위를 이겨내는가' 하는 예를 통해서 인간관계를 설명한 일이 있다. 고슴도치는 추위를 피하기 위하여 서로 가까이 접근하다가 뾰족한 바늘이 서로의 몸을 찌르면 뒤로 물러난다. 그러다가 추워지면 다시 접근하고 찔리면 다시 후퇴하면서 추위도 막고 찔리지도 않을 만큼의 적당한 거리를 찾는다. 사람도 마찬가지로 고립을 피해 가까이 다가가다가도, 자기만의 독립된 영역을 필요로 하는 양면성을 가지고 있다. 이러한 양면성은 대화에서도 중요한 역할을 한다.

상대방의 관점을 고려한다는 것은 상대방과 적절한 거리를 유지하는 것에서부터 출발한다. 독립을 유지하고 싶어 하는 사람에게 여러 차례 친절한 말을 하면서 다가가는 것은 오히려 상대방을 더욱 움츠러들게 하는 결과를 가져올 것이다. 상대방이 자기의 독립적 영역을 침범하고 있다고

받아들이기 때문이다. 사춘기 자녀에게 대화를 시도하다가 오히려 문제
가 되는 것도 바로 이런 이유에서이다.

• 대화 1

엄마 오늘 학교에서 무슨 일이 있었니? 왜 그래?

딸 별일 아니에요. 엄만 몰라도 돼요.

엄마 어떻게 네 일을 엄마가 몰라도 되니? 무슨 일인데 그래?

딸 제발 그러지 좀 마세요. 자꾸 그럼 집에 들어오고 싶지도 않아요.

이러한 거리는 심리적인 거리뿐만 아니라 물리적인 거리에도 적용된
다. 대부분의 동물들은 신체 주변의 일정한 공간을 개인적 공간으로 주
장한다. 이것은 사람도 마찬가지여서 낯선 사람이 가까이 접근하면 심장
박동이 빨라지고, 아드레날린이 과잉 분비되는 등 신체적인 변화를 보이
게 된다. 따라서 상대방에게 거부감을 주지 않기 위해서는 상대방의 공
간을 침범하지 않으면서도 대화를 나눌 수 있을 만큼 가깝게 있을 수
있는 최적의 거리를 유지하려고 노력해야 한다.

접근학을 연구한 에드워드 홀에 의하면 물리적 거리는 심리적 거리에
비례해서 가까울수록 거리는 짧아진다. 보통의 경우, 아주 가까운 가족
이나 연인은 언제라도 안아줄 수 있는 팔의 반정도 거리인 15~46cm에
서 대화를 나누는데, 이것을 '친밀한 거리(intimate distance)'라고 한다. 어
른들이 '품안의 자식'이라는 표현을 쓰는데, 그야말로 품 안에 들어오는
거리니까 친밀한 거리이다.

그리고 친구나 직장 동료는 팔을 쭉 뻗어서 악수를 하거나 등을 두드

릴 수 있는 거리인 46cm~1.2m 정도의 거리에서 대화를 나누는데, 이것을 '개인적 거리(personal distance)'라고 한다.

낯선 사람이나 배달원, 가게 주인과 같이 잘 모르는 사람들과는 1.2m~3.6m 정도의 거리를 유지하는 것이 서로를 방어할 수 있다는 점에서 편안하게 느끼는데, 이것을 '사회적 거리(social distance)'라고 한다.

그렇지만 3.6m 이상 떨어져서는 개인적이고 친근한 대화는 이루어지지 않지만, 많은 사람들 앞에서 연설을 할 때 적절한 거리라는 점에서 '공공적 거리(public distance)'라고 한다.

찻집에 들어가서 앉아 있는 모습을 보면 대충 두 사람이 어떤 관계인지 알 수 있다. 가까운 친구는 보통 옆자리에 앉지만, 처음 만나는 사람은 맞은편 자리에 앉게 된다. 두 사람 사이의 거리가 짧을수록 서로의 관계가 더 친밀하고 대등한 것으로 해석될 수 있다. 또한 두 사람의 거리는 대화의 내용과도 관계가 있어서 개인적이고 비밀스러운 이야기는 되도록 가까운 거리에서 말하려 하고, 공적이고 일상적인 이야기는 적당히 떨어진 거리에서 말하려고 한다.

재미있는 것은 지역적인 차이도 있다는 점이다. 보통 대도시의 사람들은 거리를 더 유지하려고 하고, 소도시 사람들은 거리가 더 짧아진다. 시외버스를 타면 종종 시골 할머니와 도시 젊은이가 같이 앉게 되는 경우가 있다. 그럴 때 할머니는 옆의 젊은이한테 "어디 가는가? 이름이 뭔가? 집은 어딘가? 부모님은 뭘 하시는가?" 하고 계속 물어보시고, 젊은이는 어쩔 줄을 몰라 하는 모습을 보게 되는 것도 이런 이유에서이다. 성격의 차이도 있지만, 보통 소도시 사람들은 사람을 만나는 것을 반갑게 생각하고 친근하게 느껴서 이런저런 이야기를 하고 싶어 하지만, 늘 사람들한테 부대끼면서 살아가는 대도시 사람들은 잘 모르는 사람이 가깝게 다가와서 말을 걸면 무척 불편하게 생각한다.

상대방이 적당한 거리라고 받아들이지 않으면 대화가 잘 진행되기는 어렵다. 너무 가깝게 접근해서 생기는 문제들도 있지만, 보통 집안에서 이루어지는 대화는 이와는 반대로 너무 거리가 멀어서 문제가 생기는 경우다. 가족들은 언제라도 안을 수 있는 품안의 거리, 친밀한 거리에서 이야기를 해야 되는 관계이다. 그러니까 반팔 정도의 거리 안에서 이야기를 나누는 것이 적절하다. 그런데 남편은 방에서 출근 준비를 하며 가지고 나갈 서류 봉투를 찾고 있고, 아내는 부엌에서 설거지를 하고 있다. 이런 상황에서 대화가 어떻게 진행될까?

• 대화 2

남편 당신, 여기 있던 서류 치웠어요?

아내 뭐라고요?

남편 (큰소리로) 아니, 벌써 귀가 잘 안 들려요? 말도 못 알아듣게?

아내 아니, 왜 소리를 질러요?

남편 못 알아들으니까 소리를 지르지, 그렇게 안 들리면 보청기를 해요.

아내 언제 보청기하라고 돈이나 준 적 있어요?

대화로 시작한 것이 언쟁이 되고 말았다. 왜 이런 문제가 생겼을까? 이것은 가족끼리 이야기하기에 적절한 거리인 친밀한 거리를 유지하지 않고, 너무 먼 거리에서 말을 하였기 때문에 생긴 문제이다.

딸은 방에 있는데, 엄마는 욕실에서 이야기를 하고, 아들은 거실에서 텔레비전을 보는데, 엄마는 마당에서 이야기를 한다. 이런 상황에서는 원하는 대화를 나눌 수가 없게 된다. 다 들린다거나, 소리를 질렀다거나, 텔레비전 소리를 낮추라거나 하는 다른 이야기들을 하면서 기분이 상하게 되어서 정말 이야기하려던 것들은 이미 기분 상한 내용으로 바뀌어서 전달되게 되기 때문이다. 따라서 가족들끼리 대화할 때는 하던 일을 잠시 접어두고, 대화하려고 하는 가족이 있는 곳까지 가서 이야기를 시작하는 것을 생활화 해야 한다. 이 경우에도 상대방이 와서 이야기해 주기를 바라면 해결이 되지 않는다. 상대방 배려하기의 원리는 항상 내가 먼저 적용해야 한다.

어린이들과 대화할 때는 눈높이를 맞춘 상태에서 대화를 하는 것이

가장 효율적이다. 이때 어른들이 몸을 낮추어서 눈높이를 맞추어 주지 않으면 아이들은 위를 올려다보면서 이야기해야 되는데, 그러다 보면 자세가 불편하기 때문에 짜증스러운 태도로 말하게 된다. 그뿐 아니라 아이를 데리고 외출하는 경우를 생각해 보자. 아이에게 "엄마 손 꼭 잡아"라고 하고 손을 잡고 가지만, 조금 가다 보면 아이가 손을 놓는다. 그리곤 엄마 치마 자락을 잡는다. 그러면 엄마는 "손을 잡으라는데, 왜 자꾸 엄마 손을 놓니?", "왜 엄마 치마를 잡아?" 하면서 꾸지람을 한다.

아이는 왜 그랬을까?

걸어가는 상황에서 엄마는 팔을 자연스럽게 내리고 있지만, 아이는 벌을 서는 것처럼 팔을 위로 들어올려야 되니 힘이 들 수밖에 없다. 그러니까 아이가 자꾸 손을 놓거나, 편안하게 옆으로 잡을 수 있는 엄마 치마를 잡게 되는 것이다.

대화를 하면서 상대방을 배려하기 위해서는 적절한 거리를 유지해야 한다. 자신이 생각하는 최적의 거리가 유지되지 않으면 아무리 좋은 화제가 있어도 대화를 나누고 싶은 생각이 사라지게 된다. 그렇기 때문에 잘 모르는 낯선 사람에게는 너무 가까이 다가가지 않고, 가족들에게는 친근한 거리 안으로 들어가서 대화를 하며, 어린 자녀와는 눈높이를 맞추어 대화를 하고, 사춘기 자녀들과는 원하는 만큼 거리를 유지해 주는 것이 필요하다. 내 기준이 아니라 상대방이 가장 편하다고 느낄 수 있을 만큼 적당한 심리적 거리와 물리적 거리를 유지하는 것은 바람직한 인간관계를 만드는 기본이 된다.

독립과 유대관계

　　　　　　　물리적으로나 심리적으로 적절한 거리를
유지하는 것이 상대방을 배려하는 것이라고 했지만, 적절한 거리를 찾아
내기란 쉬운 일이 아니다. 심지어는 가장 가깝다는 부부 사이에서도 적
절한 거리를 유지하기가 쉽지 않다. 칼릴 지브란의 『예언자』에서 결혼에
관해 이야기한 부분은 적절한 거리가 무엇인지 이야기해 준다.

　　함께 있되 거리를 두라.
　　그래서 하늘 바람이 그대들 사이에서 춤추게 하라.
　　서로 사랑하라.
　　그러나 사랑으로 구속하지는 말라.
　　그보다 그대들 혼과 혼의 두 언덕 사이에 출렁이는 바다를 놓아두라.
　　서로의 잔을 채워 주되, 한 잔으로 마시지는 말라.
　　함께 빵을 나누되, 한 덩어리로 먹지는 말라.
　　함께 노래하고 춤추며 즐거워하되, 각각 혼자 있게 하라.
　　현악기로 같은 음악을 연주할 때도 줄은 각각 따로 떨듯이.

사랑하기 때문에, 가족이기 때문에, 더 가까이 있고 싶고, 거리가 없을수록 좋은 관계라고 생각하지만, 이보다 더 중요한 것은 적절한 거리이다.

　가족 관계를 나타내는 촌수는 거리를 잘 반영하고 있다. 그래서 부자 간은 1촌, 자녀간은 2촌, 이런 식으로 숫자가 많아질수록 혈연에 의한 거리도 멀어진다. 그런데 부부 사이는 무촌이다. 부부도 무촌이고, 남도 무촌이니까 무촌의 거리가 얼마나 되는 것일까? 그래서 우스갯소리로 부부 사이를 불어로 표현하면 '아리송'한 관계이고, 일본어로 표현하면 '아리까리'한 관계이고, 한국말로는 '알쏭달쏭'한 관계라고 하는가 보다.

　인간관계에서 우리는 서로 가까이 다가가서 하나가 되고자 하는 '유대관계'의 욕구와, 나만의 공간을 가지려고 하는 '독립'의 욕구를 가지고 있다. 그래서 대화는 '독립'과 '유대관계'라는 상충되는 욕구를 조정하는 과정이다. 미국의 대화학자인 데보라 태넌은 일반적으로 남성들은 독립을 유지하기 원하고, 여성들은 유대관계를 유지하기 원하는 경향이 있다고 했다. 이 말은 부부 사이에서 남편들은 좀 더 거리를 유지하는 것이 편하다고 생각하지만, 아내들은 더 가깝게 다가가는 것이 편하다고 생각한다는 것이다.

　예를 들어 아내가 남편에게 "그런 건 저랑 좀 상의하면 안 돼요?"라고 말하면, 남편은 이것을 허락을 받으라는 말로 받아들여서 자신의 '독립'을 침해하는 것이라고 판단하고 아내의 태도를 받아들이기 힘들어한다. 그러나 아내는 남편과 의논한다는 것이 허락이라는 것과는 전혀 무관하다고 생각한다. 단지 함께 사는 부부라면 모든 일을 의논할 수 있어야 하며, 이것은 '유대관계'의 표현이라고 생각하기 때문이다.

'독립'에 '우리는 떨어져 있는 만큼 서로 다르다'라는 내포적 의미가 있다면, '유대관계'에는 '우리는 아주 가까워서 똑같다'라는 의미가 내포되어 있다. 이것은 그대로 상하관계와 대등관계로 연결된다. 다시 말해서 '독립'의 틀에서 대화를 하는 남성은 지위를 바탕으로 하여 상하관계를 기준으로 대화를 나누고, '유대관계'의 틀에서 대화를 하는 여성은 균형과 평등을 바탕으로 하여 대등관계를 기준으로 대화를 나누는 것이다. 남자아이들은 놀 때도 여러 명이 모여서 전쟁놀이, 군인놀이 같은 것으로 상하관계를 만들어서 노는데, 여자아이들은 인형놀이나 소꿉놀이를 하면서 대등하게 놀기를 좋아하는 것도 이런 이유에서이다. 이와 같이 독립과 상하관계를 기본 틀로 가진 남성과, 유대관계와 대등관계를 기본 틀로 가진 여성의 대화는 화성인과 금성인의 대화만큼 어려운 점이 있다.

인류학자들은 이런 차이가 남성과 여성이 오랫동안 수행해 오던 역할의 차이 때문이라고 설명한다. 남성은 먹이를 찾아다니는 먹이추적자(lunch-chaser)의 역할을 해왔고, 여성은 둥지를 지키는 둥지수호자(nest-defender)의 역할을 해왔다. 그래서 남성들은 먹이를 찾기 위해 돌아다니던 넓은 영역을 개인적 공간으로 생각하니까 더 넓은 공간을 요구하는 반면에, 노인이나 자녀들을 돌보는 일을 하던 둥지수호자인 여성은 훨씬 더 좁은 영역을 개인적 공간으로 받아들이게 되었다는 것이다. 따라서 여성들보다 더 넓은 공간을 개인적 영역으로 생각하는 남성은 독립을 유지하기 원하고, 더 좁은 공간을 개인적 영역으로 생각하는 여성들은 더 가깝게 다가가고 싶어 한다는 것이다.

일반적으로 어떤 문제가 생기면 남성들은 혼자서 생각하고 싶어 하지만, 여성들은 함께 이야기하면서 해결책을 찾으려고 한다. 그래서 독립을

추구하는 남성과 유대관계를 추구하는 여성 사이에 끝없는 줄다리기가
시작된다.

•남성의 말

내가 좀 생각할 게 많아서 아무 말도 안 하고 있었거든요. 그랬더니 아내
가 계속해서 "무슨 일 있었어요?", "왜 그래요?" 하고 묻는 거예요. 아무 일
도 아니라고 말해도 또 와서 "당신 얼굴에 무슨 일이 있었다고 쓰여 있는
데 왜 말을 안 하느냐"고 바가지를 긁기 시작하는 거예요. 난 그냥 문제를
해결할 방법을 혼자서 찾고 있었던 것뿐인데…, 이러면 아주 화가 나요.

•여성의 말

남편이 집에 들어와서 아무 말도 안 하고 책상 앞에 가만히 앉아 있는

거예요. 분명히 무슨 걱정거리가 있는 것 같은데, 물어보니까 아무 일도 없다고만 하는 거예요. 아무리 봐도 무슨 일이 있는 것 같은데, 아내로서 어떻게 모르는 척하고 가만히 있겠어요? 무슨 일이 있으면 같이 이야기도 하고, 위로하고 그래야 부부 아니겠어요? 그래서 또 같이 이야기 좀 하자고 했더니, 절더러 바가지를 긁는다고 화를 내는 거 있지요? 자긴 혼자 있을 자유도 없냐고요. 정말 이해가 안 가요.

남편은 왜 화가 났을까?

바로 남성은 독립을 추구하면서 상하관계의 구도로 대화하기 때문이다. 남편의 입장에서는 자기 문제는 혼자서 해결해야지, 누구에게 말해서 해결책을 얻어내는 것은 상하관계의 구도로 보면 스스로 낮아지는 것으로 여기기 때문이다. 따라서 혼자 그 문제를 생각하고 싶어 하는데, 아내는 자꾸 자기에게 말을 하라고 바가지를 긁는다. 그렇기 때문에 남자는 '아내는 왜 내가 혼자 생각할 시간을 자꾸 뺏으려는 것일까? 나를 잠시도 그냥 두지 않고 자기 마음대로 움직이고 싶어하나 보군. 정말 화가 난다'고 생각하는 것이다.

그럼, 아내는 왜 화가 났을까?

여성이 유대관계를 추구하고 대등관계의 구도로 대화한다는 것을 생각해 보면, 아내는 남편과 모든 면에서 연결되어 있기를 바란다. 남편이 고민이 있으면 함께 나누는 것이 유대관계이다. 더구나 남편한테 이야기해 달라고 부탁해도 들어주지 않으니 계속 반복해서 이야기하다가 결국 바가지를 긁는다는 소릴 듣게 된 것이다. 아내는 남편에 대한 관심과 사랑, 함께 하고자 하는 마음이었는데 바가지라는 소릴 들으니 정말 말이 통하지 않는다고 생각되어 화가 날 수밖에 없다.

이렇게 서로 다른 기준으로 대화를 나누다 보니 관심을 가지는 방향도 달라질 수밖에 없다. 상하관계를 기준으로 하는 남성은 상대방이 나보다 높은 위치에 서려고 하지는 않는가, 아니면 상대방이 나에게 무엇인가를 지시하면서 군림하려고 하지는 않는가 하는 것에 많은 관심을 쏟으며 대화를 한다. 반면 대등관계를 기준으로 하는 여성은 상대방이 자신과 가까워지려고 하는가, 아니면 멀리하는가에 관심을 둔다.

부부나 형제, 이성 친구처럼 가까운 관계에 있는 사이일수록 대화에서 갈등을 많이 경험하는 것은, 여성의 경우 가깝기 때문에 유대관계가 더 긴밀해야 한다고 생각하고, 반대로 남성은 여전히 독립이 더 중심이 되고 상하관계가 기본이 되기 때문이다. 남성과 여성은 서로의 문화가 다르기 때문에 오해를 피할 수 없게 되고, 결국 해결점도 찾을 수 없게 된다. 따라서 서로 바라보는 틀과 기준이 다르다는 것을 이해하고 받아들이는 것이 대화하기에 적당한 거리를 찾을 수 있는 첫걸음이다.

정보성과 친교성

인류를 본질적으로 두 종류로 나눈다면, 남성과 여성으로 구분할 수 있다. 이런 점에서 보면 남성과 여성이 다른 것은 백인종과 흑인종이 다른 것보다 더 기본적인 것이 될 수도 있다. 같은 언어 공동체 속에 살면서도 남성과 여성은 별개의 문화를 가지고 있어서 생각하는 방식이 다르고, 이것을 표현하는 양식도 다르다. 문화란 과거의 경험을 통해 축적된 습관과 반복적 행동 유형들이 그물망처럼 뒤얽혀 있는 것이다. 태어날 때부터 남성과 여성은 서로 다른 대우를 받아 왔고, 서로 다르게 이야기해 왔으며, 그 결과 지금도 다르게 이야기한다. 비록 같은 부모 밑에서 자랐다고 해도 남성과 여성은 서로 다른 세계 속에서 자란 것이다.

대부분의 세계가 남성중심적으로 되어 있다는 것은 자명한 일이다. 남성중심적인 세계는 남성중심적인 언어를 만들었고, 이것 때문에 대화에서도 여성들이 불리한 입장에 있다고 주장하는 사람들도 있다. 그러나 남성과 여성의 대립적인 시각에서 문제점을 찾는 것보다는 남성과 여성의 본질적인 차이나 사고방식의 차이를, 서로를 이해하는 관점에서 해결책을 모색하는 것이 더 바람직한 시각이 될 수 있다.

인류학자의 말대로 먹이추적자의 역할을 하던 남성에게 필요한 대화는 어떤 것이었을까? "어디 가면 먹이가 있다"라거나, "멧돼지가 지금 저쪽으로 달아났다"와 같이 정보를 제공해 주는 말들일 것이다. 그렇지만 살림터를 지키면서 돌보는 둥지수호자의 역할을 하던 여성들에게 있어서 의미 있는 대화는 남아있는 가족들, 그리고 이웃에 있는 여성들과 함께 유대관계를 유지하는 것이었을 것이다. 그래서인지 남성은 대화에서 정보성을 추구하고, 여성은 유대관계를 추구한다는 점에서 대화 내용의 시각 차이를 보게 된다.

• 대화 1

여 김 과장 옷 입는 거 좀 이상하지 않아요?

남 뭐가 이상한데요?

여 왜 좀 튀고 싶어 하는 것 같은데, 썩 잘 어울리는 것 같지는 않잖아요?

남 그런 말은 김 과장한테 해야지요. 그래야 다음부터 바꿀 것 아니에요?

여성은 이 대화를 통해 "나는 당신과 김 과장의 옷에 관해 이야기를 함께 할 만큼 친하다고 생각해요"라는 유대관계에 초점을 둔다. 그러나 남성은 정보성에 초점을 두기 때문에 그런 말은 김 과장에게 해야 된다는 말을 한다. 어떤 점을 추구하느냐에 따라 같은 대화도 전혀 다른 관점으로 해석하게 되는 것이다.

보통 남편이 퇴근을 하고 집에 돌아오면 친밀한 교제를 원하는 아내는
남편이 무슨 이야기를 해주기를 원한다. 그런데 남편은 신문을 보거나,
텔레비전만 볼 뿐 아무 말도 안 한다. 이럴 경우 어떤 대화가 오고갈까?

• 대화 2

아내 여보, 당신은 집에 오면 텔레비전밖에 보이는 게 없어요? 나랑은 그
렇게 할 말이 없어요?"

남편 할 말이 있는 사람이 말을 해야지, 왜 말을 안 하냐고 시비를 걸면
되겠어요?

누가 잘못 하는 것일까? 누구의 잘못도 아니다. 단지 할 말에 대한 생
각이 다를 뿐이다. 남편이 생각하는 할 말은 정보성이 있는 말이지만, 아
내가 생각하는 할 말은 친교 유지를 위한 말이다. 그러니까 집에 돌아와

별다른 말을 하지 않는 남편은 아내에게 관심이 없거나, 집안일에 흥미가 없기 때문에 말을 하지 않는 것이 아니라, 단지 정보를 중심으로 말하는 언어 습관 때문에 말을 잘 안 하는 것이다. 그렇지만 아내는 하루 종일 밖에 있다가 들어온 남편과 유대관계를 확인하고 싶어 한다. 이때 할 말은 특별한 정보성을 가진 말이 아니기 때문에 어떤 내용이어도 상관이 없고, 그냥 남편이 어떤 말이라도 함께 해주기를 바라는 것일 뿐이다.

여성은 특별한 내용이 아니라도 어떤 말이든 서로 말이 오고 가는 것 자체를 원한다는 것인데, 이것이 말이 가지고 있는 기능 가운데 아주 중요한 친교적 기능(phatic function)이다. 친교적 기능은 정보를 전달하는 것과는 무관하게 사회적인 기능을 수행하기 위해서 말을 하는 것이다. 이렇게 말로 서로 친한 관계를 유지하는 것은 동물들이 서로 털을 쓰다듬어 주는 행동과 비슷한 것이다. 그래서 복잡한 차 안에서 내 발을 밟은 사람이 아무 말도 안하면 화가 나지만 "실례했습니다" 하고 인사를 하면 화가 덜나게 된다. 정보성이라는 측면에서 생각하면 이미 실례를 해놓고 실례했다고 말하는 것은 아무런 정보적 가치가 없다. 그렇지만 이 말을 들은 상황에서 "아니, 실례해 놓고 실례했다고 말하면 다요?" 하고 화를 내는 경우는 없다. 이 상황에서는 어떤 말이든지 말을 한다는 것 자체가 서로의 관계를 부드럽게 하는 것이기 때문이다.

사실 "안녕하세요?"라든가 "어디 가세요?" 하는 말들이 다 정보하고는 상관이 없는 말들이다. "안녕하세요?"라고 인사를 하면 몸이 불편한 경우라도 "네, 안녕하세요?" 하는 말로 받고, "어디 가세요?" 그러면 어디로 가고 있는지를 대답하지 않는 대신 "네, 어디 가세요?" 하는 말로 받을 뿐이다. 이렇게 정보 내용과 관계 없이, 말을 한다는 것 자체가 친밀한 관계를 만들어 주는 것은 말이 가지고 있는 특별한 기능이다.

퇴근하고 집에 돌아온 남편과 아내는 언어의 친교적 기능과 정보성 사이의 갈등을 해결해야 할 뿐 아니라, 평균적인 언어 사용량에 관한 통계에도 관심을 기울여야 한다. 남성은 평균적으로 하루에 2천에서 4천 정도의 단어를 사용하지만, 여성은 6천에서 8천 정도의 단어를 사용한다는 통계가 있다(물론 상황이나 문화에 따라 많은 차이가 나타나기도 한다). 혼자서 먹잇감을 찾아다니던 남성보다는 둥지수호자의 기능을 수행하던 여성들은 더 많은 말이 필요했고, 그러한 생활양식은 지금까지도 언어생활에 영향을 주고 있다는 것이다. 그러니까 퇴근하고 집에 돌아온 남편의 경우는 하루 쓸 단어를 거의 다 소진한 상태에서 들어오지만, 아내의 경우는 아직도 해야 할 말이 많이 남아있게 마련이다.

서로 할 말이 있니 없니 하면서 실랑이를 하고 있는데, 조금 있다가 친구에게서 전화가 온다. 아내는 무슨 말을 그렇게 많이 하는지 아무리 들어보아도 별 내용도 없는데, 웃고 떠들며 오랫동안 통화를 한다. 이럴 때 어떤 대화가 이어질까?

• 대화 3

　남편　여보, 전화는 용건만 간단히 해야지, 무슨 쓸데없는 수다를 그렇게 오래 떨어요?

　아내　아니, 수다를 떨다니요? 우리한테는 꼭 필요한 이야기들을 하고 있었다고요.

여성들의 대화 목적이 친교유지라는 것을 생각하면, 잡담처럼 보이는 이야기를 오래도록 주고받고 있는 여성들끼리의 대화를 이해할 수 있게 된다. 심지어는 친구랑 30분 동안 전화를 하더니 끊을 때 "우리 중요한 이야기는 만나서 하자"라고 말하는 아내도 이해할 수 있게 된다.

친교유지의 수단으로 말을 사용하는 것은 역기능도 가지고 있어서 말 때문에 문제가 생기는 경우도 종종 있다. 그런데 한 연구 조사에 의하면 어려운 문제가 있을 때 찾아가서 같이 상의할 친구가 있느냐는 질문에 대해 '그렇다'는 대답을 한 비율이 남성보다 여성에게 훨씬 더 높게 나타났다. 정보성이 없는 이야기일지라도 자주 많이 나누면서 유대관계를 돈독히 하면 어려울 때도 쉽게 찾아가서 마음을 열고 의논할 수 있다는 것이다.

이러한 대화 목적의 차이는 다양하게 작용한다. 미국의 사업가들은 정보 중심의 대화를 좋아한다. 그래서 최대한 빨리 핵심에 도달하는 대화를 선호하고, 시시한 사교적인 이야기로 시간을 낭비하지 않는 것이 최선이라고 생각한다. 그러나 이런 방식은 그리스나 일본, 아랍, 대한민국의 사업가들에게는 통하지 않는다. 이들에게는 사무적인 이야기의 밑바탕이 되는 사교적 관계를 만들기 위한 시시한 이야기가 반드시 필요하기 때문이다.

따라서 정보성과 친교성의 문제는 어느 쪽이 옳고 그른 문제도 아니고, 어느 쪽이 더 좋고 덜 좋은 문제도 아니다. 단지 상대방이 원하는 것이 무엇인지를 알아내고 맞추어 주는 것이 중요할 뿐이다. 따라서 대화를 잘 하기 위해서는 상대방이 독립을 원하는지, 아니면 유대관계를 원하는지를 파악하고 적절한 거리만큼 다가가야 할 뿐 아니라, 상대방이 정보중심의 대화를 원하는지, 친교중심의 대화를 원하는지를 파악하고 거기에 맞추어서 대화를 나눌 수 있어야 한다. 상대방이 지금 나와 어떤 대화를 나누기 원하는가를 파악하는 것, 다시 말해 정보성과 친교성 가운데 어떤 쪽인지를 파악하고 맞추어 가는 것도 대화를 하면서 상대방을 잘 배려하는 방법이 된다.

공감과 문제 해결

남성과 여성 중 누가 더 말을 많이 할까? 일반적으로 우리는 여성들이 더 수다스럽고 말을 많이 하며, 남성들은 과묵하다고 생각한다. 그러나 실제 연구 보고서들을 보면, 회의나 남녀 모임, 남녀공학의 학급에서 남성들이 훨씬 더 말을 많이 하는 것으로 나타난다. 이것은 남성들은 공적인 자리에서 말을 많이 하지만, 여성들은 사적인 자리에서 말을 많이 하기 때문일 것이다.

대부분의 여성들이 나누는 대화는 다정다감한 것으로, 함께 말을 하면서 관계를 더 돈독히 하고자 하는 의도가 강하다. 따라서 대화를 하면서도 공통점을 찾는 것에 초점을 두고, 공감을 표현하고자 하기 때문에 비슷한 분위기나 사적인 모임에서 편안한 마음으로 대화하는 것을 좋아한다. 그러나 남성들의 경우, 대화는 독립을 확보하고 계급사회 질서에서 지위를 놓고 협상을 벌이거나, 그 지위를 계속 유지하는 수단으로 쓰인다. 따라서 정보를 전달해 주거나, 지식과 기술을 과시할 수 있어야 하고, 대화에서도 중심적인 역할을 하여서 남의 관심을 집중시킬 수 있어야 한다. 그러기 때문에 잘 모르는 사람과 공적으로 이루어지는 대화에서도 주저하지 않고 이야기할 수 있는 것이다.

그럼 왜 여성들은 말을 많이 하고, 남성들이 말을 잘 하지 않는다고 알려졌을까? 남성들은 정보성을 중심으로 이야기하지만, 여성들은 친교를 중심으로 대화한다. 그래서 남성들로서는 아무런 정보성도 없는 말을 가지고 잡담하는 여성들을 이해하기가 어렵고, 또 쓸데없이 말을 많이 한다는 생각을 가지게 된다. 그러나 여성에게는 별 내용이 없는 말이라도 함께 나눈다는 것 자체가 유대관계와 대등관계를 충족시키는 것이기 때문에 어떤 말을 하느냐가 중요한 것이 아니라, 함께 이야기한다는 것 자체가 중요하다.

남성들이 가장 말을 적게 하고, 여성들이 가장 말을 많이 하는 곳은 가정이다. 유대관계와 대등관계, 친교성을 바탕으로 하는 대화를 나누기에 가장 적당한 곳도 가정이고, 독립과 상하관계, 정보성을 바탕으로 하는 대화를 나누기에 가장 부적당한 곳도 가정이기 때문이다.

기본적으로 독립과 상하관계의 구도로 대화를 하는 남성과 유대관계와 대등관계의 구도로 대화를 하는 여성은 같이 대화를 나누면서도 대화의 목적은 크게 다르다. 친교성을 추구하는 여성은 대화를 나누면서 공감하는 것에 가장 큰 목적을 두지만, 정보성을 추구하는 남성은 대화 내용에 대한 해결책을 찾는 것에 가장 큰 목적을 둔다.

• 대화 1

아내   여보, 나 이 수술하고 나면, 얼굴에 흉터가 남을 텐데 어쩌죠?
남편   그럼 성형수술하면 되지, 뭐.

아내 싫어요. 난 수술 따윈 이제 더 안 받을 거야.

남편 그럼 어떡해? 당신이 흉터 걱정을 하니⋯. 난 당신 얼굴에 남는 흉
     터 정도는 전혀 상관없어.

아내 그럼, 왜 성형수술을 하라고 했어요?

남편 그야 당신이 흉터 걱정을 하니까 그랬지.

아내 왜 그렇게 금방 수술 받으라고 했다가 금방 괜찮다고 해요?

왜 대화가 이렇게 진행되었을까?

아내는 남편도 자신의 흉터가 보기 싫기 때문에 성형수술을 받으라고
했다가 자신이 수술을 안 받겠다고 화를 내니까 말을 얼버무렸을 것이
라고 생각하고 화가 난 것이다.

반대로 남편은 아내가 걱정하는 것에 대해 같이 걱정하면서 자신이
찾을 수 있는 최선의 답을 찾아서 성형수술을 받으면 된다고 충고를 하
였고, 수술비도 마련하려고 생각하고 있었는데 아내가 화를 내는 것을

이해할 수 없다.

그럼 이 말을 하면서 아내가 듣고 싶었던 말은 무엇일까?

흉터가 남을 것을 걱정하는 아내는 남편이 그런 것은 염려할 것 없고, 흉터 따위는 아무것도 아니라든가, 당신이 흉터에 대해 걱정하는 것은 당연하고, 그런 심정을 이해할 수 있다는 말을 듣고 싶었던 것이다. 그러나 뜻밖에도 남편이 성형수술을 받으라고 하니, 남편도 자기의 흉터에 대해 좋지 않게 생각한다고 받아들이고, 마음이 상한 것이다.

반대로 남편은 아내의 고민에 대해 해결책을 제시하는 것이 당연하다고 생각하고 나름대로 해결방안을 제시했는데, 아내가 받아들이지 않고 따지는 것이 언짢을 수밖에 없다.

결국 기본적으로 서로 대화의 목적이 달랐다는 것이 불화의 원인이 된 것으로 누구의 잘못도 아니다. 여성은 상대방과 공감을 느끼고 나누는 것에 대화의 목적이 있지만, 남성은 해결책을 찾고 제시하는 것에 대화의 목적이 있기 때문이다.

• 대화 2

아내 아이들이 왜 이렇게 말을 안 듣는지 모르겠어.

남편 당신이 어떻게 하는데 아이들이 말을 안 듣는지 그 원인을 잘 생각해 봐. 좀 더 위엄 있게 행동하면 아이들이 그러지 않을 수도 있잖아.

이 말을 하고 나서 아내와 남편은 서로 마음이 상했다. 왜 마음이 상했을까?

• 아내의 말

학교에서 학생들 때문에 기분이 좀 상해서 집에 와서 하소연하고 위로도 받고 싶었어요. 그런데 남편은 내가 그런 원인을 제공한다며, 내가 위엄이 없어서 아이들이 말을 안 듣는 다고 생각하면서 속 뒤집는 말을 하는 거예요. 그럼 가뜩이나 좋지 않던 기분이 더 나빠져서 더는 말하고 싶지도 않잖아요? 그럼 남편은 말하다 말고 왜 화를 내느냐고 그러는 거예요.

• 남편의 말

아내가 직장생활을 힘들어하는 것 같아서 뭔가 도와주고 싶은 마음입니다. 그런데 아이들이 말을 안 들어서 속상하다고 하기에 제 나름대로 열심히 생각해서 원인을 분석해 보고, 위엄 있게 대해 보면 어떻겠느냐고 제안을 했는데, 제 제안을 받아들이기는커녕 화를 내고 말도 안 하는 거예요. 정말 이해가 안 돼요.

여성의 대화 목적은 공감이기 때문에 지금 아내가 원하는 것은 요즘 아이들이 말을 잘 안 듣는다는 것에 대해 공감하고 힘든 아내를 위로하는 말을 해주는 것이다. 이럴 경우, 남편이 "나도 그 감정이 어떤 건지 잘 알고 있어. 아마 나라도 화가 났을 거야"라는 식으로 공감의 말을 해주어야 위로가 된다. 그런데 남편이 한 말은 꼭 "나는 너랑 달라. 넌 지금 그런 일로 힘들어하지만, 난 그 해결 방법도 알고 있어"라고 충고하는 말처럼 느껴지기 때문에 기분이 상하는 것이다.

그럼, 남편은 왜 화가 났을까? 남성의 대화 목적이 해결책 제시에 있다는 것을 생각해 보자. 남편 입장에서는 뭔가 문제가 있다고 하니 그걸 도와주려고 "그럼, 이렇게 해 봐" 하고 성심성의껏 말을 했는데, 감사하다는 말을 듣기는커녕 오히려 화를 내니까 당황하게 되는 것이다. 남편이 생각할 때는 이 상황에서 "어, 그래 문제가 있어? 나도 그런 문제 있었어"라고 말해 주는 것은 사실상 아무런 도움도 되지 않는다. 따라서 해결 방법을 찾아 주는 것이 나름대로 아내에 대한 관심과 애정의 표현이 되는 것이다.

실제로 이런 상황은 매우 자주 나타난다. 직장 생활을 하는 여성이 직장 생활이 피곤하고 힘들다고 하면 남성은 이것을 들어 주고 이해해 주기보다는 직장 생활을 그만 두라고 말한다. 머리가 자꾸 빠져서 고민이라고 이야기하면 그 마음을 이해해 주는 말을 하는 것이 아니라 어디가서 머리 심으라고 하고, 아이 학원비가 많이 든다고 하면 학원 보내지 말라고 이야기를 한다. 이런 말을 들으면 여성들은 더 이상 할 말을 찾을 수가 없고, 그런 말을 들은 것이 스트레스가 되어서 일이 더 힘들게 느껴질 뿐이다. 그러나 이렇게 해결 방법을 제시하는 것이 남성으로서는 이 일에 대해 관심을 보이는 방법이라는 것을 생각만 해도 스트레스가 줄어들 것이다.

이처럼 남성과 여성의 시각 차이는 거의 평행선을 긋고 있기 때문에 중간선쯤에서 타협한다는 것은 쉽지가 않다. 그러므로 무엇보다 중요한 것은 서로의 대화가 갖는 특징들을 이해하는 일이다. 따라서 대화를 하면서 서로의 관점을 바꾸어서 생각해 보는 패러다임의 전환은 서로를 깊이 이해하는 데 도움이 되며 대화의 통로를 마련해 줄 것이다.

여성의 무기, 친화력

남성이 사용하는 언어를 남성어라고 하고, 여성이 사용하는 언어를 여성어라고 한다. 언어에 따라서는 남성어와 여성어가 별도의 문법 체계를 가지는 경우도 있지만, 일반적으로 남성이 더 잘 쓰는 말, 여성이 더 잘 쓰는 말이라고 보면 된다.

일반적으로 여성은 남성보다 높은 소리로 말한다. 우리가 보통 말을 하면서 사용하는 주파수는 100~400Hz 정도인데, 남성이 사용하는 언어음의 기본 주파수는 120Hz이고, 여성의 기본 주파수는 220Hz 정도로 여성음이 남성음에 비해 높다. 남성어의 음질이 굵고 탁하다면, 여성어의 음질은 가늘고 맑게 느껴진다. 그렇지만 가는 소리는 신뢰감을 주기 어렵고, 탁한 소리는 불쾌감이나 싫증을 느끼게 한다는 점에서 모두 하나의 약점은 가지고 있는 셈이다.

말의 내용을 구성하는 전략에 있어서 남성들은 힘과 격식성을 사용한다면, 여성들은 친화력을 사용한다. 잘 모르는 사람들이 있을 때 남성들은 거의 대화를 하지 않지만, 여성들은 편안하게 대화를 하는 것도 친화력의 힘이다. 이러한 친화력을 나타내기 위한 여성들의 전략 가운데 하나는 부가의문문을 사용하는 것이다. 자기가 한 말 뒤에 '응? 안 그래? 그렇지 않니? 그렇죠?'와 같은 표현들을 덧붙이면서 상대방을 대화에 끌어들이는 것이다.

㉮ 이것 좀 빌려줘. 응?
㉯ 그건 좀 심하다. 안 그래?
㉰ 물가가 너무 비싸다. 그렇지 않니?
㉱ 여긴 너무 더워요. 그렇죠?

이러한 부가의문문은 단정적으로 말하는 단언보다는 확신의 정도가 덜하지만, 단순한 의문보다는 확신이 있는 화법이다. 따라서 부가의문문은 대개 단정적으로 말하는 것이 적절하지 않거나, 몰라서 물어 보는 것이 아닌 상황, 다시 말해 확신과 의문의 중간에서 사용한다.

대화에서 부가의문문을 사용하는 것은 상대방에게 자신의 생각을 단정적으로 표현하는 것을 돌려서 말하는 간접 대화이다. 이것은 동의를 강요하지 않고 대답을 유도하는 의문문이기 때문에, 상대방은 대답을 통해 생각을 수용하거나 거부할 수 있어서 선택의 기회가 주어지게 된다. 따라서 어떤 선택을 하더라도 상대방의 체면은 세워질 수 있다. 또한 말하는 사람이 단정적으로 말하는 것을 피함으로써 상대방과 충돌이 일어나지 않도록 하는 수단이 될 수도 있다. 이런 특징 때문에 부가의문문은 친화력을 나타내는 여성의 언어에서 많이 사용되고 있다.

그러나 부가의문문을 사용하는 것 때문에 여성이 단호한 결정을 내릴 수 없고, 스스로도 확신할 수 없는 존재라고 생각하는 오해를 불러일으키기도 한다. 이런 점에서 예절 바르고 공손한 것도 좋지만, 지나치게 사용하여 오해가 생기지 않도록 하는 것도 중요하다. 상황에 맞는 대화, 적절한 대화를 위해서는 자신의 판단이 필요한 상황에서는 확신 있는 단언으로 표현하는 것이 바람직하다.

여성어에 나타나는 친화적 전략의 또 다른 유형은 모호한 표현을 사용하는 것이다. 예를 들면, '글쎄, 그냥, -ㄴ/ㄹ지 모르겠다, -ㄴ것 같다, -ㄹ대로 하다' 등과 같은 말들을 사용하는 것이다.

㉮ 글쎄, 그냥 편하실 대로 하세요.
㉯ 이거, 제가 가도 될지 모르겠네요.
㉰ 참 잘 어울리시는 것 같아요.
㉱ 그냥 너 좋을 대로 해.

이와 같은 모호한 표현은 자신의 주장을 내세우지 않는 말로써 상대방의 체면을 손상시키지 않는다는 점에서 예절바른 말이다. 이것 역시 대화 참여자들 사이의 의견 충돌이나 대결을 피하는 세련된 대화 방법이지만, 경우에 따라서는 자신감이 없어 보이거나 극단적으로는 자기 비하를 하는 사람, 또는 양다리를 걸치면서 발뺌 화법을 하는 교활한 사람 같은 부정적인 느낌을 줄 수 있다는 단점이 있다.

여성어에서 친화력을 나타내는 또 다른 전략은 협동적 대화이다. 협동의 원리는 대화의 기본적 원리이지만, 여성어에서는 협동의 원리를 지키는 적극적인 표시로서 맞장구치기와 가족 호칭을 사용하는 것이 특징이다.

• 대화 1

민정 오늘 민수 웃기더라.

은혜 누가 아니래, 정말 웃기더라.

민정 자기가 뭐 연예인쯤 된다고 생각하나 보지?

은혜 그러게 말이야, 옷이 정말 대단하더라.

민정 맞아, 맞아. 양말은 왜 또 짝짝이로 신은 거야?

은혜 그러게 말이야, 구두도 너무 튀지 않니?

위에서 보는 것처럼 여성들은 '누가 아니래, 그러게 말이야, 맞아, 그래' 등과 같이 맞장구치는 말을 통해 대화의 흥을 돋우며, 기분 좋게 대화를 이끌어 간다. 이런 말들은 상대방과 일치되고 있음을 강조하며, 간접적으로는 '나는 너의 말을 잘 듣고 있다'는 경청의 뜻을 나타내 준다는 점에서 협동적 대화를 만들어 간다. 또한 여성들은 때로 의견을 달리하는 경우에도 상대방의 처지를 고려해서 맞장구치기의 대화를 하기도 하는데, 남성들에게서는 이러한 경우를 찾아보기 어렵다.

협동적 대화의 또 다른 모습은 가족 호칭을 사용하는 것으로 나타난다. 가족 호칭은 화자와 청자가 모두 동일한 집단에 속해 있음을 나타내는 가장 확실한 표지가 된다.

• 대화 2

점원 어머, 어머니. 이 색 참 잘 받는데요.

손님 언니가 보기에는 이 색이 더 좋은가 보지?

점원 네. 어머니는 살결이 깨끗하셔서서 밝은 색을 참 잘 소화하시네요.

손님 아유, 언니 말 참 잘하네.

두 사람은 서로를 '어머니', '언니'라는 호칭으로 부르고 있는데, 옷가게라는 상황을 고려하지 않으면 관계를 파악할 수 없는 어려운 대화이다. 여성어에서 가족 호칭의 쓰임이 확대되어 나타나는 것은 가족과 같은 친화력을 바탕으로 하여 상호 인간적인 관계를 유지하기 위한 노력으로 이해된다.

이런 표현 형식뿐 아니라 내용에 있어서 여성어에서는 감탄이나 찬사를 사용하여 친화력을 나타낸다. 칭찬하는 말을 살펴보면 여성어에는 주로 외모, 옷, 장식 등에 대한 직설적인 찬사가 많으나, 남성어에는 찬사가 드물고, 한다고 해도 주로 상대의 재주, 능력 정도에 한한다.

• 대화 3

민영 어머, 이 가방 너무너무 예쁘다.

지혜 그래? 내 생각엔 별론데? 네 가방이 훨씬 더 낫다. 그치?

민영 아니야, 난 이런 디자인을 무지 좋아해.

여성어에는 남을 칭찬하는 것이 단순히 높이는 것으로 나타나는데, 남성어에서는 "어쭈, 제법이야"와 같이 화자가 더 높은 위치에 서서 칭찬

하는 형식으로 나타난다. 감탄과 찬사를 사용하는 것은 상대방과 동의하고, 인정하는 예의바른 어법이기도 하다. 그러나 한편으로 여성은 지나치게 감정적이라든지, 좀 모자라서 별 것도 아닌 것을 높게 평가하는 것이라는 오해를 받을 수도 있다.

이처럼 여성들은 정중한 말을 더 잘 사용하고, 협동적 대화를 하며, 감탄과 찬사를 더 많이 사용한다. 따라서 많은 언어학자들이 지적한 바와 같이 여성어가 대화의 기법에서 볼 때 더 세련된 언어임을 알 수 있다. 여성어는 상대방의 체면을 세워 주고, 예절바르고 공손하다. 또한 상대방과의 충돌을 최소화하기 위해 부가의문문이나 모호한 표현 등을 사용하며, 상대방과의 동류성을 강조하기 위해 가족 호칭도 사용한다. 이런 점들이 여성들의 대화를 빛나게 하는 동력이다.

그러나 바로 이런 점 때문에 여성은 확실한 판단력이나 자기 확신이 없고, 자신감도 없으며, 자기 비하에 빠져 있다는 부정적인 오해를 불러일으키는 역기능도 가지고 있음을 기억해야 한다.

반대로 남성들은 여성어에서 나타나는 부가의문문이나 모호한 표현, 맞장구치기, 가족 호칭이나 감탄, 찬사 등 여성어의 장점들을 적당히 사용함으로써 다른 사람을 배려하고 있음을 언어적으로 표현하는 방법을 익히는 것도 필요하다.

친화력은 상대방을 대화에 끌어들이고 공손하고 예절바른 표현으로 나타난다. 이런 대화는 상대방을 배려하고 있음을 나타내 주며, 충돌이나 갈등을 줄여서 원만한 인간관계를 이끌 수 있기 때문이다.

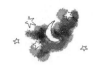

사랑하기 때문에

가족은 혈연에 의한 일차적 집단이다. 인간관계의 종류를 보면 친구나 동료처럼 선택할 수 있는 관계도 있지만, 가족 관계처럼 선택할 수 없는 관계도 있다. 그런데 가족 관계에서도 부모와 자녀의 관계나 형제 관계는 선택할 수 없이 태어날 때부터 고정된 관계인데 비해, 부부 관계는 선택할 수 있는 관계로 결혼을 통해 가족 구성원이 된다는 점에서 좀 독특한 구조이다.

요즘 가족 관계가 무너지고, 그것 때문에 힘들어 하는 사람들이 많다. 극단적으로는 부모와도 왕래를 하지 않고, 형제의 연도 끊고 지내는 경우가 있기도 하지만, 가장 많이 달라진 것은 부부 관계이다.

과거에는 일단 결혼을 하면 '검은 머리가 파뿌리 되도록', '죽음이 갈라놓을 때까지' 관계가 지속되는 것으로 알고 살았지만, 요즘은 결혼 후 얼마 동안 관계를 지속할 것인지를 선택할 수 있다고 생각하는 사람들이 많아졌다. 한 조사기관에서 설문조사한 결과에 의하면 미혼 여성의 55.6%가 '행복하지 않으면 이혼 해야 한다'고 응답했고, 2009년 OECD

통계에 따르면 한국 부부의 이혼율이 가입국 중 1위로 나타났다. 그렇지만 관계가 깨어졌을 경우에 가장 상처가 크고, 그 상처가 오랫동안 가족 구성원 모두에게 남아 있는 것도 바로 가족 관계이다. 그래서 결혼을 통해 가족 구성원이 되겠다는 결정 자체도 신중해야 하겠지만, 그보다 일단 가족들이라면 상대를 이해하려는 노력이 더 절실하고, 그런 점에서 서로 이해하며 가족 관계를 유지하기 위해서는 가족들 사이의 대화가 가장 중요한 요소가 된다.

모든 대화는 양면성을 가지고 있어서 자기가 말하는 사람일 때와 듣는 사람일 때 입장이 달라지는데, 특히 가족 대화에서는 이런 양면성이 두드러진다.

먼저 자기가 말하는 입장에 있을 때는 가족이니까 서로 이해해 줄 거라고 생각해서 거두절미하고 편하게 말하고 싶다고 생각하지만, 듣는 입장에 있을 때는 상대방의 말투가 거칠다거나 예의를 갖추지 않았다거나 해서 조금만 거슬려도 쉽게 화를 낼 수 있다. 그리고 자기가 화를 낼 때는 가족이니까 다 받아주기를 바라면서도, 다른 가족이 자기에게 화를 내면 가족한테도 대접받지 못하고 무시당한다고 생각하니까 더 기분이 나빠지는 것이다.

우리는 다른 곳에서는 다 실패하더라도 가정에서만은 사랑과 이해와 지지를 얻을 수 있는 곳이라고 여겨 왔다. 밖의 일들을 더 잘 하기 위해 원기를 회복하고 재충전하는 곳이라고 생각하는데, 실제 대부분 가정의 모습은 이런 생각과는 상당히 다르다.

가족들끼리 서로 위로하고 격려하는 따뜻한 말을 주고받으면서 재충전하기보다는, 오히려 비평하는 말들을 더 많이 한다. 가족들은 구성원 개인이 지향하는 목표도 있지만, 가족이라는 이름으로 함께 이루어가는 일들도 있다. 그래서 가족의 힘은 구성원 개인이 가진 힘을 합한 것보다 더 강하기도 하다. 그러다 보니, 가족 구성원으로서 서로에 대한 기대나 요구가 많아지고, 간섭을 하고 비평을 하는 일도 많아지게 된다. 또한 가족들은 오랫동안 함께 생활해 왔기 때문에 서로가 가지고 있는 약점을 잘 알고 있고, 이런 약점을 도와주기 위해서 비평을 하는 경우도 많다.

이와 같은 비평을 데보라 태넌은 '친밀한 비평(intimate criticism)'이라고 명명하였다. 친밀한 비평은 통제와 연결이라는 양면성을 갖는다. 이 말을 통해 한 편으로는 상대방을 통제하려는 생각이 작용하고, 또 다른 편으로는 상대방과 연결되려는 생각이 작용하는 것이다. 보통 이런 친밀한 비평에는 통제와 연결이라는 두 가지 의미가 한 덩어리로 섞여 있게 마련이다.

• 대화 1

엄마 야, 이 뚱보야 너 또 뭐 하는 거야? 제발 그만 좀 먹어. 살찐다고 걱정하면서 또 빵을 먹으면 어떡해? 걱정을 하지 말거나, 많이 먹지를 말거나 해야지, 넌 도대체 무슨 생각으로 사는 거야?

딸 엄마, 진짜 엄마 맞아? 엄마는 왜 내가 그렇게 못 마땅해? 그렇게 뭐든지 간섭을 하니까 내가 스트레스 받아서 더 먹지!

엄마의 말은 한 편으로는 빵을 그만 먹도록 통제하려는 것이면서, 또 다른 한편으로는 그 아이가 살찌는 것 때문에 내가 염려하고 있다는 것을 전달하는 것이고, 이런 관심을 표현하면서 아이와 연결되려는 것이다. 그렇지만 이런 말을 들으면 기분이 상해서 "진짜 엄마 맞아?"와 같이 관계 자체를 의심하는 말을 하고, 엄마는 자신을 못마땅하게 생각한다고 판단하며, 엄마가 자신의 일에 간섭을 하고 있고, 그 결과로 스트레스를 받는다는 말로 말대답을 하게 된다. 그러면 엄마는 "엄마가 다 네가 걱정이 되니까 하는 말이야. 엄마가 널 사랑하니까 이런 말을 하지, 네가 남의 집 딸이면 그런 말을 하겠니?" 하면서 서운해 한다.

가족 대화에 이런 공통점이 나타난다는 것을 밝힌 데보라 태넌의 책 제목이 『널 사랑해서 하는 말이야(I only say this because I love you)』이다. 동서양을 막론하고 대부분 가족 관계에서 상처를 주는 비평들을 하면서 거기에 덧붙여 하는 말이 바로 이 말이라는 것이다.

• 대화 2

아내 옆에서 차 나와요. 브레이크 밟으세요.

남편 나도 봤어요.

아내 빨간 불 들어왔어요. 속도 늦추세요.

남편 ······.

아내 저 오토바이 위험해요.

남편 아, 그렇게 간섭하고 싶으면 당신이 운전해요.

운전을 배울 때 가장 피해야 할 대상이 남편이라는 말이 있다. 보통은 교육이 아니라 싸움으로 끝나기 때문이다. 그런데 가족이 함께 차를 타고 나가면 보통 옆자리에 앉은 아내는 "옆에서 차 나와요. 브레이크 밟아야지요", "빨간불 들어왔어요. 속도 늦추세요" 하는 식의 말을 한다. 아내가 이런 말을 하는 것은 우리는 가족이니까 같이 연결되어 있고, 누가

운전을 하더라도 같이 협조한다는 의미, 그러니까 연결의 의미로 이런 말을 하는 것이다.

그렇지만 밖으로 표현되는 것은 이래라 저래라 하는 통제의 의미일 뿐이다. 그러니 다른 사람에 의해 통제를 받고 있다고 느끼는 남편은 기분이 좋을 리 없고, 이 말을 자신의 능력을 의심하거나 간섭하는 말로 받아들여서 "아, 그렇게 간섭하고 싶으면 당신이 운전해" 하는 식의 말을 하게 된다. 나름대로 도와준다고 열심히 거든 아내로서는 민망하고 섭섭하기 짝이 없고, 기분 좋게 출발했던 나들이도 서로 말 한 마디 안 하고 썰렁한 분위기가 되어서 돌아오게 되고 만다.

다른 사람의 비평도 들으면 기분이 좋지 않지만, 가족들이 비평을 하면 더 쉽게 기분이 상한다. 대부분 가족들은 함께 지낸 시간이 많기 때문에 서로의 약점을 잘 알고 있고, 지금 하고 있는 비평은 과거의 역사를 배경으로 하는 경우가 많기 때문이다.

학교 다닐 때 늘 지각하던 동생한테는 동생이 어른이 되어서 직장 생활을 하는 경우에도 "오늘 저녁 여섯 시에 만나는 거다. 요즘 차가 많이 막히니까 다섯 시에는 꼭 출발해야지 돼. 또 늦으면 안 되잖아?" 하는 식으로 말을 하게 된다. 이런 말을 들은 동생은 기분이 좋을 리 없다. 가족이 비평을 하면 내 약점을 건드리는 것은 아닌가 하는 방어적 마음과 함께, 무언가 정말 잘못하고 있는 것이 아닌가 하는 생각에 불안한 상태가 되기 때문이다.

방어적인 마음과 불안한 심리는 실제로 비평하는 말이 아니라 하더라도 비평하는 말로 받아들이게 만드는 요인이 된다. 그렇기 때문에 형이 동생에게 일찍 출발하라고 한 말은 친절한 도움일 수도 있지만, 이미 그런 말들을 여러 차례 들어왔던 동생으로서는 그 말을 협조적인 말로 받아들이기 힘든 것이다.

가족 대화에서 염두에 두어야 하는 것은 가족 사이에는 작은 마찰도 큰 폭발을 일으킬 수 있다는 점이다. 이는 그동안 쌓아 두었던 것들이 한 순간에 폭발할 수 있기 때문이다. 지금 비평을 한 문제는 그리 중요한 것도 아닌데, 평소에 가족들이 자신한테 늘 비평만 한다고 생각하고 있었기 때문에 어느 순간 그 한 마디에 폭발을 하게 되는 것이다.

이것이 가족 관계의 모순인데, 사실은 가족을 돌보고 관심을 기울인다는 것이 의견 충돌이나, 하고자 하는 일을 못하도록 방해하는 것, 그리고 불만을 가지고 비난하는 것으로 표출될 수 있기 때문이다. 누구나 자신에게 관심을 기울이는 것을 불쾌하게 생각하지는 않지만, 이것이 방해나 비난으로 표현될 수 있기 때문에 언제나 폭발할 수 있는 위험을 가지고 있는 것이다.

가족들 사이의 대화를 회복하기 위해서는 먼저 가정이 정말 재충전의 보금자리가 되도록 서로 칭찬하고 감사하고 존중하는 말들을 많이 해야 한다. 이런 말들이 힘을 주고 자신감을 주고, 동기를 부여해 주는 말이기 때문에 많이 하면 할수록 가정이 더 윤택해진다.

그리고 친밀한 비평을 하게 될 경우, 비평을 하는 입장에서는 이 말이 비난이나 부당한 통제로 받아들여질 수도 있고, 지속적으로 이런 말을 했을 경우에는 폭발의 위험도 담겨 있다는 것을 생각해야만 한다. 그러나 가족이 나한테 하는 비평을 듣게 되는 경우라면 표현되는 것 자체보다는 그 말 속에 담겨 있는 관심과 사랑의 마음을 읽으려는 노력과, 가정이라는 공동의 목표를 위해서 서로 협력하고 이해하려는 마음이 필요하다. 사랑하기 때문에 하는 말에는 통제와 연결이라는 양면성이 있어서 어떤 경우에는 독이 되어 폭발을 일으킬 수 있다. 사랑하기 때문에 가족끼리는 좀 더 조심스럽게 대화를 나눌 필요가 있다.

대화와 자아의식

　　대화를 하는 데 있어서 사실 가장 중요
한 것은 다른 사람이 아니라 바로 나 자신이다. 자신하고 대화를 잘 하
는 사람이 다른 사람과도 대화를 잘 할 수 있다. 이 부분을 의사소통에
서는 자신과의 의사소통(Intrapersonal Communication)이라고 하는데, 실
제로 '나는 누구인가?', '나는 나를 어떻게 알고 있는가?'와 관련된 자아
의식과 '나는 얼마나 가치 있는 사람인가?'와 관련된 자존감이 우리가
나누는 대화와 깊이 연결되어 있다. 그래서 내가 나와의 대화를 통해 나
를 받아들이고 평가하는 것이 다른 사람과의 관계에서 큰 영향을 미치
게 된다.

　내가 어떤 사람인가 하는 자아개념은 주변 사람들이 나에 대해 내리
는 평가와 내 스스로 다른 사람과 나를 비교하는 것, 그리고 스스로 자
신에 대해 내리는 평가가 더해서 만들어지는 것이다. 그렇기 때문에 긍
정적 자아의식은 나 혼자의 생각만으로 되는 것은 아니고, 다른 사람들
의 평가나 상호 비교를 통해서 갖게 되는 것이다. 스스로 긍정적으로 생

각하는 것만큼 다른 사람에게 긍정적인 평가를 받을 수 있도록 노력하지 않으면 진정한 의미에서 긍정적 자아의식을 가질 수 없다는 말이다.

긍정적인 자아의식이라는 것이 구체적으로 어떤 것일까? 내가 갖고 있는 자아의식은 어떤 것일까? 심리학자 죠셉 루프트와 해리 잉그햄은 나와 다른 사람이 나에 대해서 아는 정도를 기준으로 '마음의 창(Johari window)'이라는 개념을 통해 자아의식의 영역을 표현하였다.

마음의 창은 내가 아는 것과 모르는 것, 남이 아는 것과 모르는 것을 기준으로 만들어진다. 내가 아는 것의 정도를 가로축으로 하고 남이 아는 것을 세로축으로 해서 자신이 생각하는 정도에 따라 선을 그어 보자.

그러면 내 마음의 창이 네 개의 영역으로 나뉜다.

첫째, 내가 알고 남도 안다.

둘째, 나는 알고 남은 모른다.

셋째, 남은 알고 나는 모른다.

넷째, 나도 모르고 남도 모른다

		피드백을 얻는 정도	
		내가 알고 있는 정보	내가 모르는 정보
자기공개의 정도	남이 아는 정보	열린 영역	가려진 영역
	남이 모르는 정보	숨겨진 영역	알 수 없는 영역

〈마음의 창〉

첫째, 열린 영역(open self)으로, 나도 알고 있고 다른 사람에게도 알려져 있는 내 이름, 성별, 행동, 감정, 종교, 직업, 희망 같은 것이다. 나와 친한 사람에게는 열린 영역이 더 넓고, 같이 있는 것이 불편한 사람에게는 열린 영역이 아주 좁다.

둘째, 숨겨진 영역(hidden self)으로, 나는 알지만 남은 모르는 나에 관한 지식으로, 다른 사람에게 알려지지 않은 나의 약점이나 비밀, 자신만의 감정, 공상 등이 포함된다.

셋째, 가려진 영역(blind self)으로, 남은 아는데 나는 모르는 이상한 행동습관, 특이한 말버릇, 독특한 성격 같은 것들인데, 가려진 영역이 있으면 의사소통에 장애가 올 수 있다. 그러나 아무리 줄이려고 노력해도 완전히 없앨 수는 없다.

넷째, 알 수 없는 영역(unknown self)으로, 나도 모르고 남도 모르는 나에 관한 지식으로 어느 누구에게도 알려지지 않고 무의식 속에 묻혀있는 영역이다.

의사소통이 원활하게 이루어지려면 먼저 다른 사람에게 나에 관한 이야기를 하고 속마음을 드러내는 것이 중요한 요소가 된다. 이것은 열린 자아의 영역을 넓히는 것인데, 열린 자아의 영역이 넓을수록 서로 대화가 잘 통한다. 다른 사람에게 자신을 알리는 것을 꺼릴 경우, 열린 영역이 좁기 때문에 의사소통이 원활하게 이루어지기 어렵다. 결국 내가 다른 사람을 알고, 다른 사람이 나를 알 때 의미 있는 대화를 나눌 수 있게 된다.

이렇게 다른 사람한테 나에 관한 이야기를 잘 하고 속마음을 잘 드러내는 자기 공개가 자아 유형을 판단하는 첫 번째 요소라면, 둘째로 다른 사람들이 나에 대해 어떤 생각을 가지고 있고, 나를 어떻게 평가하는지 알려고 노력하고 귀를 기울이는 피드백의 정도가 의사소통의 수준을 결정한다. 상대방이 반영하는 모습을 통해 나를 어떻게 생각하고 있는지, 나아가 내 모습은 어떤 것인지도 발견할 수 있다.

따라서 이러한 자기공개와 피드백의 정도를 기준으로 해서 몇 가지 유형으로 나눌 수가 있다.

첫째는 열린 영역이 가장 넓은 사람, 그러니까 자기공개도 잘 하고, 피드백도 잘 하는 유형이다. 이런 사람들은 대체로 인간관계가 원만한 사람들이다. 자기표현도 적절하게 할 뿐 아니라, 다른 사람의 말도 경청할 줄 아는 사람들이어서, 다른 사람들에게 호감을 주고 친밀감을 느끼게 한다. 다만 지나치게 열린 영역이 넓으면 말이 많고 경박한 사람으로 비쳐질 수도 있다. 따라서 경박한 선까지는 가지 않도록 조심하면서, 될 수 있으면 많이 말하고 잘 듣는 것이 원만한 인간관계와 의사소통의 비결이 된다.

둘째는 숨겨진 영역이 가장 넓은 과묵형이다. 이런 유형은 다른 사람에 대해서는 수용적이고, 속이 깊고 신중해서 다른 사람의 이야기는 잘 경청하지만, 자신의 이야기는 잘 하지 않는 사람들이다. 그러다 보니 속마음을 잘 드러내지 않고 계산적이고 실리적인 경향이 있다. 상황에 대해 적응은 잘 하지만 내면적으로는 고독감을 느끼는 많은 현대인들이 대체로 이 유형에 속한다. 과묵형은 함께 생활하기에 불편하지는 않지만, 문제가 있을 때 쉽게 다가서서 내 이야기를 나누기에는 부담스러운 유형이다. 그래서 자기에 관한 말을 하는 것이 익숙하지 않고 좀 손해 보는 것 같이 느껴지더라도 어느 정도까지는 자기개방을 통해서 다른 사람과 좀 더 넓고 깊은 교류를 하는 것이 필요하다.

셋째는 자기노출은 많이 하지만 피드백은 하지 않아서 가려진 영역이 넓은 자기주장형이다. 자기주장형은 자기 기분이나 의견을 잘 표현하고 나름대로 자신감도 가지고 있는 솔직하고 시원시원한 사람들이지만, 다른 사람들의 반응에 무관심하거나 둔감해서 때로는 독단적이며 독선적인 모습으로 비쳐질 수 있다. 상대방에 대해 배려하는 마음을 늘 새롭게 하지 않으면 누구나 쉽게 자기주장형이 된다. 따라서 다른 사람의 말에 좀 더 진지하게 귀를 기울이는 노력이 필요하다.

넷째는 알 수 없는 영역이 가장 넓은 고립형이다. 이런 사람들은 인간관계에 있어서 소극적이고 혼자 있는 것을 좋아하는 사람들이다. 다른 사람하고 접촉하는 것을 불편해 하거나 다른 사람에게 무관심해서 고립된 생활을 하는데, 이런 유형 중에는 고집이 세고 주관이 지나치게 강한 사람도 있지만, 대체로는 심리적인 고민이 많거나, 생활에 잘 적응하지 못하는 경우가 많아서 우리의 관심을 필요로 하는 유형이다.

따라서 우리가 원만한 의사소통을 통해 인간관계를 좋게 만들려면 열린 자아의 영역이 넓어져야 하며, 그러기 위해서는 다음과 같은 노력이 필요하다.

첫째, 자신에 대해 적절히 공개하는 것과 함께 다른 사람들이 나에게 보내는 피드백을 잘 받아들이는 것이다. 대부분의 상호작용에서 사람들은 내가 한 일이나 한 말에 대해서 어떤 방식으로든 논평을 하게 마련인데, 이런 반응을 잘 파악해야 한다.

둘째, 다른 사람들에게 자신에 관한 질문을 해서 가려진 자아를 줄여가는 것이다. 그러니까 "오늘 내가 말한 거, 너무 일방적이지 않았어요?"라거나 "오늘 내가 아이한테 꾸지람하면서 너무 감정적이지 않았어요?" 하는 식으로 질문을 자주 하는 것이 좋다.

셋째, 다른 사람들을 관찰해서 주변 사람들에게 나 자신이 어떻게 보이는지를 관찰하는 습관을 갖는 것이다. '옆 자리에 앉은 사람한테 나는 어떻게 보일까?', '지금 내가 내 가족에게, 동료에게 어떻게 보일까?' 하는 것을 그 사람의 관점에서 생각해 보는 것이 필요하다. 그래서 궁극적으로 열린 자아를 넓혀가야 한다.

요즘 자녀들의 기를 살린다, 남의 눈치 보지 않는 아이로 키운다 하는 말들을 하는 어른들이 많아지면서 남에 대한 생각 없이 제 멋대로 행동하는 청소년들이 점점 더 많아지고 있다. 그렇지만 남이 나에 대해 어떻게 생각할지를 피드백하는 것이 자아의식 형성에 중요한 요소이기 때문에 이런 부분이 없이 기만 키워놓는다고 그 아이의 긍정적 자아의식이 높아지는 것은 아니다. 오히려 가족의 울타리 안에서 통용되던 방식의 자존감이 사회 구성원들에게 받아들여지지 않는다는 것을 알게 되면, 더 큰 좌절과 절망을 하게 될 수도 있다. 때문에 다른 사람이 나에 대해 어떻게 생각할까 하는 것을 고려하는 것이 의사소통이나 인간관계에서 매우 중요하다는 것이 더 강조될 필요가 있다.

나를 통해 남을 알고, 남을 통해 나를 알아가는 것이 전제될 때 열린 자아의 영역이 넓어지며, 더 긍정적이고 더 건강한 자아의식을 통해 긍정적이고 건강하게 의사소통을 할 수 있는 사람이 될 수 있다.

대화와 자존감

나는 얼마나 가치 있는 사람일까? 이 질문에 대한 대답이 자존감의 정도를 결정하고, 우리가 나누는 대화나 소통의 수준을 결정한다. 이 세상에 완벽한 사람은 없다. 그러나 우리는 자신에게는 엄격한 경향이 있다. 그리고 누구나 자기 모습이 다 마음에 드는 건 아니고, 고쳐야 할 나쁜 습관도 있다. 그래서 때론 "내가 왜 이러는지 모르겠어. 한심해, 정말 내가 이 정도밖에 안 되는 거야?" 하는 식의 말들을 하게 되기도 한다.

우리의 모습 속에는 많은 결점도 있고, 한계도 있게 마련이다. 이런 점들을 다른 사람과 비교해서 오히려 자신을 숨기려 하거나 왜곡하면 자존감은 더 낮아질 수밖에 없다. 자신의 모습을 발견하고, 수용하고, 잘 사용하고, 더 개발하는 것이 자존감을 높이는 방법이 된다.

우리가 가지고 있는 단점과 과거의 잘못된 경험까지를 포함해서 현재 자신이 가지고 있는 모습을 인정하고 나아가서 사랑하는 것은 다른 사람과의 차이를 인정할 수 있게 해주고, 다른 사람을 수용하고 이해할 수 있게 해주는 기틀이 된다. 어떤 모습을 정형화해서 나와 다르다고 판단하는 것들은 상대방의 자존감에 상처를 줄 수도 있다. 본질이 아닌 것을 마치 본질인 것처럼 주장하거나, 편견을 가지고 다른 모습을 인정하지 않는 것은 다른 사람의 자존감에 상처를 주는 일이다. 진정한 소통이 이루어지는 사회가 되기 위해서는 스스로의 자존감을 높일 뿐 아니라 다른 사람의 자존감을 세워주는 일이 동반되어야 한다.

자존감이 중요한 이유는 자존감이 성공적인 인생을 만드는 동력이 되기 때문이다. '피그말리온 효과'라는 것이 있다. 피그말리온은 그리스신화에 나오는 키프로스의 왕이자 뛰어난 조각가였다. 그는 현실 속에서 보아온 여성들의 모습에 실망하여 결혼을 하지 않기로 하고 조각에만 심혈을 기울였다. 그러던 중 자신이 상아로 만든 조각상의 아름다움에 반하게 되었다. 그래서 살아 있는 연인을 대하듯 어루만지고, 반지와 진주 목걸이도 걸어주었다. 그의 극진한 마음을 헤아린 미의 여신 아프로디테는 조각상에 생명을 불어 넣어주고, 피그말리온은 생명을 가진 여인으로 변한 조각상과 결혼할 수 있게 되었다. 피그말리온 효과는 '가능성이 없는 것이라도 마음속에서 할 수 있다고 믿고 행동하면 그 기대가 현실로 이루어진다'는 의미로 정의된다.

교육학에서는 '선생님이 특정 학생이 우수할 것이라는 기대를 가지고 교육하면 실제로 그 기대를 받은 학생이 더 우수하게 될 확률이 높다'는 것을 피그말리온 효과라고 한다. 1968년에 미국의 교육학자인 로버트 로젠탈과 레노어 제이콥슨이 샌프란시스코 지역의 초등학생들을 대상으로 지능검사를 했다. 그리고 실제 점수하고는 아무 상관없이 아이들 이름을 몇 명 뽑아서, 그 학교 선생님들께 이 학생들은 지능이 높고 학업

성취도가 높을 것이라고 알려주었다. 그런데 놀라운 것은 몇 달 뒤에 실제로 지능 검사를 해본 결과, 이 학생들이 평균보다 높을 뿐 아니라 지난번에 비해 월등하게 점수가 올라가 있었다는 것이다. 그래서 누군가에 대한 사람들의 믿음, 기대, 예측이 상대에게 그대로 실현되는 경향을 피그말리온 효과라고 하는데, 결국 자존감을 높여주면 성취도가 높아진다는 것이다. 다른 사람의 긍정적인 평가가 좋은 결과를 가져오는 것처럼 자신의 가치에 대한 긍정적인 평가도 좋은 결과를 가져온다. 자존감이 높아야 원만한 성품, 정직성, 책임감, 열정, 사랑 같은 것들이 나온다. 생기가 넘치는 사람들은 대부분 자존감이 높은 사람들이다.

자존감의 수준에 따라 언어 사용 양태가 여러 가지로 영향을 받는다. 첫째 자존감이 낮은 사람은 스스로 창의성이 없다고 판단하고, 생각을 열지 않기 때문에 상투적인 말이나 짤막한 말을 주로 사용하고, 구체적으로 표현하지 않으려 한다. 이에 비해서 자존감이 높은 사람들은 독창적인 표현을 사용하고, 풍부한 어휘력을 구사해서 상황에 적절한 말을 하고, 다른 사람에게 말을 걸 때 그 사람에게 어울리는 적절한 호칭을 사용할 수 있고, 정확한 표현을 찾아낼 수 있는 능력을 갖고 있다.

둘째, 자존감이 낮은 사람은 자신에 대해서 비난조로 이야기하는 경향이 있고, 칭찬을 하면 잘 받아들이지 못하고, 비난하는 말에 대해서는 방어적인 태도를 보인다. 이에 반해 자존감이 높은 사람은 자신을 드러내서 말하지 않고, 일의 성과에 대해서 말할 때 자기보다는 남을 앞세워서 말한다. 칭찬도 겸손하게 잘 받아들이지만, 비난하는 말도 잘 수용할 줄 안다.

셋째, 자존감이 낮은 사람은 추진한 일이 제대로 완성되었는지의 여부보다 그 일에서 누가 신임을 얻었고 누가 비난을 받았나 하는 것에 더 관심을 쏟는 경향이 있다. 그러나 자존감이 높은 사람은 다른 사람의 평가가 아닌 일 자체에 더 관심을 갖는다. 일을 하면서 성과가 있을 때 다른 사람들을 앞세워 줄 줄 아는 것도 다 자존감이 높아야 되는 일이다. 자존감이 낮은 사람들은 다른 사람의 성과에 대해서 혹평을 하거나 비꼬는 경향이 있다. 그래서 그 사람은 운이 좋았다거나, 특혜를 받았다거나, 빽이 든든하다거나 하는 식으로 받아들이고, 다른 사람의 성공에 대해서 뿐 아니라 자신의 성과에 대해서까지도 투덜거리거나 비웃는 태도를 보인다. 이에 반해 자존감이 높은 사람은 오만하지 않고, 모르면 모른다, 틀렸으면 틀렸다고 말할 수 있는 자신감이 있다. 모르는 것을 배우고자 하는 마음으로 자신이 모른다는 것을 숨기거나 두려워하지 않는다. 다른 사람의 평가에 대해서 비교적 편안하게 받아들이고, 편견이나 고정관념에 사로잡히지 않으며, 자신의 신념만이 옳다고 고집을 부리지도 않는다. 따라서 자존감이 높은 사람들은 인간관계가 원만할 수밖에 없다.

중요한 것은 생기가 넘치는 사람들은 거의 항상 높은 자존감을 가지고 있다는 점이다. 보통 사람들이 가지고 있는 자존감은 자기가 할 수 있는 역할(task)에 따라 달라지는 것이나, 상황에 따라 달라지는 상황-의존적 자존감(situation-specific self-esteem)이다. 그런데 정말 높은 자존감은 역할이나 능력과 관계없이 어떤 상황에서도 자기에 대해 자존감을 높게 가지고 있는 것이다. 이것을 전반적 자존감(global/general self-esteem)이라고 한다. 전반적 자존감이 높은 사람들은 원만하고, 정직하고, 책임감 있고, 열정적이어서, 주위 사람들은 그 사람이 있어서 이 세상이 보다 살기 좋은 곳이라고 느끼게 된다.

그런데 안타깝게도 많은 사람들이 일생의 대부분을 자존감이 낮은 상태로 지낸다. 자존감이 낮으면 스스로 가치가 없다고 느끼기 때문에 다른 사람들이 자신을 속이거나, 짓밟거나, 비난할 거라고 생각하게 된다. 그리고 늘 최악의 경우를 예상하면서 스스로 그런 상황을 불러들이고, 자신을 방어하기 위해서 다른 사람들을 불신하고, 스스로 격리되어서 소외감과 외로움을 느끼며 살아가게 된다. 그러다 보니 술이나 약물에 의존하다가 심해지면 자살까지도 생각하는 사람들이 결국 다 자존감이 낮기 때문인 것이다.

그렇기 때문에 자신이 얼마나 소중한 존재인지를 분명히 알아야 할 뿐 아니라, 다른 사람들의 자존감에 관심을 가져야 한다. 그리고 그 자존감을 높여주는 방식으로 대화를 하기 위해 노력해야 한다. 대부분 사람들이 갖는 자존감은 늘 일정한 상태를 유지하는 것이 아니라 상황에 따라 유동적이기 때문에 우리가 어떤 방식으로 상대방을 만나고, 대화하고, 행동하느냐 하는 것은 상대방의 자존감에 큰 영향을 주게 된다.

특히 어린 자녀들의 자존감은 어른들이 만들어 주는 것이어서 부모의 말, 얼굴 표정, 몸짓, 행동 하나 하나가 아이의 자존감에 영향을 주게 된다. 이것을 페레즈 시모는 『자녀의 감성 발달』이라는 책에서 상호주관성(intersubjectivity)이라는 개념으로 설명한다. 아이는 자신을 바라보는 엄마를 바라보며 그 시선을 통해 엄마의 기분을 배우게 되고, 엄마도 아이의 눈길을 통해 아이가 정말 만족하는지, 고마워하는지를 알게 된다는 것이다.

다섯 살짜리 아이가 먼지 묻고 지저분한 사탕 하나를 가지고 집에 들어와서 엄마에게 주었을 때 "아니, 너 어디서 이런 지저분한 사탕을 갖고 왔어? 이런 거 불량식품이야. 누가 이런 거 먹으랬어?"라고 말하고 그 사탕을 버린다면 아이의 자존감은 어떻게 될까?

아이는 유치원에서 나누어 준 사탕을 집에 가서 엄마 드리려고 먹고 싶은 것도 참고 집에 가져온 것이다. 그리고 마음속으로는 엄마가 좋아하고, 맛있게 드시고, 칭찬해 주시리라 생각을 하고 있었을 것이다. 그런데 엄마가 이런 태도를 보이면 이 아이의 마음속에선 이때부터 낮은 자존감이 자라게 된다. "난 나쁜 아이야. 불량식품이나 갖고 와서 엄마한테 꾸지람이나 듣는 아이, 난 엄마를 기쁘게 할 수 없는 아이야."

그러나 만약 엄마가 "어머나, 이게 뭐야? 아주 맛있는 사탕이네. 니도 먹고 싶었을 텐데, 엄마한테 주려고 가져 왔구나. 우리 딸 어쩜 이렇게 착하고 예쁘지?" 하는 말을 해주었다면, 이렇게 성공한 경험을 통해 자

존감이 높아질 뿐 아니라 엄마가 아닌 다른 사람에게도 유사한 행동을 해서 사랑받고자 하는 동기가 만들어지게 된다. 나아가 더 많은 사람들에게 인정받고 사랑받을 수 있는 자존감을 준비하도록 도와주는 것이다.

자녀뿐 아니라 대화를 나누는 모든 사람들은 나와의 대화를 통해 자존감에 영향을 받는다. 그러니까 상대방은 내가 바라보는 눈빛, 목소리, 다가가는 거리, 말하는 방식과 같은 것들을 통해서 자기를 어떻게 대접하고 있는지를 판단하고, 거기에 따라 자존감이 높아질 수도 있고 낮아질 수도 있다는 것이다.

나는 무심코 말하고 있지만, 상대방은 예민하게 관찰하고 있고, 영향을 받고 있다. 내 표정 하나로 상대방의 하루가 밝아질 수 있고, 내 말한 마디가 상대방의 삶 전체에 영향을 줄 수도 있다. 내가 만나는 가족, 친구, 동료, 이웃사람들에게 내가 보이는 태도, 말 한 마디가 모두 그들의 자존감을 높일 수도 있고 낮출 수도 있는 것이다.

자존감에 따른 대화 모형

'자존감'이라는 말은 별로 들어본 적이 없지만, '자존심'이라는 말은 많이 들어왔다. 자존감과 자존심이 같은 뜻인 것처럼 생각이 되는데, 자세히 살펴보면 좀 다른 면이 발견된다.

자존감이라는 말은 자존감이 높다 아니면 자존감이 낮다 하는 말과 연결되어서 높이의 정도를 가지고 있는 것으로 생각하지만, 자존심은 좀 다르다. 그래서 "그 사람은 자존심이 세다/강하다"라는 말은 하지만 "그 사람은 자존심이 약하다"는 말은 하지 않고, 그 대신 "넌 자존심도 없니?"와 같이 자존심이 없다는 말을 사용한다. 이런 말들을 통해 보면 자존심은 강도를 가지고 있는데, 그 강도는 극단적으로 강한 것과 없는 것으로 대조를 보이면서 비논리적이고 감정이 개입될 여지가 생겨난다. '자존심'과 함께 쓰이는 말 가운데 가장 많이 쓰이는 것은 '자존심 상한다', '자존심에 상처를 입었다'와 같은 말이다. 이것은 자존심이 상하거나 상처가 나기 쉬운 약한 물건이라고 생각하는 은유적 표현이다.

자존감이 낮은 사람들의 특징은 자존심이 잘 상한다는 것이다. 그래서 별 것 아닌 일에도 "아이, 자존심 상해"라는 말을 입에 달고 있다. 자존심이 쉽게 상하는 것은 자존감이 낮기 때문이다. 쉽게 상하는 것은 어떤 것일까? 우리가 금이나 다이아몬드를 귀중하게 생각하는 것은 쉽게 상하지 않기 때문이다. 자존감이 높은 사람들은 자존심이 잘 상하지 않는다. 자존감이 낮은 사람들은 대화를 하다가 자존심의 문제에 걸려들게 되고, 자존심이 쉽게 상하는 사람일수록 대화를 통해서 스트레스를 많이 받는다. 자존심이 쉽게 상한다는 것은 그만큼 스스로의 가치에 대한 확고한 생각을 가지고 있지 못하기 때문에 말 한 마디로도 큰 상처를 받게 되는 것이다.

대화를 하다가 자존심의 문제에 걸려들게 되면 심리적으로 뿐 아니라 신체적으로도 변화를 보이게 된다. 버지니아 사티어의 『사람만들기』에서 이 문제를 다루고 있다. 대화를 하다가 자존심의 문제에 걸려들게 되면 근육이 긴장하고, 호흡도 불규칙해지고, 어지러움을 느끼게 된다. 이런 상태에서 하는 대화는 실제 음성으로는 무어라 말을 하고 있지만, 그것이 자신의 신체적인 상태나 심리적인 상태하고는 일치되지 않는다. 사티어는 이렇게 음성으로 말하는 내용과 심리나 동작이 일치되지 않는 대화를 '복선적인 대화', 이와 대조적으로 하고 있는 말의 내용과 심리 상태나 동작이 일치하는 대화를 '단선적인 대화'로 구분했다.

자존감과 밀접한 상관관계에 있는 것이 두려움이다. 자존감이 낮으면 두려움을 더 크게 느끼게 된다. 사티어는 대체로 자존감이 낮아서 다른 사람의 감정을 상하게 하는 것에 대해 두려워하거나, 다른 사람의 보복을 두려워하거나, 관계가 단절되는 것에 대해 두려워하는 사람들이 복선적인 대화를 한다고 말한다. 자존감이 낮으면 인간관계나 상호작용 자체보다 자신이 느끼는 두려움을 회피하고자 하는 것이 더 중요하다고 생각하게 되지만, 자존감이 높은 사람들은 두려움보다는 인간관계나 상호작용이 더 중요하다는 것을 잘 아는 사람들이다.

복선적인 대화를 하는 사람들은 일단 대화를 통해서 스트레스를 받고 싶지 않고, 자신의 내면적 두려움을 회피하고 싶은 사람들이다. 그렇기 때문에 진실하고 전인격적인 대화를 피하고 무조건 상대방을 회유하는 회유형, 상대방에게 큰소리를 치고 비난하는 비난형, 냉철하게 상황을 따지는 계산형, 주위를 혼란시켜서 문제로부터 도피하려는 혼란형으로 나누어 생각할 수 있다.

회유형(Placater)

회유형은 자신의 생각과는 관계없이 상대방이 말하면 무조건 동조하고, 상대방의 기분을 잘 맞추어 주고, 비위도 잘 맞추어 주는 사람이다. 속으로는 그 사람을 좋아하지 않아도 좋아하는 것처럼 보이도록 무조건 동의하고 비위를 맞추는 유형이다.

회유형의 내면에는 스스로의 가치를 인정하지 않고, 자신은 쓸모없는 사람이라는 생각이 가득 차 있다. 자기는 아무 일도 할 수 없다고 생각하기 때문에 자기 스스로를 인정하지 않고, 자신을 인정하고 지지해 줄 누군가를 필요로 한다.

집에서 큰소리가 나는 것이 싫어서 이런 식으로 대화하는 아내들이 있다. 그러나 아내이건 엄마이건 자신을 무가치하게 생각하고 무조건 다른 사람의 비위를 맞추려고 하는 것은 미봉책은 될 수 있어도 근본적인 문제해결이 될 수 없다. 게다가 서로의 관계에 내재되어 있는 문제를 참을 수 없는 순간에 예상치 못한 극단적인 방법으로 터뜨리니까 주위의 사람들도 감당할 수 없는 경우가 생기게 되기도 한다.

비난형(blamer)

비난형은 회유형과는 정반대이다. 비난형은 다른 사람의 결점만 찾아 내고, 모든 일을 혼자 결정하려고 하며, 남들이 인정하지 않더라도 스스로 아주 높은 사람인 것처럼 행동하면서 "너만 아니었으면 모든 일이 잘 되었을 텐데"라고 말하는 것처럼 보인다.

드라마에서 주로 가부장적인 아버지들이 이런 식으로 대화를 한다. 모든 여건이 더 잘 되었으면 자상하게, 따뜻하게 표현할 수도 있었을 텐데, 오히려 마음만큼 더 잘 못해 주는 것이 스스로 화가 나서 그렇게 큰 소리치는 것은 아닐까? 큰소리를 내는 아버지 때문에 가족들이 힘들어 하는 경우들이 많은데, 그런 아버지의 내면에 자신은 가족을 편안하게 해줄 만큼 성공하지 못 했고, 외롭다는 생각이 들어있다는 것을 생각해야 한다. 비난형이 좋은 대화 방법은 아니지만, 그런 대화를 하는 내면을 이해하면 주위에서는 더 높은 자존감을 가질 수 있도록 사랑과 존경, 감사와 칭찬의 표현을 더 많이 하는 것이 필요하다.

계산형(computer)

복선적 대화의 세 번째 유형은 계산형이다. 계산형의 사람들은 자신의 감정을 밖으로 드러내지 않고 아주 정확하고 이성적이고 냉정하고 차분하다. 비록 뜻이 분명하게 드러나지 않아도 제일 길고 어려운 말로 장황하게 표현한다. 많은 사람들은 이러한 유형을 이상적인 것으로 생각하고 있는데 내면에는 아무에게도 상처받고 싶지 않다는 자기방어적인 생각으로 가득 차 있다. 사티어는 어릴 때 '절대로 다른 사람에게 우습게 보이지 말아라. 자신의 모든 행동에 책임을 져야 한다' 하는 식의 교육을 받고 자란 사람들에게서 이런 유형이 주로 나타난다고 지적한다.

혼란형(distracter)

네 번째 유형은 혼란형이다. 이 유형의 사람들이 하는 말과 행동은 다른 사람의 말이나 행동하고 무관하다. 상황에 적절하게 반응하지 못하고, 목소리는 말의 내용과 관계없이 단조로우며, 상대방과 눈도 마주치지 않고, 대화 장면과 전혀 관련이 없는 사람처럼 행동한다.

상황과 관계없는 말을 하면 처음에는 유머처럼 받아들이지만, 늘 그런 식의 말을 하는 사람하고 깊이 있는 관계를 맺기는 어렵고, 그런 만큼 인간관계에서 소외될 수밖에 없다. 그런 점에서 회유형, 비난형, 계산형, 혼란형은 모두 복선적인 대화, 그러니까 말하고자 하는 내용하고 실제로 하고 있는 대화가 일치되지 않는 대화이고 자존감이 낮은 사람들에게서 나타나는 대화 유형이다.

단선적 대화형(leveler)

이러한 유형과는 달리 자존감이 높은 사람들은 단선적 대화를 한다. 단선적 대화형은 음성으로 소리내는 말과 동작, 그리고 내부적인 심리 상태가 일치된다는 점에서 단선적이라고 말한다. 목소리는 얼굴 표정과 몸의 자세, 내용과 조화를 이루고, 상대방과의 관계는 편안하고 자유롭고 정직하며, 자존감이 높기 때문에 대화에 자존심을 걸지 않는다. 단선적인 대화를 하면서 때에 따라 회유도 하고, 비난도 하고, 계산도 하고, 혼란시키기도 한다.

그렇지만 자기가 그렇게 하고 있다는 사실을 알고 있고, 또 그 결과에 대해서도 받아들일 준비가 되어 있다는 점에서 전형적인 유형과는 차이가 있다. 단선적인 대화를 하면서 뜻하지 않은 실수를 저질렀을 때는 사과를 한다. 이때 사과하는 것은 자신의 존재에 대한 사과가 아니고, 그 행동에 대해서 사과를 하는 것이다. 그리고 비평도 하는데, 다른 사람을 비난하는 것이 아니라 그 행동을 평가하는 것이고, 잘못을 지적하는 것과 동시에 더 좋은 대안을 제시할 수 있다는 점에서 비난형과는 차이가 있다.

복선적인 대화와 단선적인 대화의 차이는 자신의 내면과 자신의 대화 내용이 일치되는가, 그리고 상대방에 대한 자신의 생각과 대화 내용이 일치하는가에 의해 구별되는데, 이런 것들은 다 진실함을 바탕으로 하는 것이라는 점에서 진실성이 있느냐 없느냐 하는 것이다. 자존감이 높은 사람은 상대방에게 자신을 진실하게 드러낼 수 있어서 동작이나 감각, 생각, 감정이 모두 하나의 통일성 있는 전체를 만들 수 있는 것이다.

그래서 단선적인 대화를 하는 사람은 다른 사람들의 신뢰를 얻을 수 있을 뿐 아니라 자신에 대해서도 편안하게 받아들이기 때문에 대화를 하면서 자존심을 걸 이유가 없고, 진실과 신뢰를 기본으로 하는 인간관계는 더욱 돈독해질 수밖에 없다.

단선적인 대화를 하기 위해서는 자신에 대한 신념과 용기, 자신을 가치 있게 여기는 긍정적인 자아관이 필요하다. 정직함을 바탕으로 자신의 말과 생각과 느낌을 하나로 일치시킬 수 있고, 이런 대화를 통해서 신뢰가 생기고 진정한 인간관계가 맺어질 수 있는 것이다.

청산유수,
몇 프로 부족하다

목소리 온도

눈으로 말해요

몸은 나보다 먼저 말한다

대화의 원리

내가 말할 차례일까?

우연히 그런 걸까?

오는 말, 가는 말

주는 말, 받는 말

화제 이어가기

part 2

청산유수, 몇 프로 부족하다

목소리 온도

　　　　　　　　　　요즘은 핸드폰의 발신자 확인 서비스
가 일반화되어서 "여보세요" 하는 말을 사용하는 것이 줄어들었지만, 전
화를 받고 "여보세요" 하는 소리만 들어도 전화를 한 사람이 누구인지,
지금 어떤 상태인지를 알 수가 있다. 전화기를 통해 싸늘한 목소리, 차가
운 목소리가 들리면 긴장되지만, 포근한 목소리, 따뜻한 목소리가 들려
오면 마음도 따뜻해진다. 목소리를 나타내는 말에 차디찬 목소리, 냉랭
한 목소리, 쌀쌀맞은 목소리, 소름끼치는 목소리, 온화한 목소리, 따사로
운 목소리처럼 온도와 관련된 말들을 많이 사용되고 있다. 목소리에도
온도가 있을까?

　목소리는 말하는 내용보다 먼저 전달되어서 전달하는 사람의 정서적
온도를 느끼게 해주는 중요한 매체이다. 실제로 우리가 대화를 하면서
음성언어인 말과 함께 거기에 덧붙는 몸짓, 표정, 목소리와 같은 동작적
인 특징들을 많이 사용한다. 그런데 말을 잘 하려면 어떤 내용을 말해
야 할까 하는 것에 대해서는 생각을 많이 하지만, 어떤 방식으로 말할

까에 대해서는 별로 관심을 기울이지 않는다.

그러나 실제 대화에서 사람들이 더 민감하게 반응하는 것은 '무엇을 말하느냐'보다는 '어떻게 말하느냐'이다. 일반적으로 음성적인 말의 내용은 주로 지식적인 정보를 전달하고, 부가되는 동작은 주로 감정적인 정보를 전달한다. 대부분의 경우, 말과 동작은 서로 조화를 이루어서, 부드러운 내용에는 부드러운 몸짓이, 단호한 내용에는 단호한 몸짓이 따르게 되어 있다.

"사랑해"라고 말하면서 아주 과격한 동작을 사용한다면 그 의미가 제대로 전달될 수 있을까? "나 화났어"라는 말을 전혀 화가 나지 않은 비언어적 특징으로 표현할 수도 있고, "나 화 안 났어"라는 말을 아주 화가 난 비언어적 특징으로 표현할 수도 있다. 재미있는 사실은 이때의 전달 내용은 말이 아니라 비언어적 특징에 따라 결정이 된다는 것이다.

• 대화 1

남편 여보! 오늘 어머니 오실 거예요.

아내 알았어요.

말로 표현된 아내의 전달 내용만으로는 부정적인 요소가 발견되지 않는다. 그러나 여기에 수반되는 비언어적 특징에 따라 부부싸움이 일어날 수도 있고, 친밀한 관계가 유지될 수도 있다. 말로 전달하는 정보를 '메시지'라고 한다면 동작이나 환경 요소같이 배경적인 것들이 전달하는 정보는 '메타-메시지'라고 하는데, 사람들은 대화를 하면서 메시지보다 메타-메시지에 더 민감하게 반응을 한다.

82

메타-메시지를 결정하는 얼굴표정, 태도, 몸짓 등은 모두 중요하지만, 말에 부가되는 동작 가운데 가장 많은 정보를 담고 있는 것은 목소리이다. 미국의 심리학자인 앨버트 멜라비언의 연구에 의하면 의사소통을 하면서 상대방을 판단할 때 말의 내용(Verbal)은 7%, 외모나 몸짓 등 시각적인 요소(Visual)가 55%, 말투, 억양, 목소리, 속도, 발음과 같은 청각적인 요소(Voice)가 38%를 차지한다고 한다.

목소리에 담긴 청각적 요소가 전달하는 정보가 38%라고 하면, 의사소통의 3분의 1을 목소리가 결정한다는 것이다. 말을 하면 먼저 소리가 전달되고 나서 내용이 전달되니까 먼저 그 소리가 좋은 소리인지 거슬리는 소리인지를 판단하게 된다. 사람의 목소리도 소리의 한 종류이기 때문에 진동과 공명으로 이루어져 있다. 이것이 사람마다 달라서 "여보세요" 하는 소리만 듣고도 상대방이 누구인지 알 수 있는 것이다. 그리고 그 소리를 들으면 자기가 좋아하는 소리인지 싫어하는 소리인지를 감각적으로 느끼게 되는데, 이런 판단은 거의 본능적으로 이루어진다.

목소리하면 제일 먼저 떠오르는 것은 '목소리 큰 사람이 이긴다'는 말이다. 그만큼 목소리 크기가 중요하다. 어떤 때는 너무 커서 문제가 되고, 어떤 때는 너무 작아서 문제가 된다. 공적으로 크게 말해야 할 내용을 작은 소리로 말하면 전달의 문제가 생기고, 개인적으로 작게 말해야 할 내용을 큰 소리로 말하면 관계의 문제가 생긴다.

그런데 우리나라 사람들의 목소리는 상대적으로 상당히 큰 편이다. 더구나 이어폰을 끼고 생활하는 시간이 긴 청소년일수록 목소리의 크기가 더 큰 경향이 있다. 문화적 수준이 높을수록 큰소리를 사용하는 것을 좋지 않게 생각하고, 특히 식당이나 지하철 같이 여러 사람이 함께 사용하는 공간에서 큰소리로 이야기하는 것은 거의 폭력에 가깝게 받아들이기도 한다. 목소리 때문에 한국 사람들이 국제 사회의 예절이 부족하다는 지적을 받기도 하고, 불이익을 당하기도 하는 것은 안타까운 일이다. 그런가 하면 공적인 자리에서 자신의 생각을 전달해야 할 경우에 작은 목소리로 말하는 것은 좋은 의견이라도 무시하도록 만드는 요소가 된다.

• 대화 2

지민 조용히 말해도 될 걸, 왜 그렇게 소리를 질러?

서경 내가 언제 소리를 질렀다고 그래? 정말 소리 한 번 질러 볼까?

조용한 환경에서 자란 사람은 큰 소리로 말하는 사람과 가까워지

기 어렵다. 큰 소리 자체를 화가 난 것으로 받아들이고 놀라기 때문이다. 반대로 큰 소리로 말하는 것이 습관인 사람도 작은 목소리로 말하는 사람과 가까워지기 어렵다. 말을 입안에 넣고 얼버무리는 것이 무언가 숨기려는 것으로 생각되기 때문이다. 그래서 본질적인 내용에 들어가기 전에 목소리에 걸려 넘어져서 대화 자체가 이루어지지 않는다. 따라서 상대방을 배려하는 것은 바른 대화의 기본이 될 수밖에 없다. 상대방의 목소리가 어느 정도인지를 판단하고, 거기에 맞춰 대화를 나누는 것이다.

사람의 목소리는 가변적이어서 상황에 따라 목소리를 바꾸는 것이 가능하다. 목소리를 바꾸는 요소인 소리의 길이, 세기, 높이 등을 마음대로 조절할 수 있고, 말의 속도도 조절할 수가 있다. 또한 똑같은 사람이라도 누구와 이야기하느냐에 따라 목소리가 달라진다. 여학생들이 집에서 가족들과 이야기할 때의 목소리와 이성 친구를 만났을 때 내는 목소리는 확실히 다르다. 이처럼 선천적으로 타고난 목소리라도 여러 개의 변이형을 가지고 있으며, 가다듬어진 목소리로 이야기할 수 있다는 것을 알 수 있다. 노래하는 사람들이 모창을 하다 보면 그 소리로 굳어지는 것과 마찬가지로, 자신의 목소리를 녹음해 보다가 가장 마음에 드는 목소리를 선택해서 그 소리를 따라하다 보면 좋은 목소리 훈련이 된다.

일반적으로 여성의 소리는 좀 높을 때 듣기 좋은 소리로 느끼고, 남성의 소리는 좀 낮고 깊을 때 좋은 소리라고 느낀다. 마음에 드는 이성을 만나면 여성의 경우는 소리가 평소보다 더 높아지고, 남성의 경우는 더 낮아진다는 연구 결과도 있다.

방송에서 일반적으로 여성들은 높은 소리로 밝게 말하지만, 뉴스 프로그램을 진행하는 여성들은 아주 차분하고 낮은 목소리를 낸다. 이것은 일반적으로 높은 소리보다는 낮은 소리가 더 신뢰할만한 소리라고 받아들이기 때문이다. 소비자들이 항의 전화를 했을 때도 차분하고 낮은 목소리로 응대를 하면 노여움이 빨리 수그러든다. 그래서 공적인 상황에서는 조금 더 깊고 차분한 소리가 좋은 소리로 받아들여지는 경향이 있다. 자녀들이 흥분해서 마구 이야기할 때도 같이 흥분하기보다는 깊고 차분한 목소리로 이야기해 주면 더 효과적이다.

어떻게 하면 깊은 목소리를 낼 수 있을까?

말하는 입을 중심으로 해서 코에서 소리를 내면 들뜬 목소리가 나온다. 조금 더 낮추어서 목에서 소리를 내면 코에서 낼 때보다는 좀 더 깊어진다. 그렇지만 목에서만 소리를 내면 갈라지거나 쥐어짜는 소리가 나오기 때문에 듣는 사람이 쉽게 피곤하다고 느끼게 된다. 조금 더 낮추어서 가슴에서 소리를 내면 울림이 조금 더 풍성해지고, 더 낮추어서 아랫배에서 소리를 내면 아주 침착한 소리가 나게 된다. 몸을 악기로 쓰는 성악가들은 소리를 내기 시작하는 곳이 넓적다리부터라고 말한다. 그러니까 입을 기준으로 해서 더 낮은 곳에서 소리를 만들수록 소리가 더 깊고 차분해진다는 것이다.

일반적으로 목소리는 감정의 반사체 역할을 하는데, 평소보다 큰 목소리는 화가 났음을 알리는 신호이고, 평소보다 작은 목소리는 아프거나 의욕이 없음을 나타낸다. 또 높이 떠 있는 목소리는 감정의 흥분 상태를 나타내고, 낮게 가라앉은 목소리는 우울함을 나타낸다. 목소리 훈련에서 중요한 것은 목소리가 좋냐 나쁘냐보다 목소리가 따뜻하냐, 차가우냐 하는 것이다. 그래서 목소리를 들으면 대충 그 사람이 나를 어떻게 생각하는지, 그리고 지금 감정이 어떤지 하는 것들을 알 수 있는 것이다. 차가운 목소리는 냉담함과 무관심을 나타내고, 따스한 목소리는 관심과 애정을 나타낸다. 따라서 대화할 때 들리는 상대의 목소리는 상대의 감정을 나타내는 신호판 구실을 한다. 그래서 똑같은 말이라도 대상이 누구냐에 따라, 그리고 그 대상을 지금 어떻게 생각하느냐에 따라 목소리 온도는 섬세하게 달라진다.

낮잠을 자고 있는데, 가장 가깝게 지내는 친구에게서 전화가 왔다. 어떤 목소리로 말할까? 우아한 레스토랑에서 가장 사랑하는 사람과 만났다. 이런 때는 어떤 목소리로 말할까? 두 목소리의 차이는 무엇일까?

사람들은 대부분 목소리를 통해 감정을 전달받기 때문에 대화를 지속시키는 중요한 요소는 바로 목소리이다. 따라서 바람직한 대화를 위해서는 목소리의 훈련이 필요한데, 이 훈련은 아름다운 목소리를 갖기 위한 것이 아니라 자연스러운 말소리를 위한 것이다. 자연스러운 말소리란 적당한 세기와 높이, 알맞은 빠르기, 명료하고 고른 음정을 가지고 있어서 듣기에 단조롭거나 거북하지 않은 말소리를 의미한다. 여기에 상대방에 대한 배려와 애정을 담은 따스함이 담겨 있을 때 가장 대화하고 싶은 목소리가 되는 것이다. 목소리는 훈련에 의해 교정될 수 있다. 이때 중요한 것은 목소리의 온도이다. 상대방에 대한 배려는 관심과 애정으로 나타나고, 이것은 목소리의 온도를 높여 주는 요인이 된다. 목소리의 온도를 1도씩 올리면 세상은 1도씩 따뜻해진다.

눈으로 말해요

　　사람들은 예외적인 경우가 아니라면 상대방의 얼굴을 보면서 대화를 나눈다. 대화의 창구가 열리면서 가장 먼저 파악하는 정보도 얼굴 표정을 통해서 들어오고, 상대방의 얼굴 표정을 보는 것은 대화가 시작될 때부터 끝날 때까지 계속된다. 이런 의미에서 본다면 음성언어로 대화를 나눈다고 해도 이미 의사소통의 통로는 청각만이 아닌 청각과 시각, 이렇게 둘인 셈이다. 앞서 살핀 바와 같이 멜라비언이 말한 의사소통 요소 가운데 시각적 요소가 55%를 차지하는데, 이것은 모두 눈을 통해 받아들이는 정보라는 점에서 의사소통에서 눈이 차지하는 역할은 클 수밖에 없다.

　대화란 결국 두 사람이 일정한 정보를 주고받는 일이기 때문에 상대방이 누구인가를 확인하는 일이 가장 먼저 이루어질 수밖에 없다. 우리는 상대방의 얼굴을 통해 그 사람의 인종, 성, 나이, 건강, 직업, 성격 등에 관한 정보를 거의 다 얻을 수 있다.

　또한 얼굴 표정도 목소리와 마찬가지로 말하는 사람의 감정을 그대로 반영하고 있다. 말하는 사람은 듣는 사람의 표정을 통해 그 사람이 현재 이야기에 대해 얼마나 관심이 있고, 얼마나 이해하고 있는지를 살펴야 한다. 그리고 그 반응에 따라 말의 수준이나 길이, 내용, 소재나 화제를 바꿀 수 있어야 한다.

듣는 사람의 관점에서 볼 때, 말하는 사람의 표정은 음성언어의 의미를 제대로 파악하게 도와주는 보조 수단이 된다. 음성언어에는 반영되지 않는 감정적인 요소나 의지적인 요소들도 모두 얼굴 표정 속에 드러날 수 있기 때문이다. 평소 안경을 쓰던 사람이 안경을 벗은 채로 대화를 하다 보면, 안경을 썼을 때보다 잘 이해가 되지 않는 것을 경험하게 된다. 이는 상대방의 얼굴 표정을 보지 못하는 것이 청취와 해석에 장애가 되기 때문이다.

듣는 사람은 말하는 사람에게 표정으로 반응을 보이고 있다. 그렇기 때문에 말을 들으면서 얼굴을 돌린다거나, 하품을 한다거나, 다른 책을 뒤적거리는 것과 같은 행동을 하는 것은 상대방의 체면을 상하게 하는 일이 된다. 미소를 띠고 이야기하고, 미소를 띠고 이야기를 듣는 것이 가장 호의적인 대화가 된다. 재미있는 점은 원숭이들의 사회에서 낮은 계층의 원숭이들이 높은 계층의 원숭이들의 비위를 맞추기 위해서 미소를 짓는다는 것이다. 그래서 미소는 기원적으로 볼 때 공포가 변형된 것이고, 약자임을 표현하는 행위라는 견해도 있지만, "웃는 얼굴에 침 못 뱉는다"는 말처럼 일상생활에서 미소는 대화의 분위기를 부드럽게 하는 효과를 갖는다.

얼굴 표정 가운데 가장 중요한 것은 눈이다. 눈은 우리 몸 가운데서 가장 초점이 잘 모아지며, 눈동자는 자유롭게 움직이면서 가장 정확하

(가) 관심 있는 표정   (나) 관심 없는 표정

게 의사를 표현해 주는 곳으로 대화에서 아주 중요한 역할을 한다.

우리말의 '눈이 맞다'라는 표현이 잘 말해주는 것처럼 눈이 마주치는 것은 신비롭고 매력적인 특질들을 가지고 있다. 두 사람의 눈이 마주칠 때 공감과 사랑, 갈등과 미움이 교차된다. 아래로 내리뜬 눈은 부끄러움이나 정숙함을 나타내고, 힘을 주어 똑바로 보는 눈은 적대감을 나타내며, 눈살을 찌푸리는 것은 불만족을 나타낸다. 또한 눈은 대화의 시작을 알리는 기능을 한다. 사람들은 대화를 시작하기 전에 그 사람을 쳐다본다. 그리고 눈이 마주치면 대화를 시작한다. 따라서 눈을 마주치는 것은 대화의 통로가 마련되었음을 알리는 신호가 되는 셈이다. 이론상으로는 일단 이어진 눈길은 말이 끝날 때까지 그대로 유지되어야 한다. 그러나 실제의 대화에서 논쟁이나 긴장된 회담이 아닌 경우에는 몇 차례 끊어졌다가 이어지며 대화가 유지된다.

서양에서는 대화를 할 때 상대방의 신분과 관계없이 반드시 눈을 마주보고 하는 것이 예의이지만, 동양에서는 웃어른과 대화하면서 눈을 마주보는 것은 예의에 어긋나는 것으로 여겨져 왔다. 신분이 낮거나 같은 경우는 서로 바라보며 이야기하지만, 웃어른과 이야기할 때는 웃어른의 가슴

90

정도로 시선을 낮추는 것이 바른 태도라고 생각해 왔다. 따라서 웃어른과 이야기할 때의 시선은 상대방과의 친소 관계나 상대방의 가치관에 맞추는 것이 중요하다. 그러나 웃어른과 이야기할 때에도 시종일관 시선을 떨어 뜨리는 것보다는 가끔씩 눈을 들어 상대방을 바라보며 이야기하는 것이 대화를 부드럽게 이끌 수 있는 방법이 된다.

서양의 학자들은 진정한 의사소통이 성립되는 때는 오로지 눈을 마주 보며 이야기할 때라고 주장한다. 사람이 불성실하거나 진실하지 않은 이 야기를 할 때는 상대방을 바라보는 것이 대화 시간의 1/3도 못 된다. 그 러니까 일단 눈길을 보낸다는 것은 관심이 있음을 나타내는 것이기 때 문에 모르는 사람이 눈길을 오래 주면 매우 부담스럽거나 불쾌하게 느 낄 수도 있다.

말을 하면서 상대방이 오랫동안 눈길을 주는 것은 긍정적인 상황과 부정적인 상황이 있다. 긍정적인 상황은 상대방이 나를 아주 흥미롭고 매력적이라고 생각하거나 나에게 호감을 가지고 있는 경우이고, 부정적 인 상황은 상대방이 나에게 적대감을 가지고 있어서 날카롭게 부릅뜬 눈을 통해 도전을 표현하고 있는 경우이다. 그럼 이러한 차이를 어떻게 구별할 수 있을까?

말을 하는 장면이 극단적으로 대립되기 때문에 상대방은 공격적으로 눈길을 보내는 것을 관심이나 호감으로 해석하는 것과 같은 혼동을 일 으킬 상황은 없겠지만, 호감을 표현하는 눈길을 보낼 때는 동공이 크게 열 리지만, 도전적인 눈길을 보낼 때는 동공이 아주 작게 수축이 된다.

친밀한 관계의 사람들이 나누는 대화라면 말하는 시간의 약 60~70% 동안 상대방과 눈길을 마주하고 부드러운 눈빛으로 말을 하면서 서로 호감이 더 증진될 것이다. 그러나 상대방이 친숙하지 않은 이성일 경우 지속적으로 눈길을 주면서 부드러운 눈빛으로 바라보는 것은 상대방을 당황스럽게 만들거나 불쾌하게 할 수 있다. 누구나 상대방과의 관계 정도에 따라 균형 잡힌 접촉을 하고자 하기 때문에 눈길을 주고받는 정도도 상대방을 서로 균형을 맞추어서 상대방을 불편하지 않게 배려하는 것이 필요하다.

(가) 공적 시선   (나) 사교적 시선   (다) 친근한 시선

　눈길을 주는 빈도수뿐만 아니라 상대방을 바라보는 시선의 각도도 대화의 내용과 관계에 따라 달라진다. 사업적이고 공적인 대화에서는 (가)의 그림처럼 상대방의 눈을 중심으로 하여 이마 부분까지에 걸쳐 시선을 맞춘다. 그러나 사교적인 시선은 (나)의 그림처럼 눈을 중심으로 하여 입까지에 걸쳐 시선을 맞춘다. 더 친근한 시선은 (다)의 그림처럼 두 눈과 턱 아래를 지나 신체의 다른 부분까지도 바라본다.
　대화중에 눈을 감아 버리는 행동은 무의식적으로 나타나는데, 싫증이

났거나 관심이 없을 때, 또는 자신이 우월하다고 느끼기 때문에 상대방을 무시하려는 시도로 나타나는 것이다. 보통, 대화 도중 일 분 동안 여섯 번에서 여덟 번 눈을 깜박이는데, 눈꺼풀이 1초 이상 감겨 있다는 것은 순간적으로 상대방에 대한 생각을 지워 버리기 위한 것이라는 말이다. 그러나 문화적인 차이도 있다. 어떤 저명한 미국 교수가 일본 학회에 초대를 받았는데, 강의를 시작하자마자 일본 학자들이 눈을 감아 버리는 것이었다. 당황한 교수는 인내심을 가지고 중간까지 말을 하다가 도중에 모욕감을 느껴서 학회장을 나오고 말았다. 일본 사람들이 남의 말을 경청할 때 눈을 감는다는 사실은 그가 공항에 도착해서야 알게 되었다.

이렇듯 눈은 감정이나 느낌의 변화를 가장 잘 드러내 준다. 대화를 하면서 수시로 감정이나 느낌이 변화할 수 있는데 이것을 가장 빠르고 정확하게 반영하는 곳이 바로 눈이다. 따라서 상대방의 눈을 보면서 이야기하는 것은 적극적이고 능동적인 대화에서 꼭 필요한 요소가 된다. 눈의 크기, 눈동자의 크기와 같은 눈동자의 움직임뿐만 아니라, 시선을 주는 눈빛, 시선을 주는 빈도, 시선의 각도도 대화의 내용에 따라 달라지고, 눈을 깜빡거리는 횟수도 달라진다.

그렇기 때문에 많은 사람들 앞에서 말을 할 때 가장 중요한 것도 눈빛이다. 말하는 사람이 눈길을 주지도 않고 준비해 온 원고만 읽는다면 아무리 내용이 좋다고 해도 다 전달할 수가 없다. 온화하면서도 열정과 확신을 가진 눈빛을 통해 사람들은 내용 이상의 것도 받아들일 수 있지만, 눈길을 여는 것에 실패하면 듣는 사람들은 귀까지 닫아버리기 때문이다.

"당신의 눈빛과 당신의 말 한마디가 이 세상의 모든 지식보다도 나를 즐겁게 합니다'라는 『파우스트』의 대목처럼 우리는 눈빛으로 충분히 의미 있는 소통을 할 수 있다. 또한 김대중 전 대통령처럼 죽음을 앞두고 다른 모든 신경과 감각이 작동하지 않는 상황에서 눈빛으로 사랑하는 사람들과 마지막 말을 나누었다는 기사도 많이 찾아볼 수 있다. 우리가 세상에 처음 왔을 때도 눈으로 말했고, 세상을 떠날 때도 눈으로 말할 것이다. 그러기에 살아 있는 오늘 나와 마주하는 사람들에게 따스하고 부드러운 눈빛을 나누며 이야기하는 것은 더욱 의미 있는 일일 것이다.

몸은 나보다 먼저 말한다

우리가 말을 하고 있을 때 상대방은 내 말뿐 아니라 거기에 부가되는 동작을 보면서 내 말의 의도를 파악하고 있다. 옥스퍼드 대학의 사회심리학자인 피터 콜릿은 우리가 서 있는 자세, 걸음걸이, 웃음, 포옹뿐 아니라 안면 근육의 미세한 움직임까지가 모두 우리의 심리상태나 의사를 표현하고 있다고 보고, 이것을 텔(tells)이라는 용어로 설명한 『텔에 관한 책(The book of tells)』을 저술했다. 이 책은 『몸은 나보다 먼저 말한다』는 제목으로 번역되었다.

어떤 문화에서나 똑같은 의미로 해석될 수 있는 몸짓이 있을까? 찰스 다윈은 「동물과 인간의 감정의 기원」이라는 논문을 통해, 긍정을 나타내기 위해 고개를 끄덕이는 것은 아이들이 어머니의 젖을 찾는 데서 비롯되었기 때문에 어떤 문화에서나 같은 방식으로 나타난다고 했다.

그러나 실제로 여러 문화에서 긍정을 나타내는 몸짓은 매우 다양하다. 아이누족은 양팔을 가슴 높이에 가져다 놓고 흔들고, 마라야 지방의 사람들은 머리를 앞으로 숙이며, 인도의 펀자브 사람들은 머리를 뒤로 젖

힌다. 세일론 사람들은 왼쪽 어깨로 원을 그리면서 다른 쪽 어깨로 재빨리 움직이고, 뱅갈 사람들은 머리를 한 쪽 어깨에서 다른 쪽 어깨로 재빨리 움직인다. 사람의 몸은 수천 가지의 몸짓을 사용할 수 있지만 각 언어사회는 그 가운데서 어떤 특정한 몸짓만을 사용한다.

말을 하면서 몸짓을 사용하는 정도는 문화에 따라 다르다. 유태인의 속담에는 "말을 너무 많이 해서 팔이 떨어져 나갔다"는 표현이 있고, 이탈리아에는 "나는 그가 말을 못하게 팔을 꼭 잡아 두었다"는 표현이 있는 것처럼, 일부 문화권의 사람들은 대체로 몸을 많이 움직이며 이야기한다. 이에 비해 동양인들은 대체로 몸짓을 과도하게 사용하지 않지만, 성격이나 말의 내용에 따라 몸짓을 사용하는 정도는 큰 차이가 있다.

전달하고자 하는 말의 내용에 따라서도 몸짓의 유형은 달라진다. 상대방을 비난하는 말을 할 때는 목의 근육이 긴장되고 숨이 거칠어지며, 한쪽 팔을 펴고 손가락으로 상대방을 향하는 몸짓을 사용하게 되는데, 이러한 몸짓은 여러 사회집단에서 공통적으로 발견된다. 그러나 아주 이성적인 대화를 하는 경우에는 몸짓의 사용이 거의 없고, 몸은 굳어져 있으며, 입도 거의 움직이지 않는다. 흥분하거나 강조할 때는 주먹을 불끈 쥐거나 팔을 뻗고, 자신이 없거나 감정이 가라앉을 때는 고개를 떨어뜨리거나 물건을 만지작거린다.

지위나 관계에 따라서도 몸짓은 다르게 나타난다. 다리를 의자에 올려놓고 앉는 것, 상의를 풀어놓는 것, 주머니에 손을 집어넣는 것 등은 긴장이 풀렸음을 나타내는 것으로, 주로 높은 지위의 사람들에게서 나타나는 몸짓이다. 그러나 단추를 꼭 잠그고, 몸이 위축되는 것은 긴장 상태를 나타내는 것으로 상대적으로 낮은 지위의 사람들에게서 나타난다. 의자나 책상에 걸터앉는 동작은 경쟁 관계에 있거나, 의견이 일치되지 않을 때 나타난다. 팔짱을 끼고, 단추를 잠그고 있는 것은 방어적인 몸짓으로 마음을 개방하거나 심정의 변화를 원하지 않는다는 것을 나타낸다. 발을 포개놓는 폐쇄적인 몸짓은 경쟁 상태를 나타내지만, 한 쪽 발목을 다른 쪽 무릎에 얹었다가 다리를 내려놓는 것은 합의점에 도달했음을 나타낸다.

상대방에게 관심이 있을 때는 손바닥을 비비거나, 눈을 추켜올리고, 앉아 있을 경우에는 손등으로 턱을 괴거나 뺨에 손을 대는 몸짓을 한다. 그러나 상대방과 대화하기 싫을 때는 손을 주머니에 집어 넣거나 발끝이 문 쪽을 향한 채 서고, 앉아 있을 때는 검지로 턱을 받치거나 말을 들으면서 손을 귀로 가져간다. 또 옷의 보풀을 떼는 척하거나 출발 자세를 취하기도 한다. 거짓말을 할 때는 코나 입을 만지거나 손바닥을 숨기고, 옷의 목둘레를 잡아당기거나 발을 많이 움직인다. 같이 있는 것이 불편한 상대와 차를 마실 때는 잔을 양손으로 들고, 서 있을 때는 다리를 엇갈린 채 서거나, 팔짱을 낀다.

이런 몸짓들은 대체로 보편성을 가지는 것들이지만, 개별성을 가지는 몸짓들도 있다. 그러나 모든 몸짓이 말하는 사람의 기분이나 감정을 나타내는 것은 사실이며, 바람직한 대화를 위해서는 몸짓을 통해 자신의 생각이나 느낌을 더 효율적으로 나타낼 뿐 아니라 상대방의 몸짓 속에 담겨 있는 생각과 느낌을 파악하는 일도 필요하다.

몸짓 가운데 대화에서 가장 자주 사용되는 것은 인사법이다. 가벼운 눈인사부터 큰절에 이르기까지 상대방이 가지는 사회적 힘이나 상대방과의 심리적 유대감에 따라 인사법이 결정된다. 인사법에서도 보편성과 개별성이 드러난다. 머리를 숙이거나 허리를 굽히는 것은 상대방에 대한 존경의 뜻을 나타내는 것이 보편적이다. 또한 땅이나 방바닥에 두 무릎을 꿇거나 땅에 대고 엎드리는 행위는 서서 하는 인사보다 한층 더 무거운 인사라는 것도 일반적이다. 그러나 각국의 인사법을 비교해 보면 개별성이 두드러짐을 발견하게 된다. 콩고에서는 두 팔을 상대방 쪽으로 뻗은 다음 서로 툭툭 치는 행동으로, 피지나 타히티에서는 쭈그려 앉는 행동으로, 폴리네시아에서는 얼굴을 밑으로 하고 배를 깔고 엎드리는 행동으로, 바토카스에서는 길게 누워서 몸을 좌우로 굴리며, 두 손으로 다리를 때리는 행동으로 인사를 한다.

악수의 기원에 관해서는 원시인의 동굴시대로 보는 견해가 일반적이다. 원시인들은 무기를 가지고 있지 않으며 숨기지 않았다는 것을 보여주기 위해 공중에 손바닥을 치켜들었는데, 이것이 시간의 흐름에 따라 변형된 것이 악수라는 것이다. 오른손이 무기를 쥐는 손이기 때문에 지금도 특별한 장애가 없는 한 보통 오른손으로 악수를 한다.

가장 모범적인 악수는 손에 적당히 힘을 주어 상대방 손을 쥐고, 눈을 맞추고, 미소를 지으며 손을 두세 번 가볍게 흔드는 것이다. 이런 악수는 마음이 열려있고, 신뢰할 만하며, 다른 사람의 말에 귀 기울일 것이라는 인상을 주게 된다. 악수를 하면서 팔을 쭉 뻗거나, 탁자를 사이에 두고 상대를 당기며 악수하는 것은 자신의 영역을 넓히고, 자신의 주장을 내세우려는 욕망을 나타내는 것이다. 이런 유형의 악수를 하는 사람들은 주도적이고 자기중심적인 성향이 강해서 협력자로서는 좋지 않다는 인상을 주게 된다. 악수를 하면서 전달받는 정보는 보통 다음과 같은 세 가지 유형으로 나눌 수 있다.

지배적 악수　　　　　　　　　　순종적 악수

　첫째, 악수를 하면서 자기 손등이 위로 가고, 손바닥은 밑으로 내려서 상대방의 손이 자신의 손 밑에 오게 만드는 악수 유형으로 높은 지위에 대한 자부심을 드러내는 악수법이다. 유명한 정치인 가운데 이런 악수를 하는 사람들이 있는데, 이런 악수를 지배적 악수라고 하며 상대방에게는 '이 사람이 나를 지배하려고 한다. 주의하는 것이 좋겠다'는 정보로 해석된다.

　둘째는 자신의 손바닥을 위로 향하게 하고 상대방의 손을 위로 오게 하는 순종적인 악수 유형이다. 이런 악수는 상대방에게 '나는 이 사람을 지배할 수 있다. 그는 내가 뜻하는 대로 움직일 것이다'는 정보로 해석될 수 있다.

　셋째는 서로 손을 평행적으로 맞잡고 가볍게 흔드는 유형이며, 이것은 상대방에게 '나는 이 사람에게 호의를 가지고 있다. 우리는 잘 지낼 것이다'라는 정보로 해석될 수 있다. 이러한 태도들은 무의식적으로 전달되며, 대인 관계에서 직접적인 영향을 미칠 수 있게 된다.

　그런가 하면 힘을 주어 손마디를 꽉 쥐는 악수도 있다. 이것은 자신의 힘을 과시하고자 하는 의도인데, 상대방은 무언중에 순간적으로 공격을 받은 것과 같은 불쾌함을 느끼게 되므로 주의해야 한다. 뻣뻣한 팔을 내미는 경우나 힘없이 손가락 끝만 살짝 쥐는 악수는 상대방으로부터 어느 정도의 거리를 유지하고자 하는 거리감의 표현이다.

악수가 많은 정보를 담고 있기 때문에 악수를 할 때 지켜지는 규칙들도 비교적 많은 편이다. 악수는 보통 오른손으로 한다. 그럼 왼손잡이는 어떤 손으로 할까? 왼손잡이라 하더라도 악수는 오른손으로 한다. 두 손으로 악수하는 것은 실례인데, 윗사람은 깊은 정의 표시로 두 손을 잡을 수도 있다. 여러 계층이 섞여 있을 때, 아랫사람보다 윗사람이 먼저 악수를 청하는 것이 원칙이다. 단 모임을 주최한 사람은 아랫사람이라도 먼저 악수를 청하는 것이 원칙이다.

그럼, 남성과 여성 가운데 누가 먼저 악수를 청할까? 우리 문화에서는 같은 또래의 남녀 사이에서는 일단 악수 자체를 잘 하지 않기 때문에 중요한 문제가 아니지만, 같은 또래의 남녀간에는 여성이 먼저 악수를 청하는 것이 원칙이다. 그러나 1922년에 나와서 현재 17판이 나와 있는 에밀리 포스트의 『예절(Etiquette)』에서는 남성이 여성에게 먼저 손을 내미는 것도 충분히 받아들여질 수 있는 우호적인 행동이라고 말하고 있다.

악수가 서양에서 들어온 인사법이라서인지 악수의 규칙에는 여성을 상당히 배려하고 있다. 장갑을 낀 상태에서 만났을 때 남자는 반드시 장갑을 벗고 악수를 해야 하지만, 여자는 장갑을 끼고 악수해도 무방하다. 또한 상대가 악수를 청하면 보통 일어서서 악수를 하지만, 여성의 경우는 앉은 채로 악수를 받아도 상관없다. 악수를 하면서 손을 흔들 때는 상하로 가볍게 흔들되 자신의 어깨보다 높이 올려서는 안 되는데, 특히 이성과 악수할 때는 살짝만 움직이는 것이 좋다.

문화적인 차이 때문에 우리는 악수를 하면서도 허리를 굽히게 된다.

그렇지만, 악수를 할 때의 기본자세는 똑바로 선 자세인데, 아랫사람의 경우는 허리를 약간 굽혀 경의를 표해도 좋다. 어떤 경우라도 손을 너무 오랫동안 쥐고 있지 않도록 주의하는 것이 필요하고, 미소를 머금고 상대의 눈을 보며 악수를 하는 것이 좋다. 특히 서양 사람과 악수할 때 시선을 돌리면 비굴하거나 떳떳하지 못한 사람으로 오해받을 수도 있다.

관혼상제나 종교의식과 같은 문화적 행동은 문화권에 따른 차이가 매우 크기 때문에 다른 문화권의 사람과 대화하면서 행동이 가지는 의미를 파악하는 것이 그리 쉬운 일은 아니다. 뿐만 아니라 예의에 어그러짐이 없이 인사를 나누는 것도 쉬운 일은 아니다. 예의 바르고 깍듯하게 인사를 하는 것은 존경심 때문일 수도 있지만, 거리감이나 경계심도 반영되어 있기 때문이다. 의사소통을 할 때 몸짓에 포함된 다양한 정보가 시각적으로 전달된다. 몸짓은 말보다 더 먼저, 그리고 더 진실하게 말하는 이의 의도를 드러내는 요소이다.

대화의 원리

대화를 나누는 것에도 어떤 원리가 있을까? 아침에 눈을 뜨면서부터 잠들기 전까지 대화를 하는 우리로서는 대화에서 어떤 원리를 찾는다는 것이 오히려 자연스럽지 않게 느껴지기도 한다. 이것은 마치 밥을 먹는 순서를 체계화하고 원리를 찾으라는 말과 비슷하기 때문이다. 그러나 일상적인 대화에서도 그것을 구성하고 있는 원리는 있다. 대화의 원리는 문법과는 달리 정해진 법칙과 같은 규칙성을 가지고 있는 것은 아니고, 구체적인 상황과 맥락에서 작용하는 원리이다. 이러한 원리를 객관적으로 규명하고자 한 폴 그라이스는 사람들이 대화를 하면서 효과적으로 언어를 사용하기 위해서 어떤 묵시적인 지침이 있는데, 이것은 협동의 원리와 네 가지 기본 원칙으로 정리할 수 있다고 하였다.

협동의 원리(Co-operative Principle)란 사람들이 대화를 할 때는 대화를 통해서 서로 협동을 이루고 있다는 전제에서 출발한다는 것이다. 그래서 말하는 사람은 지금 하고 있는 대화가 어떤 목적을 가지고 있는가

하는 것을 파악해서 그 목적과 관련이 있는 말을 하고, 듣는 사람은 상대방이 한 말은 지금 하고 있는 대화의 목적이나 상황에 맞는 말일 것이라고 받아들이고 해석한다는 것이다. 그런데 요즘 하는 대화를 들어보면 정말 대화에 협동의 원리가 적용될까 하는 의문이 생긴다. 말로는 대화를 통해 해결하자고 하면서 결국 대화를 하다가 언쟁이 되고, 더 큰 싸움이 되고 마는 경우가 빈번하다. 마치 싸우기 위해 대화하는 사람들처럼 일부러 대화를 단절하거나, 여러 뜻 가운데 가장 나쁜 의도로 해석하는 경우들도 자주 있다.

• 대화 1

아버지   너 왜 그러는 거야? 응? 왜 울어?

딸   아무것도 아니에요.

아버지   아무것도 아닌데 울어? 무슨 일이야? 친구랑 싸웠니?

딸　아무것도 아니라니까요!

아버지　무슨 일인지 말해 봐. 뭔데 그래?

딸　글쎄 아빠는 참견 마시고 나가 주세요.

이렇게 대화 자체를 거부하는 것이 협동의 원리를 위반하는 것인데, 그 유형은 다음과 같이 다양하게 나타난다.

명령형　나가 주세요. 나한테 말시키지 마세요.

은폐형　아무 일도 아니에요., 별 일 아니니까 신경 쓰지 마세요.

독립호소형　지금은 누구하고도 말하고 싶지 않아요. 저 좀 그냥 내버려
　　　　　　두세요.

이런 말을 들으면 기분도 상하고, 또 내가 말을 하고 싶다고 생각해도 더 말할 수 있는 방법이 없으니까 대화가 지속될 수 없다. 습관적으로 협동의 원리를 위반하는 사람은 원만한 인간관계를 유지할 수 없게 된다. 그렇기 때문에 자기가 말을 할 때는 가능하면 협동의 원리를 지키겠다는 마음가짐으로 대화를 나누는 것이 대화의 기본이다. 반면에 말을 들을 때는 "아무 것도 아니에요" 하는 식으로 협동의 원리를 위반하는 사람의 심정을 헤아릴 필요가 있다. 이런 말을 할 때는 상대방에게 화가 나 있거나, 밖에서 생긴 다른 문제 때문에 상당히 불편한 상태에 있을 것이다. 따라서 이 말은 정말 말하고 싶지 않다는 뜻일 수도 있지만, 나에게 관심을 좀 더 가져달라는 말일 수도 있다. 그렇게 때문에 말을 듣는 관점에 있을 때는 상대방이 협동의 원리를 위반한 것에 대해 불

쾌해 하고 화를 낸다거나, 왜 그러느냐고 꼬치꼬치 묻는 것은 오히려 역효과를 가져올 수도 있다. 그보다는 지금 상대방이 어떤 상태이고, 이런 말 속에 숨겨진 다른 뜻은 없는지를 찾으려는 적극적 태도를 가질 필요가 있다.

협동의 원리를 지키기 위해서는 다음 네 가지 원칙을 지켜야 한다.

첫째는 양의 원칙(Maxim of Quantity)이다. 이것은 필요한 양만큼 정보를 제공하라는 것인데, 필요 이상으로 많은 정보를 말하는 것도 양의 원칙을 어기는 것이고, 필요로 하는 최소한의 정보도 주지 않는 것도 양의 원칙을 어기는 것이다.

정보성을 갖는다는 것은 누군가에게 필요한 새롭거나 예측 불가능한 지식을 전해 주는 것을 말한다. 대화가 오가는 동안 정보의 공유 현상이 진행되게 된다. 이것은 언어가 갖는 대표적 기능인 정보 전달의 기능과 관련이 있으며, 우리가 대화를 통해 서로 가까워지기도 하고, 서로를 알아 가도록 해주는 기본적인 요인이 된다. 대화를 하면서 너무 많은 정보를 말하는 것이나 너무 적은 정보를 말하는 것이 모두 좋지 않다는 말이니까 결국 적당한 정보를 담아야 한다는 말이다.

그런데 서로 다툴 때와 같이 감정이 앞서는 대화에서는 오래 전부터 쌓아 두었던 이야기를 한꺼번에 다 말하려 한다. 이건 너무 많은 양을 말해서 양의 원칙을 어기는 것이다. 그런가 하면 아무 말도 안 하고 자리를 피하기도 하는데, 이건 최소한의 정보도 주지 않아서 양의 원칙을 어기는 것이다. 이런 경우처럼 의도적으로 양의 원칙을 어기는 것은 상대방의 말문을 막고자 하는 기능을 수행할 수는 있겠지만, 원만하고 협조적인 대화를 이끌지는 못한다. 넘치는 것도 아니고 모자라는 것도 아닌 정보의 양이 중요하다.

둘째는 질의 원칙(Maxim of Quality)인데, 이것은 진실성과 관련이 있다. 다시 말해서 말하는 사람이 거짓이라고 생각하는 것이나, 타당한 증거를 갖고 있지 않은 것은 말하지 말라는 것이니, 거짓말이나 증거 없는 말은 하지 말라는 것이다. 남성들은 자신의 능력을 과장하기 위해서 거짓말을 하고 여성들은 관계를 부드럽게 하기 위해서 거짓말을 한다는 말이 있다. 그래서 남성들이 군대 갔다 온 이야기나 운동 이야기에는 거짓말이 많고, 여성들은 밥을 먹지 않았으면서도 밥 먹었냐는 질문에 "네, 먹었어요"와 같은 거짓말을 한다는 것이다. 일상적인 거짓말까지 모두 질의 원칙을 적용하기는 어렵겠지만, '광우병 사건'이나 '장지연 사건' 등을 통해 알 수 있는 것처럼 다른 사람이나 사회 전체에 영향을 줄 수 있는 말은 내가 확실한 근거를 가지고 있지 않으면서 남들이 뭐라고 하는 것을 자신의 말로 옮겨서 말하는 것도 사회적으로 큰 문제를 일으킬 수 있다.

셋째는 관련성의 원칙(Maxim of Relevance)인데, 적합한 말을 하라는 것이다. 적합하다는 것은 최소한 지금 말하는 화제와 관련이 있거나, 목적을 달성하기 위해 적절하다고 생각되는 것이다. 사실상 대화를 하면서 가장 중요한 것은 관련성의 원칙을 지키는 것이어서 겉으로 보기에는 협동의 원리나 양의 원칙, 질의 원칙을 어기고 있는 것도 관련성만 있다면 허용되지만, 다른 모든 원칙을 지키고 있어도 관련성이 없다면 좋은 대화가 아니다.

•대화 2

아버지 너 몇 살이냐?

아들   열다섯 살이요.

아버지   이 멍청아, 나도 네가 몇 살인지 알고 묻는 거다.

아버지가 "너 도대체 몇 살이냐?"고 묻는 것에 대해 아들이 "열다섯 살이요"라고 대답한 것은 양의 원칙도 지키고, 질의 원칙도 지킨 것이다. 그런데 상황으로 봐서 아빠가 아들 나이를 몰라서 묻는 것 같지는 않고, 아마도 "이런! 답답하기는…. 열다섯 살씩이나 먹어 가지고 그런 생각도 못 해?"라는 뜻으로 한 말일 것이다. 아들은 왜 나이가 몇 살이냐는 질문을 했는지를 파악하지 못 했기 때문에 관련성의 원칙을 위반하고 있다.

넷째는 방법의 원칙(Maxim of Manner)인데, 한 마디로 말하면 말할 때는 말하고자 하는 의도가 분명히 드러나도록 간단명료하게 말하라는 것이다. 방법의 원칙은 다음과 같은 네 가지의 항목으로 되어 있다.

1. 모호성을 피하라.
2. 중의성을 피하라.
3. 간결하라.
4. 조리 있게 순서대로 말하라.

간단명료하게 말하려면 첫째, 모호한 말을 하지 말아야 한다. 모호하게 말하는 것은 생각 자체가 모호한 것보다 그 생각을 밖으로 나타낼 때 적절한 용어를 사용하지 못 하는 데에 있다. 자신이 잘 모르는 것에 대해서 뭔가 좀 더 아는 것처럼 이야기하려고 할 때 표현이 좀 모호해지는 경우가 있고, 자기가 가진 지식이나 정보를 드러내고 싶지 않을 때 "뭐 꼭 그렇게 말할 수 있는 것은 아니야", "그냥 그래" 하는 식으로 모호하게 말한다. 이와 함께 상대방의 의사를 따르겠다고 할 때도 모호하게 말하는 경우가 있다. 특히 소개팅 같은데 나가거나 선보는 자리에서 "뭐 드실래요?" 그러면 보통 여자들은 "아무거나 주세요" 하는 말을 한다. 그런데 이런 표현은 듣는 사람을 당황스럽게 할 수 있다.

간단명료하게 말하기 위한 두 번째 방법은 한 가지 표현이 여러 가지로 해석될 수 있는 경우를 피하라는 것이다.

•대화 3

남편 당신 뭐하는 사람인데 이제 들어오는 거야?

아내 내가 뭘 하다니요?

남편 당신 도대체 어떤 사람이야?

아내 네?

여기서 "당신 뭐하는 사람이야?"라는 말은 직업을 묻는 말일 수도 있지만, 이 맥락에서 직업을 말하면 관련성 없는 말이 될 것이다. "당신 어떤 사람이야?"라는 말도 여러 가지로 해석될 수 있어서 막상 대답할 말을 찾기 어렵고 당혹스러울 수밖에 없다. 이렇게 여러 가지로 해석될 수 있는 말을 피하라는 것이다.

간단명료하게 말하기 위한 세 번째 방법은 짧고 간결하게 말하라는 것이다. 양의 원칙이 얼마만큼의 정보를 말할 것인가와 관련이 있다면, 짧게 말하라는 것은 시간이 얼마나 걸릴 것인가와 직접 관련이 있어서, 될 수 있는 대로 같은 말을 반복하지 말고, 간결하게 표현하라는 것이다. 시간과 관련해서 대화하는 유형에는 다음과 같은 네 가지가 있다.

- ㉠ 내용이 알차고, 길이가 긴 것
- ㉡ 내용이 알차고, 길이가 짧은 것
- ㉢ 내용은 없는데, 길이만 긴 것
- ㉣ 내용도 없고, 길이도 짧은 것

물론 이 가운데 가장 좋은 것은 내용이 알차고 길이가 짧은 것이다. 그리고 가장 듣기 싫은 것은 내용도 없는데 길이만 긴 것, 이런 말은 듣는 사람에게는 거의 고문에 가깝다. KISS 대화법이라고 말하는 것이 있다. KISS는 "Keep It Short and Simple"의 머리글자만 따서 만든 말로 말하려는 내용을 짧고(Short) 쉽게(Simple) 전달하라는 것이다.

간단명료하게 말하기 위한 네 번째 방법은 조리 있게 일어난 순서대로 말하라는 것이다. 사람들의 심리 가운데 '보편적 순서 책략(normal ordering strategies)'이 있어서 어떤 사람에게 "해는 저녁에 늦게 지고, 아침에 일찍 뜬다"고 말을 해주어도 그 사람은 "해는 아침에 일찍 뜨고, 저녁에 늦게 진다"라는 말을 들은 것처럼 시간적 순서에 따라 재생해 낸다. 이것은 정보의 처리와 저장을 쉽게 하기 위해서 우리의 인지 체계가 자동적으로 사용하고 있는 방법이기 때문에 말을 할 때도 시간이나 공간적인 순서에 따라 이야기하는 것이 바람직하다는 것이다.

위에서 살핀 바와 같이 대화의 원리는 지극히 상식적이다. 기본적으로 대화는 협동의 수단이라는 것을 기억하고 협력적으로 말해야 하며, 관

런성이 있는 적당한 양의 진실한 말을 의도가 분명히 전달되도록 간단

명료하게 말하는 것이 바람직한 대화의 원리이다.

내가 말할 차례일까?

모든 대화는 말하는 사람과 듣는 사람으로 이루어진다. 그런데 이 역할은 고정되어 있는 것이 아니고 서로 순환되어야 하기 때문에, 말하는 사람과 듣는 사람으로 이루어지는 대화에도 질서가 있게 마련이다. 그래서 내가 말할 때는 상대방은 듣고, 상대방이 말할 때 나는 듣는 사람이 된다. 이렇게 한 사람이 이야기하다가 멈추면, 또 다른 사람이 이야기를 시작해서 차례로 말을 하는데, 이것을 대화의 순서 교대라고 한다. 대화는 탁구를 하는 것처럼 말을 주면 받아서 다시 돌려주는 순서 교대가 이루어지고 있어서 순서 교대가 원활하지 않으면 사고가 난다.

대화에서 가장 중요한 것은 누가 언제 말할 것인가를 결정하는 기술이다. 그렇다면 어떻게 해서 이렇게 대화의 순서 교대가 질서 있게 이루어질 수 있을까? 대부분의 경우, 순서 교대는 거의 자동적으로 조절이 된다. 그래서 전체 대화 가운데 두 사람이 동시에 말을 하는 경우는 놀랍게도 5%도 채 되지 않는다고 한다. 또 한 사람이 말하고 다음 사람이 시작하는 사이의 간격은 단지 몇 십 분의 일초밖에 걸리지 않는다는 것도 놀라운 일이다. 그렇지만 자기 혼자 순서를 차지하고 길게 말하려 하면 사고가 나고, 반대로 자기가 말할 순서에 아무 말도 안하고 있어도 사고가 난다. 순서 교대를 연구한 학자들에 의하면 순서 교대에도 몇 가지 원리가 있다. 대화를 연구하는 미국의 사회언어학자들은 순서 교대에 적용되는 몇 가지 기본적인 원리를 제안했다.

규칙1

말하는 사람이 바뀔 수 있는 위치(교체 적정지점, Transition Relevance Place)에서 적용된다.

㉠ 지금 말하는 사람이 다음 말할 사람을 지정하고 나면, 말하던 사람은 말하기를 멈추어야 하며, 다음 말할 사람이 말을 해야 한다. 순서가 바뀌는 것은 다음 말할 사람을 지정한 다음에 처음 오는 교체 적정지점에서 일어난다.

㉡ 지금 말하는 사람이 다음 말할 사람을 지정하지 않으면, 누구라도 말을 할 수가 있다. 제일 먼저 나선 사람이 다음 순서에 대한 권리를 갖는다.

㉢ 지금 말하는 사람이 다음 말할 사람을 지정하지 않고, 또 다른 사람이 아무도 나서지 않으면, 지금 말하는 사람이 말을 계속할 수 있다. 그러나 반드시 그래야 하는 것은 아니다.

규칙 2

계속 이어지는 모든 교체 적정지점에서 적용된다.

지금 말하는 사람에 의해 규칙 1ⓓ가 적용되면, 다음 교체 적정지점에서 규칙 1ⓐ~ⓓ가 적용되고, 또 다음 교체 적정지점에서 순환적으로 적용된다. 이때 순환은 말하는 사람이 바뀔 때까지 반복된다.

규칙으로 적으면 모든 말이 어려워진다. 이 말을 문자적으로 이해하기보다는 대화를 하면서 내가 말할 순서를 찾기 위해 일반적으로 고려해야 할 원리들을 살펴보도록 하자.

첫째, 대화의 모든 참여자는 말할 기회를 가져야 한다. 대화는 연설이나 설교와는 달라서, 특정한 사람에 의해 독점되는 대화를 즐기는 사람은 말하는 사람 자신 외에는 아무도 없다. 따라서 대화 도중 소외되는 사람이 없도록 하는 것은 대화 참여자 모두의 의무이다. 그렇기 때문에 혼자서 대화를 독차지하려 해서는 안 되며, 대화에 적극적으로 참여하지 않는 사람에게는 질문이나 요청을 통해서라도 말할 기회를 만들어 주어야 한다.

둘째, 한 사람이 말하는 대화의 길이는 정해져 있지 않다. 대화를 나누다 보면 어떤 사람은 한 단어로 끝내는가 하면, 어떤 사람은 몇 문장씩 이어서 말하기도 한다. 그런데 말을 길게 하면, 한 문장 단위가 끝날 때마다 다른 사람들은 자기가 말할 시점이라고 판단할 가능성이 있다. 따라서 말이 여러 문장으로 길게 이어지는 경우에는 문장과 문장 사이의 간격을 짧게 두어 계속되는 대화임을 밝혀야 한다. 그렇지 않고 "내 말 아직 안 끝났어요"라고 말하면 어느새 분위기가 어색해지기 때문이다. 하지만 무엇보다 혼자서 너무 길게 말을 이어가는 것은 바람직하지 않다.

셋째, 지금 말하는 사람의 대화를 자르거나 가로채는 것은 피해야 한다.

예를 들어 친구가 이야기하는 도중에 끼어든다거나, 말하는 사람이 "준수 씨는 어떻게 생각하세요?" 하고 물었는데 이를 무시하고 다른 사람이 끼어드는 것은 바람직하지 못하다. 그렇지만 준수가 대화를 이어가지 않아서 침묵이 흐르거나 대화 분위기가 경색될 경우와 같이 예외적인 상황에서는 누구라도 먼저 말을 시작하는 것이 좋다. 지금 말하는 사람이 다음 말할 사람을 지정하지 않았을 때는 대화가 진행되는 과정을 보아 결례가 되지 않는다고 판단되면 대화에 참여하는데, 어떤 대화에도 정해진 순서는 없지만, 여러 계층이 모여서 대화를 하는 경우에는 어느 정도 서열을 고려하는 것이 필요하다.

그럼, 자기가 말을 끝냈는데 아무도 말을 받지 않아서 분위기가 썰렁해졌다. 이럴 때는 어떻게 하는 것이 좋을까?

• 대화 1

진아   트랜스포머3 봤니? 트랜스포머3?

영준   와, 정말 대단하더라.

현수   영상도 영상이지만, 음향도 수준이 다르던 걸.

진아   그런데 그거 4D로 보는 데도 있다며?

현수   그래? 난 3D로 봤는데.

영준   우리나라에 4D 상영관이 몇 군데 안 된대.

현아   그거 뭐 D 하나 차인데, 별 거 있겠어?

    (침묵)

현아   어, 왜 갑자기 아무 말도 안 해? 내가 뭐 말 잘못했어? 왜 내가 말만 하면 분위기 썰렁해지냐?

114

이럴 경우에는 무턱대고 화를 내지 말고, 하던 이야기를 되돌려 생각해 보는 것이 좋다. 그리고 지금까지의 화제가 계속해서 이야기되어야 한다고 판단된다면 "그런데 4D로 보면 뭐가 다른데, 진아야?"와 같이 하던 말을 다른 말로 바꾸어 조금 더 부연하다가 다음에 말할 사람을 지정해 준다. 또 더 이상 이야기할 필요가 없는 화제이거나 충분히 이야기 되었다고 판단되면, "요즘 뭐 볼 만한 영화 또 없니? 진아야"와 같이 새로운 화제로 바꾸고, 역시 다음 말할 사람을 정해 주는 신호를 보내면 된다.

이와 같이 생동감 있는 대화를 위해서는 자신의 말이 끝나갈 때쯤 다음 말할 사람을 지정해 주는 신호를 보내는 것이 필요하다. 이럴 때는 첫째, 자기가 하고 싶은 제안이나 주장, 요청을 먼저 이야기하고, 뒤에다 "누구야 안 그래?" 하고 묻는 말을 붙이는 것이다. 그러면 그 사람이 대답을 하게 되므로 대화가 계속 이어지게 된다.

둘째, "요즘 속상해 죽겠다, 은정아"와 같이 어떤 일에 대해서 자기의 생각을 이야기하고, 뒤에 상대방의 이름을 부르는 것이다. 그러면 은정이가 "왜, 무슨 일인데?" 하고 관심을 보이게 되고 새로운 질문을 하면서 말이 이어지게 된다. 또 상대방이 한 말에 대해서 "언제 그랬다고?"와 같이 확인하는 질문을 덧붙이면서 말끝을 올리면, 다음 사람에게 대답을 하라는 신호가 되어 말이 이어지게 된다.

셋째, 다음 말할 사람을 쳐다보며 말한다. 이렇게 되면 보통 눈길이 마주친 사람이 다음 말을 이어가게 된다. 이것은 상대방의 이름을 부르는 것보다는 덜 직접적이어서 상대에게 주는 부담이 크지 않아 상대방을 배려하는 방법이라고 할 수 있다.

한 가지 재미있는 것은 좌담이나 토론에서처럼 여러 사람이 말하는 경우에 자기가 차례를 차지하고 싶어 하는 사람은 숨을 안으로 끌어들이면서 "쓰~" 비슷한 소리를 낸다는 것이다. 그래서 이 소리가 나면 '이 사람이 지금 말을 하려고 한다'는 일종의 신호로 볼 수 있다. 특히 여러 사람이 경쟁적으로 말하려고 할 때 무의식적으로 그런 소리를 내는 것이 일반적이다.

그럼, 다른 사람들은 모두 대화에 참여했는데, 자신은 적당한 순서를 찾지 못해서 끼어들지 못하고 있다. 이럴 때는 어떻게 해야 할까? 이때는 기회를 봐서 적극적으로 대화에 끼어들어야 한다. 왜냐하면 다른 사람들도 말을 하지 않고 가만히 있는 사람을 부담스러워하기 때문이다. 만약 그게 잘 안 된다면 평소보다 좀 더 과장되게 고개도 끄덕이고, 눈길도 주고, 웃기도 하면서 '난 열심히 듣는 사람'이라는 것을 보여 주면 된다.

자신이 언제, 어느 시점에서 순서를 차지해야 하는가를 정확하게 판단하는 것은 대화를 잘할 수 있는 방법이다. 그러나 이것은 거의 무의식적으로 적용되고 있는 규칙이므로 너무 의식할 필요는 없다. 그보다는 지금 내가 말하는 것이 상대방을 불편하게 하거나 상대방의 말할 권리를 부당하게 침해하는 것은 아닌지 헤아릴 줄 아는 마음이 더 필요하다.

우연히 그런 걸까?

내가 말하고 있는데 다른 사람이 말을 시작하면 어떻게 해야 할지 몰라 당황스러울 때가 있다. 우연히 그랬을까? 고의로 그런 걸까? 두 사람의 말이 겹치는 것을 중복이라고 하는데, 이 경우 두 사람이 다 말을 하게 되면 듣는 사람은 두 사람의 말을 모두 받아들이기 어렵게 된다. 따라서 말하는 사람의 의도가 확실히 전달되지 않을 뿐 아니라 분위기도 어색해지게 된다. 대화의 중복은 대체로 다음과 같은 상황에서 나타난다.

1) 대화가 처음 시작될 때나 새로운 화제가 도입되었을 때, 처음 대화를 시작하려고 여러 사람이 동시에 말을 하는 경우
2) 대화가 끝나지 않았는데 끝난 것으로 알고 다음 사람이 대화를 시작하는 경우
3) 지금 말하는 사람의 내용에 덧붙여서 자신이 생각하는 바를 말하는 경우

4) 같은 화제이지만 다른 말을 하는 경우

5) 상대방의 응답이 늦어져서 또 다른 말을 시작하는 경우

6) 지금 말하고 있는 사람이 아닌 다른 사람에게 말을 건네는 경우

그런데 우연히 두 사람이 같이 말을 하는 경우도 있지만, 한 사람이 고의적으로 다른 사람의 말을 막는 경우도 있다. 우연한 중복은 아무런 의도 없이 나타난 중복이기 때문에 별 문제가 되지 않으며, 대개 말하고 있던 사람이나 끼어든 사람이 말하기를 중단함으로써 중복된 말을 바로 잡는다. 그러나 지금 말하는 사람이 대화를 끝내지 않은 상황에서 말을 시작하는 것은 고의적인 방해이다. 특히 지금 말하는 사람이 하고 싶은 말을 끝내기도 전에 전혀 다른 화제를 말하는 것은 전형적인 대화의 방해이다.

그러면 우연한 중복인지 고의적인 방해인지 어떻게 구별할 수 있을까? 대부분의 경우 표정이나 태도와 같은 동작언어를 통해 구별할 수 있다. 예를 들자면 우연한 중복을 일으킨 사람은 좀 겸연쩍어 하는 태도를 보이지만, 고의적인 방해를 하는 사람은 더 단호하고 굳은 표정을 보일 것이다. 한 가지 재미있는 사실은 대화하는 사람들의 대화 방식이 중요한 변수로 작용한다는 것이다. 데보라 태넌은 대화의 유형을 '심사숙고형 (high considerateness style)'과 '적극관여형(high involvement style)'으로 나누었는데, '심사숙고형'의 경우 가급적 상대방이 말을 하는 도중에 다른 말을 끄집어내지 않음으로써 상대방을 편하게 하겠다는 생각을 하고, '적극관여형'은 열정적으로 그 대화에 동참하겠다는 생각을 가지고 있다고 설명했다. 중요한 것은 두 유형이 서로 다를 뿐이지 어느 한 쪽이 틀린 것은 아

나라는 것이다. 그런데 문제는 서로 다른 것을 틀렸다고 하는 것에서 출발한다. 다음 〈대화 1〉은 '적극관여형'인 현희와 '심사숙고형'인 민지가 나누는 대화이다.

• 대화 1

현희 이번 신입사원들 어때? 우리 동아리에 가입했어?

민지 (침묵 3초) 어, 한 번 봐서 잘 모르겠는데.

현희 잘 모른다고? 근데 어때? 빨리 좀 말해 봐.

민지 (침묵 3초) 관심 있어 보이는 사람들도 꽤 있고 또….

현희 우와~ 몇 명? 몇 명쯤 되는데?

민지 (침묵)

현희 왜? 왜 답답하게 말을 안 해?

민지 (침묵 2초) 너 정말 내 대답이 듣고 싶기는 한 거야?

현희 너야말로 왜 그렇게 말을 안 하냐? 나한테 말하기 싫어?

이런 경우 '심사숙고형'인 민지는 자신이 말할 차례가 되어도 조금 시간을 끌기 때문에 상대방이 자기보다 먼저 다른 말을 하도록 만든다. 위에서 말한 다섯 번째 유형의 중복이 나타나는 경우인데, 이 경우의 중복은 우연한 것인지 고의적인 것인지 구별하기가 어렵고, 어떤 쪽이 대화를 방해한 것인지를 밝히기도 쉽지 않다.

또 다른 경우는 '적극관여형'의 사람이 상대방의 대화 내용을 지지한다는 것을 밝히기 위해 중간에 말을 하고 나서는 형태이다. 이런 경우 '심사숙고형'은 자신의 발언권을 뺏으려는 의도로 받아들이고 대화를 중

단하게 된다. 이 경우도 우연한 중복인지 고의적인 방해인지 구별하기가 어렵다. '적극관여형'의 사람은 대화를 방해할 의도가 없었지만, '심사숙고형'의 사람은 이를 방해로 받아들였고, 또 실제로도 대화의 방해를 받았기 때문이다.

대화의 중복이 일어나면 대체로 그 흐름이 깨져 대화자들이 긴장하게 된다. 하지만 중복이 나타나도 부정적으로 받아들이지 않는 경우가 있는데, 바로 '적극관여형'인 사람들끼리의 대화가 그렇다. '적극관여형'의 사람들은 상대방의 중복이 호의적으로 받아들여지는 상황에서는 상대방에게 대화의 순서를 넘겨주고, 상대방의 중복이 마땅치 않게 받아들여지면 대꾸를 하지 않거나 완전히 상대방의 발언을 무시하고 자기의 발언을 계속한다. 이와 같이 대화의 중복이 일어남에도 불구하고 대화가 지속되는 것은 대화 참여자들이 비슷한 대화 방식을 가지고 있기 때문이다.

대화의 중복을 받아들이는 데는 문화적 차이도 변수로 작용한다. 그 예로 오페라의 대위법 같은 대화를 들 수 있다. 대위법은 남성 테너와 여성 소프라노가 서로 다른 가사를 노래하지만 묘하게 화음이 맞아떨어지는 것을 말한다. 이와 유사한 대화 방식, 즉 두 사람이 서로 다른 말을 하는데도 묘하게 조화가 이루어지는 것을 대위법적 대화라고 한다. 이탈리아나 일본 사람들이 주로 이런 대화를 즐기는데, 이런 대화가 상대방을 방해하기는커녕 애정과 관심을 표현하는 방법으로 이용된다고 한다.

또 성별에 따른 차이도 있어서, 여성들은 중복 대화를 통해서 서로간의 우의를 다진다는 주장도 있다. 여성들 간의 대화에서는 중복이 더 빈번하게 나타나는데, 남성들은 다른 사람들이 조용하게 들어주는 상황에서 발언을 많이 하고, 여성들은 다른 사람들의 목소리가 들릴 때 발언하는 것을 즐긴다는 것이다. 다시 말해 여성들은 보고식으로 이루어지는 대화의 장에서는 발언을 기피하고, 대등관계에서 이루어지는 상황에서 대화를 더 쉽게 한다는 것이다. 따라서 대화의 중복이 일어나는 경우에는 무조건 방해로 받아들이지 말고, 상대방의 대화 방식과 문화적 차이를 고려해서 중복을 해석하고 그에 맞게 대화를 이끌어 가는 것이 필요하다.

일반적으로 공적인 대화에서는 상대방이 말하는 가운데 끼어들어서 중복을 일으키는 일을 피해야 한다. 그러나 수평적 대화이고 상대방이 '적극관여형'인 경우, 중복은 방해가 아니라 상대방의 말에 대한 반응으로 받아들여져서 대화를 촉진시키는 기능을 한다. 상대방이 하는 말을 잘 받아들이고 있다는 것을 나타내는 말들을 반응 발화(reactive tokens)

라고 하는데, '응', '아', '그렇구나', '어머', '어쩜'과 같은 말들이 있다. 이런 말들은 중복이 되어도 모두 응대어로 받아들여진다.

중복과 관련하여 대화를 나눌 때 유의할 점은 다음과 같이 정리할 수 있다.

첫째, 대화에서 중복이 일어나는 것은 자연스러운 상황이 아니므로 중복되지 않도록 주의한다. 특히 고의적으로 남의 말 가운데 끼어드는 것은 바람직하지 못하다.

둘째, 대화의 중복이 일어났다고 해서 무조건 방해하는 것으로 받아들이고 대화를 중단할 필요는 없다. 그러나 이것이 우연한 중복인지, 고의적인 방해인지, 반응 발화인지를 판단해야 한다.

셋째, 우연한 중복이 일어났을 경우에는 중요한 말이 아니라면 끼어든 사람이 대화를 멈추는 것이 좋다.

넷째, 고의적인 방해라면, 방해가 일어난 대화 상황의 원인을 분석해서 적절히 대처한다. 대화 참여자의 흥미를 떨어뜨리는 화제를 오래 붙잡고 있었거나, 혼자서 대화를 오래 독점한 경우는 끼어든 사람에게 순서를 넘겨주는 것이 바람직하다. 하지만 습관적으로 남의 말을 자르거나 불필요하게 끼어든 경우라면 상대를 무시하고 대화를 계속해 가는 것도 무방하다.

다섯째, 상대방의 대화 습관을 고려해서 '적극관여형'의 사람이 끼어든 경우는 반응 발화로 간주하고 대화를 계속해도 되지만, 중복 자체를 방해로 받아들이는 '심사숙고형'의 사람이 말을 할 때는 가급적 끼어들기나 반응 발화를 피하는 것이 좋다.

오는 말, 가는 말

　　대화는 주고받는 관계가 계속 이어진다
는 점에서는 탁구와 같다. 그런데 탁구 시합에서 이기기 위해 스매시를
날리는 것처럼 대화를 하면서도 공격을 하는 경우가 있다. 운동 경기에
서 이기기 위해서 공격하는 건 당연한 일이지만, 일상적인 대화에서 공
격을 한다면 대화가 잘 이어질 수가 없다는 것을 알면서도 우리는 종종
대화에서 공격을 하곤 한다. 그래서 대화를 우스갯소리로 '대놓고 화내
는 거'라고 말하기도 한다. 그냥 일상적인 인사로 "어디 가세요?"라고 말
하면 "남이야 어딜 가건 말건 알아서 뭐 할래?" 하는 식으로 말을 받는
까칠한 사람들……

　　그런데 요즘 젊은이들의 언어에서는 공격적인 말이 일상화되는 경향
이 있다. 젊은이들 사이에서 "즐~"이라는 말이 크게 유행했었다. 이 말
은 '나가라, 듣기 싫다, 그만 해라, 관심없다' 등과 같은 뜻을 가지고 있어
서, 냉소적인 공격을 함축적으로 포괄하고 있는 말이다. 말이 그 사람의
생각과 인격을 반영한다는 점에서 이런 말을 즐겨 쓴다는 것은 결국 그

런 세계에서 생활한다는 말이 된다. 이렇게 보면 1990년대에 한 연예인이 유행시켰던 "잘났어, 정말" 하는 말부터, "너나 잘 하세요", "꼬라지하고는" 같은 말들은 재미삼아 쓴다고는 하지만, 사실은 공격이다.

그레이스 케터먼의 『말 때문에 받은 상처를 치유하라(Verbal Abuse: Healing the hidden wound)』는 책에서는 말 때문에 가장 쉽게 마음의 상처를 받을 수 있는 곳이 가정이라고 말한다. 각박한 세상에서 서로를 사랑으로 감싸주는 보금자리인 가정이 역설적으로 언어폭력이 시작되고, 그 상처가 대물림되는 곳이라는 것이다. 공격적인 언어를 사용하는 사람은 대부분 어린 시절 가정에서 이런 말을 들은 것이 심리에 남아 있다. 한 연구 결과에 의하면 다섯 살에서 여덟 살 사이의 어린 아이들의 90%가 부모로부터 공격적인 언어를 듣고 있고, 위협을 당한 경우도 70%에 달한다고 한다. 부모의 학력이 높을수록 공격적인 언어를 사용하는 비율이 낮은 것은 사실이지만, 교육 수준과 관계없이 거의 대부분의 부모가 자녀들에게 폭력적인 언어를 사용한다는 것이다.

공격적인 말들은 내면의 깊은 상처나 열등감의 원인이 될 뿐 아니라 다른 사람에 대한 원한이나 분노, 두려움을 갖게 만드는 요인이 된다. 언어폭력은 겉으로는 아무런 상처를 남기지 않는 듯하지만, 사실은 그 무엇보다도 깊고 오래가는 내면의 상처를 만드는 것이다. 아무래도 어려서부터 공격적인 말을 듣고 자라면 좋은 말을 주고받을 수 있는 성숙한 인격을 갖추어 가기에 어려움이 있게 마련이다. 따라서 좋은 말을 주고받을 수 있도록 훈련을 하려면, 가정에서부터 좋은 대화가 오고가야 한다. 그러기 위해서는 이기기 위해서 공격을 하는 것과 같은 식의 공격적인 대화 방법을 벗어나는 것이 필요하다.

대화는 승부를 가리기 위한 것이 아니기 때문에, 말하는 사람들이 가능하다면 오랫동안 즐겁게 이야기를 나눌 수 있어야 더욱 좋은 대화가 된다. 두 사람이 함께 탁구를 즐기기 위해서는 상대방이 보내는 공을 잘 받아야 할 뿐만 아니라, 상대방에게 공도 잘 보내야 한다. 대화를 잘 하기 위해서는 상대방이 한 말에 적절한 대답을 할 뿐만 아니라, 상대방이 그 말을 잘 받을 수 있도록 돌려주는 말을 해야 한다. 특히 처음 만나거나, 상대방과 가깝지 않을 경우에는 더 이러한 기술이 필요하다.

• 대화 1

동근 음악 좋아하세요?

은아 예.

동근 무슨 음악을 좋아하시는데요?

은아 클래식요.

동근 클래식 중에서 어떤 작곡가의 작품을 즐겨 들으시는데요?

은아 모차르트요.

동근 왜 모차르트를 좋아하시는데요?

은아 편하니까요.

이런 대화는 미팅 같은 데서 흔히 접하게 되는 대화로, 한 사람은 이야기를 이끌어 가기 위해서 무언가 계속 질문을 던지는데, 다른 사람은 이것을 그저 짧게 받아치기만 한다. 이렇게 되면 말을 이끌어 가는 사람은 탁구를 처음 시작한 초보자에게 공을 던져 주기만 하는 입장이 되어, 일종의 강박감과 책임감으로 초조해지게 된다. 따라서 대화를 나누

는 것이 고통스러워지고 상대방에게 호감을 느끼거나, 만남을 계속하고 싶다는 생각을 갖기가 어려울 것이다. 한편 대답하는 사람은 자신이 계속 추궁을 당하고 있다고 생각하고, 꼬치꼬치 묻는 것을 불편하게 생각할 것이다. 일방통행의 대화에서는 결국 더 이상 물을 말이 없어지거나, 그렇지 않으면 대답할 말이 없어져서 어떤 한 쪽이 완전히 할 말을 잃게 되고 만다.

이런 일방 공격과 일방 수비로 이어지는 대화의 책임은 결국 두 사람 모두에게 있다. 그러나 일차적으로는 말을 받는 은아가 이런 대화의 흐름을 이끌어 가고 있다. 물론 은아는 대화의 원리도 지켰고, 특별히 문제가 되는 내용을 말한 것도 없다. 그렇지만, 공을 받기만 하고 주지는 않았다. 즉, 상대방이 대화를 이끌어 가려고 노력한다는 것을 생각하지 못하고, 다시 말을 돌려주지 못한 데에 책임이 있다는 것이다.

존 헤리티지는 말을 받는 사람은 받아들이기와 돌려주기라는 두 가지의 작업을 해야 한다고 했다. 이것을 맥락 다듬기(context-shaped)와 맥락 갱신(context-renewing)이라는 용어로 설명했는데, 맥락 다듬기는 앞사람의 말을 수용하고 이것을 받아들이는 말을 하는 것이고, 맥락 갱신은 그 말을 받아서 다시 새로운 정보를 담아 상대방에게 돌려주는 일을 말한다. 예를 들어 상대방이 "음악 좋아하세요?" 하고 물으면 먼저 1단계로 그 말을 수용해서 "예, 좋아해요. 그렇지만 요즘 대중음악에는 별로 관심이 없어요"와 같이 받아들이는 말을 하고, 그 다음 2단계로 "선생님도 음악을 좋아하세요?"와 같이 새로운 질문을 담아서 상대방에게 돌려주는 것이다.

• 대화 2

박 선생님	음악 좋아하세요?
서 선생님	아니오, 저는 음악은 별로 좋아하지 않아요. 그렇지만 뮤지컬은 자주 보는 편이에요. 선생님은 어떤 음악을 좋아하세요?
박 선생님	예, 저는 고전음악을 좋아해요. 음반으로 듣는 것보다 연주회에 가서 듣는 것을 더 좋아하고요.

이렇게 받아들이기와 돌려주기를 하면 계속 순환이 되면서 대화가 훨씬 풍부해지고, 서로 잘 통한다는 생각을 하게 되어서 인간관계도 더 깊어지게 된다. 이것은 가족들과의 대화에서도 마찬가지이다.

• 대화 3

딸　아빠, 이거 내가 그렸어요.

아빠　어, 잘 그렸네.

딸　이게 뭐 같아요?

아빠　꽃.

딸　이거 뭘로 그렸는지 아세요?

아빠　몰라.

이런 대화를 마친 딸은 앞으로 아빠랑 별로 이야기하고 싶지 않을 것이다. 가족들과 대화가 없는 아버지들이 대부분 이런 방식으로 스스로를 대화에서 소외시킨 면도 있다. 이 대화에 받아들이기와 돌려주기를 적용하면 어떻게 바뀔까?

• 대화 4

딸　아빠, 이거 내가 그렸어요.

아빠　어, 잘 그렸네. (받아들이기)

　　　뭘 그린 거야? (돌려주기)

딸　산에 갔을 때 본 꽃이에요. (받아들이기)

　　　아빠도 이런 거 그려 보셨어요? (돌려주기)

아빠　그럼. 아빠도 그림그리기 대회 나가서 상도 받았단다. (받아들이기)

　　　수채화로 그리니까 참 좋지? (돌려주기)

이렇게 받아들이고 돌려주면서 대화뿐 아니라 아빠와 딸 사이의 관계도 점점 더 좋아지게 된다.

그런데 여기에도 공격의 음모가 도사리고 있다. 상대방이 시작한 말에 공격이 숨어 있는 경우도 있고, 상대방은 아무런 의도가 없는데, 자의식이 발동해서 공격을 하게 되는 경우도 있다. "요즘 무슨 책 읽으세요?"라고 물었을 때 읽고 있는 책이 있으면 "예, 저는 요즘 『넛지』라는 책을 읽고 있어요" 이렇게 받아들이고, "그 책 읽어 보셨어요?" 하고 돌려주는 말을 하면 된다. 그런데 책을 안 읽고 있을 때 이런 질문을 받으면 공연히 자의식이 생겨서 공격적인 말을 하게 되는 것이다. 그래서 "넌 학구파라서 묻는 것도 다르구나" 하는 식으로 비꼬는 말을 하거나, "전 책 같은 거 볼 시간 없어요"라는 식으로 공격을 하고 나면 분위기는 아주 어색해지고 만다. 설사 책을 읽지 않더라도 "예, 저는 요즘 책을 읽을 시간이 통 나지를 않네요"라고 받아들이는 말을 하고, "무슨 책을 주로 읽으세요?"라거나, "주로 어떤 때 책을 보시나요?" 하는 식으로 돌려주는 말을 하는 여유가 필요하다.

이렇게 상대방의 말을 최선을 다해 받을 뿐만 아니라, 상대방에게 적절한 말로 되돌려주어야만, 대화는 생동감 있게 지속되고, 이것을 통하여 서로의 관계도 더 좋아지게 되는 것이다. 상대방의 의도를 생각하면서 상대방이 하는 말을 잘 받아들이는 말을 하고, 상대방이 말하기 편하도록 새로운 내용을 담아서 친절하게 돌려주면 대화도 부드럽게 이어지고, 인관관계도 더 좋아지게 되는데, 간단한 대화 규칙들이 지켜지지 않아서 말로 상처를 받기도 하고, 또 상처를 주기도 한다. 오는 말이 고우면 가는 말이 곱다. 오는 말이 잘 다듬어져 있으면 가는 말도 훨씬 부드러워지게 마련이다.

주는 말, 받는 말

　　대화를 나누면서 가장 중요한 것은 말하는 사람들 사이에 이루어지는 협동이다. 혼자서 하는 말은 독백일 뿐 대화가 될 수 없고, 한 쪽에서 아무리 대화를 하고 싶어도 상대방이 응하지 않으면 대화가 이루어질 수 없다. 보통 대화에서는 서로 협동을 하면서 한 사람이 질문을 하면 다른 사람은 대답을 하고, 한 사람이 제안을 하면 다른 사람은 수락을 하거나 거절을 하고, 한 사람이 인사를 하면 다른 사람은 인사를 받는 것과 같이 주는 말과 받는 말이 정형화되어 나타난다. '주는 말'에 대해서 '받는 말'이 쌍을 이루고 있어서 대응쌍(adjacency pair)이라고 하며, 대화에서 가장 작은 단위가 된다.

　　질문하는데 대답도 안 하고, 인사하는데 인사도 안 받는 것은 무언가 관계에 문제가 생겼다는 신호일 것이다. 그렇지만 질문에 대해서 대답을 했다고 해서 다 협동이 되는 것은 아니다. 어떤 것은 듣는 사람이 예상하고 있던 말이나 더 듣기 좋은 선호적인 범주(preferred category)의 말이 있는가 하면, 예상하지 않던 말이나 듣고 싶지 않은 비선호적인 범주

(dispreferred category)의 말도 있다.

주는 말	받는 말	
	선호적	비선호적
요청	허락	거절
제안 / 초대	수용 / 감사	거절
평가	동의	반대
질문	예상된 대답	예상 못한 대답 / 대답 안 함
자기 비난	부인	인정

　물론 사람들은 선호적 범주의 말을 듣고 싶어 한다. 그래서 제안을 하거나 요청을 했을 때 거절하는 것보다는 수락하는 말을 듣고 싶어 하고, 평가에 대해서는 동의해 주는 것을 더 듣고 싶어 한다. 그래서 "내일 저희 집들이하는데 좀 와주세요" 하고 초대를 하면, "아, 물론 가지요. 초대해 주셔서 감사합니다"와 같이 수용하고 감사하는 것이 거절하는 것보다 선호적인 말이고, "이 책 구성도 탄탄하고, 정말 재미있더라"와 같이 평가를 하면, "그래, 정말 내용이 재미있으면서도 교훈적이지?"와 같이 동의하는 것이 "그게 뭐가 재미있어? 난 지루하기만 하더라" 하는 식으로 반대하는 것보다 선호적인 말이다. "가까운 은행이 어디 있어요?" 하고 질문을 했는데, "바쁜데 그런 건 왜 물어요?"라거나 "내가 뭐 은행 직원도 아닌데 그런 걸 어떻게 알겠어요?"라는 식으로 예상 못한 대답을 하거나 아니면 아예 대답을 안 하는 것을 더 좋아하는 사람은 없을 것이다. 역시 질문에 대해서는 상대가 예상할 수 있는 범위에서 대답을 해주는 것이 선호적인 말이 된다. 그런데 질문을 하면 대답 대신에 다시 질문을 하는 경우들이 있다.

• 대화 1

진숙 우리 몇 층으로 가야 돼요? (질문1)

경비 어떤 모임에 가실 건데요? (질문 2)

진숙 지역 봉사 모임이요. (대답 2)

경비 그럼, 3층으로 가세요. (대답 1)

이 대화에서는 질문 1과 대답 1 사이에 또 다른 질문(질문 2)과 대답(대답 2)이 삽입되어 있다. 이러한 삽입 현상은 아주 흔하게 나타나고, 일단 주는 말에 대해 언젠가는 받는 말이 나오리라는 것을 기대하기 때문에 그에 맞추어 대화를 진행시켜 나간다. 다음 대화를 살펴보자.

• 대화 2

지민 저 사람 누구야? (질문 1)

선미 왜? (질문 2)

지민 물으면 안 돼? (질문 3)

선미 누가 물으면 안 된다고 그랬어? (질문 4)

지민 근데 말이 왜 그래? (질문 5)

선미 내 말이 어때서? (질문 6)

• 대화 3

남편 여보, 신문 좀 주구려. (요청)

아내 당신은 손이 없어요? (질문 1)

남편 무슨 말이 그래? (질문 2)

아내 당신은 그렇게 말하지 않는 줄 아세요? (질문 3)

위의 대화에서 보듯 질문을 했는데, 계속 질문으로 받거나, 요청을 했는데 질문이 이어지면 질문이 공격처럼 들린다. 그래서 대화를 하다가 질문이 여러 차례 되풀이되어서 나타나면 언쟁이 시작되었다는 증거가 된다. 질문이 세 차례 이상 이어지면 일단 대화에 이상이 있다고 판단하고 대화 방법을 바꾸어야 한다. 대화하면서 질문을 하는 것은 내 말에 대해서 대답을 하라는 요구를 포함하고 있다. 다른 사람한테 무언가 요구를 받는다는 것은 기분 좋은 일이 아니고, 그래서 질문은 역시 부담을 주는 대화 유형이다. 주는 말이 질문일 때 받는 말은 거기에 대한 대답이어야 더 선호적인 것이 되고, 질문에 대해 또 질문하는 것은 공격이 될 수 있다는 것을 기억해야 한다.

동의하는 것이 반대하는 것보다 더 선호적이라고 했는데, 상대방이 "아, 난 왜 이렇게 잘 잊어버릴까? 아무래도 좀 모자라나 봐"와 같이 스스로를 낮추는 말을 했을 때는 어떨까? 동의가 무조건 좋은 것은 아니다. 이럴 때 "맞아, 내 생각에도 네가 확실히 좀 모자라는 것 같아" 이렇게 동의를 하는 것은 공격이고, 오히려 "무슨 그런 말을 다 하니? 네가 모자라긴 어디가 모자라?"와 같이 더 강하게 부정해 주는 것이 선호적인 말이 된다.

선호적인 말만 하면 듣는 사람은 좋아하겠지만, 살면서 선호적인 말만 할 수는 없다. 비선호적인 말을 해야 할 경우는 어떻게 해야 할까? 상대방이 좋게 생각하는 선호적인 말을 할 때는 편하게 나오는 대로 말해도 되지만, 비선호적인 말을 할 때는 훨씬 더 세심한 배려가 필요하다.

예를 들어서 "내일 모임에 좀 나오실 수 있으세요?"라고 물었을 때 나갈 수 있으면, "예, 그러죠"와 같이 짧게 말해도 아무 문제가 없다. 그렇지만 나가지 못할 경우에 "아니요", "아뇨, 못 가는데요"와 같이 말을 하면 오해가 생길 수 있다. 비선호적 말은 상대방이 가지고 있는 기대와 어긋나는 것이기 때문에 상대방에게 직접적으로 말하는 것은 공격으로 받아들여질 수 있기 때문이다. 비선호적인 받는 말을 직접적이고 즉각적으로 표현하는 것은 매우 당돌한 느낌을 주고, 상대방의 체면을 손상시키는 일이 된다. 따라서 이런 심리적 부담감을 언어적으로 표현해야 할 필요가 있다.

비선호적인 말은 일반적으로 뜸들이기-머뭇거리기-사과나 감사하기-변명하기-거절/반대/사양하기의 단계로 되어 있다. 뜸들이기는 말을 시작하기 전에 시간을 좀 끌면서 뜸을 들이는 단계이다. 2단계인 머뭇거리기는 '글쎄, 어~, 저~'와 같이 머뭇거리는 말을 사용하고, 3단계인 사과나 감사하기는 "대단히 죄송한데요", "말씀해 주셔서 감사합니다"와 같이 사과나 감사의 표현을 하는 것이다. 4단계인 변명하기는 "제가 내일 다른 약속이 있어서"와 같이 이유에 관해서 세심하게 변명을 하는 것이고, 5단계인 거절하기는 "못 나가요"가 아니라 "나가기가 좀 어려울 것 같아요"와 같이 부드러운 표현으로 약화시켜서 사절의 뜻을 나타내 주는 것이다. 따라서 다섯 단계를 거치는 말은 "(침묵 2초) 저~ 대단히 죄송한데요, 제가 내일 다른 약속이 있어서 나가기가 좀 어려울 것 같아요"와 같이 길어질 수밖에 없다. 그런데 말의 길이는 상대방에 대한 공손함과 비례한다. 다음 예를 살펴보자.

•예시

빨리 가.

빨리 가요.

빨리 가세요.

빨리 가십시오.

빨리 가시겠습니까?

빨리 좀 가주시겠습니까?

빨리 좀 가주실 수 있으십니까?

죄송하지만 빨리 좀 가주시면 감사하겠습니다.

이렇게 보면 말의 길이에 따라 공손한 정도가 달라진다는 것이 한 눈에 드러난다. 상대방이 가지고 있는 힘이나 상대방에게 주는 부담의 크기, 상대방과의 사회적 거리에 따라서 어떤 표현을 선택할 것인지가 결정되지만, 표현이 길어질수록 공손한 느낌도 커진다.

집에서 가족들에게 물을 달라고 할 때도 "물 줘"에서부터 "물 줘요", "물 좀 줘요", "물 좀 주세요", "물 좀 주실래요", "물 좀 주시면 좋겠어요"에 이르기까지 다양한 표현이 있다. 평소 사용하던 말보다 조금씩만 더 긴 표현으로 바꾸어도 집안 분위기가 많이 달라질 수 있다.

그런데 긴 표현을 사용하면 조금 멀어진 것 같은 느낌이 들 수도 있다. 가까운 사이에서는 쉽고 편하게 말하고 싶기 때문에 이렇게 말하는 것도 어렵고, 듣는 사람도 왜 갑자기 저렇게 말할까 이상하게 생각할 수도 있을 것이다. 그래도 좋은 관계, 가까운 관계를 지속하기 위해서는 서로에 대한 예절이 꼭 필요하다.

서로 상처를 받았다고 말하는 걸 들어 보면 아주 사소한 말인데도 자기를 무시했다고 받아들이고 서운해 하는 경우가 얼마나 많은가? 상대방이 속이 좁다거나, 그렇게 받아들이리라고는 생각도 못했다거나 하는 말을 하면서 상대방의 잘못인 것처럼 말하지만, 사실은 가깝다는 생각에 예의를 지키지 못한 나의 잘못이 더 큰 것이라는 점에서 조금 멀리 느껴지더라도 가까울수록 예절을 지키는 것이 절실하다.

상대방이 어떤 말을 하면 동의하고 맞장구치는 것이 더 선호적이겠지만, 동의하지 않을 때는 이렇게 말하는 것이 좋을까? 이럴 때는 "그 생각도 일리가 있는데…"와 같이 형식적인 동의 표시를 한 다음에 "내 생각에는 이렇고 저런 것 같아요" 하는 식으로 대립되는 의견을 제시하는 것이 동의하지 않는다는 것을 직접적으로 표현하는 것보다 훨씬 더 좋은 표현이 된다. 이와 함께 '잘은 모르겠지만', '꼭 그런 건 아니지만' 등과 같이 자기주장을 좀 약화시키는 표현을 하는 것도 좋은 방법이다. 상대방과 대립하겠다는 생각을 가진 경우가 아니라면 직접적으로 단호하게 반대되는 견해를 나타낼 필요가 없다.

주는 말에 대해서는 가능하면 선호적인 받는 말을 선택하는 것이 좋다. 그리고 비선호적 말을 할 때 직접적이고 즉각적으로 표현하는 것은 매우 당돌한 느낌을 주고 상대방의 체면을 손상시키는 일이 된다는 것 기억해야 한다. "싫어요", "못 해요", "그게 아니라고요" 하는 말들은 그 자체가 비선호적인 말이다. 이런 말을 주저하거나 간접화하지 않고 직접적으로 표현하는 것은 솔직하고 꾸밈없는 것이라고 자신을 수식할 일이 아니다. 이건 상대방에게 도전하는 공격적인 행위로 받아들여진다는 점을 생각해야 한다. 말을 잘하려면 때로는 간단한 말도 장황하게 하고, 똑떨어지게 말할 수 있다 하더라도 어눌한 말로 돌려 말할 수 있어야 한다. 이것은 상대방의 관점을 헤아리는 마음 때문이다. 대화는 그 사람의 인격을 반영하는 것이고, 대화의 연습은 인격의 수양과도 연결되어 있다.

화제 이어가기

일반적으로 대화는 시작부와 중심부, 그리고 종결부로 조직되어 있다. 시작부는 대화의 통로를 여는 부분이고, 중심부는 이야기하고자 하는 내용을 주고받는 부분이며, 종결부는 대화의 통로를 닫는 부분이다. 미리 화제를 정해 놓고 대화를 하는 사람은 거의 없다. 우리는 대화를 해 나가면서 목적이나 대상, 상황 따위에 맞추어 화제를 이끌어 가게 된다. 서로 잘 아는 사람끼리는 공통 화제를 찾아서 이야기하는 것이 어렵지 않지만, 처음 만나는 사람이라면 어떤 말로 시작을 해야 할지 고민이 되게 마련이다.

이런 경우에는 공통의 관심사를 찾아내기 위한 노력이 필요한데, 대체로 날씨나 건강, 음식, 취미 등과 같이 가벼운 화제를 꺼내면 서로 부담 없이 이야기를 주고받을 수 있게 된다. 처음 만나서 정치나 종교와 같이 논쟁거리가 될 만한 화제를 꺼내거나, 인생관이나 가치관과 관련된 깊이 있는 화제를 꺼낸다면 분위기가 매우 어색해질 것이다. 또한 처음 대화를 나눌 때는 어조를 경쾌하게 유지하는 것이 무엇보다 중요한데, 언어학자인 새뮤얼 하야카와는 처음 만나서 상대방에게 긍정적인 대답을 3번만 유도해낼 수 있다면 성공적인 인간관계를 맺어 갈 수 있다고 말했다.

대화를 잘 못하는 것이 단순히 화젯거리가 없어서일까? 일상생활에서 일어나는 모든 일들을 비롯해서 우리가 경험하고 생각하는 모든 세계가 대화의 화제가 될 수 있기 때문에 화제는 무한하다. 그 분야에 대해서 어느 정도의 지식만 있으면 화제로 끌어들이는 것은 어렵지 않다.

그러나 대화의 화제를 선택하기 위해서는 제일 먼저 말하는 상황을 고려해서 그 상황에 적절한 것을 선택해야 한다. 상황을 만드는 요소는 시간과 장소이다. 이른 아침에 해도 좋은 말이 있고, 그렇지 않은 말도 있으며, 장례식장, 결혼식장, 식당, 회사 등 그 장소에서 할 수 있는 말이 있고, 그렇지 않은 말이 있다. 결혼식장에 가서 신랑이 이전에 사귀던 여자에 관한 이야기를 한다거나, H카드를 판촉하려는 친지에게 S카드가 얼마나 좋은지에 대해 이야기하는 것과 같이 상황을 고려하지 않은 화제는 매우 곤란하다.

둘째, 관계의 깊이에 맞는 화제를 선택해야 한다. 낯선 사람에게 자신의 사생활을 장황하게 말한다거나 친구나 가족의 약점에 관해 이야기하는 것과 같이 관계를 고려하지 않은 화제는 적절하지 않다.

셋째, 화제는 대화 참여자들이 잘 알 수 있고 흥미를 가질 수 있는 내용이어야 한다. 자신도 잘 모르는 이야기를 화제로 삼거나, 상대방이 잘 모르는 이야기를 화제로 제시하면 대화가 지속되기 어렵다.

넷째, 상대방이 관심을 가지는 내용을 화제로 삼아야 한다. 상대방은 관심도 없는데 일방적으로 같은 화제를 지속하는 것은 대화의 장애 요소가 된다.

•대화 1

동준 너 어느 고등학교 나왔니?

경민 서초고.

동준 차태현도 너네 학교 나왔지?

경민 차태현이 누군데?

동준 유명한 영화배우잖아?

경민 몰라. 난 그런 건 잘 모르고, 관심도 없어.

동준 차태현이 얼마나 유명한데, 그 사람 한번 지나가면 동네가 떠들썩
해. 연기도 얼마나 잘한다고. 너 〈엽기적인 그녀〉 안 봤어?

경민 제발 좀 그만 해. 난 영화 같은 거 관심 없어.

이 대화는 상황과 관계는 고려해서 화제를 선택했지만, 상대방이 잘

모르고 관심이 없는 화제를 선택해서 잘 이어지지 않게 되고 말았다.

두 사람이 같은 화제에 대해 이야기를 한다는 것은 구체적인 것에 대해서 이야기할 때는 두 사람이 같은 일이나 동일한 지시물에 대해 이야기하는 것, 다시 말해 공지시성(co-referentiality)을 갖는 것이고, 추상적인 것에 대해 이야기할 때는 같거나 관련된 개념에 관하여 이야기하는 것, 즉 공유된 개념을 갖는 것을 말한다. 일단 하나의 화제가 이야기되는 동안에는 다른 화제를 끌어들이면 안 된다는 '화제 제약조건'이 적용된다. 따라서 화제를 비약시키면 대화의 결속력이 깨뜨려지기 때문에 지금 이야기되고 있는 화제와 무관한 다른 화제를 자꾸 끌어들이면 형편없는 대화가 되고 만다.

만약 다른 화제로 바꾸고 싶다면, 지금 이야기되고 있는 화제와 자기가 도입하려는 화제의 공통부분을 발견하여 거기에서부터 이야기를 끌고 나가야 자연스러운 결속력을 가질 수 있다. 예를 들어 친구는 지금 선생님에 대해 이야기하고 있는데, 자신은 오늘 새로 산 차에 대해 이야기하고 싶다면, [선생님]과 [차]라는 화제를 묶어서 "그 선생님 차 있어? 뭔데?" 하고 선생님의 차에 관해 물어본 다음, "사실은 나도 오늘 차를 한 대 샀어" 하고 내가 산 차에 관한 이야기를 꺼내면 된다. 이런 방식으로 공통부분을 이용하여 이야기되던 화제를 중심으로 화제가 조금씩 변해 가는 것을 '화제의 전이(Topic Transition)'라고 한다.

이와는 달리 앞서 이야기되던 화제와 전혀 관련이 없는 화제로 옮아가는 것을 '화제의 전환(Topic Change)'이라고 한다. 이때 재치 없이 무리하게 화제를 바꾸려고 시도해서는 안 되며, 너무 급박하게 화제를 전환시켜서는 안 된다. 또, 다른 사람들이 이야기하고 있는 화제에 더 이상

관심이 없다고 하더라도 다음 화제로 넘어가자고 강요해서도 안 된다.

그러나 아무리 좋은 화제라고 해도 언젠가는 이야기가 바닥날 때가 오게 된다. 이 시점에 화제 전환이 이루어지는 것이 좋은데, 화제에 대하여 이미 충분히 이야기되었고, 화제를 지속해 갈 만한 새로운 내용이 없는 것 같고, 진행중인 화제에 대해 구성원들이 더 이상 관심이 없다고 느껴지는 때이다. 이 시점에서는 흥미도 줄어들고, 순서 교대도 잘 이뤄지지 않아 많은 사람들이 지루해 하는 것이 보통이다. 이 경우가 아니라도 참여자 중 한 사람이 상황과 관계에 맞지 않는 화제를 꺼내서 전체 분위기가 어색하게 되는 경우에도 진행 중인 화제를 전환할 필요가 있다.

• 대화 2

민지　요즘 애들 왜 이렇게 이혼을 쉽게 해?

다솜　(경애 눈치를 보며) 그럴 만한 이유가 있겠지, 뭐.

민지　그럴 거면 결혼은 왜 해? 결혼이 장난이야?

다솜　장난이라 생각했겠어? 그나저나 네 동생 언제 한국에 오니?

민지　응, 올 6월이면 들어와.

다솜　경애야, 네 동생도 지금 외국 나가 있지?

경애　응, 경미는 아직 올 계획이 없어.

대화 참여자 가운데 경애는 이혼을 했는데, 민지는 이혼에 대한 화제를 도입해서 분위기가 어색해지자, 다솜은 동생이라는 화제를 도입해서 화제전환을 시도한다. 이렇게 화제를 전환할 때는 반드시 화제를 바꾼다는 신호를 보내는데, 일반적으로 '그러나저러나', '그나저나', '하여튼', '어쨌든', '아니 근데' 등과 같은 말을 사용한다.

화제가 끊어졌을 때 "왜 말 안 해? 더 할 말 없어? 그럼 분위기가 썰렁한데 화제를 좀 바꿀까?" 하는 식으로 말을 하면 분위기는 그야말로 썰렁해지게 된다. 갑자기 한 사람이 대화의 사회자로 나서게 되는 격이어서 자연스럽게 대화하는 분위기가 깨지기 때문이다. 이럴 때는 그냥 갑자기 다른 화제가 떠오른 것처럼 자연스럽게 말을 시작하는 것이 좋다. "아니 근데, 요즘 태현 씨는 뭐하고 지내요?" 이렇게 말하면 자연스럽게 화제가 태현 씨에 관한 것으로 넘어가게 된다.

말을 끝맺는 종결부는 어떤 종류의 대화에서도 가장 민감하게 결정해야 하는 부분이다. 지나치게 서둘러서 마무리하는 것이나, 지나치게 질질 끌어가는 것은 대화 참여자 모두에게 바람직하지 못하기 때문이다. 특별한 경우가 아니라면 대화를 시작한 사람이 대화를 맺는 것이 일반적이다. 이럴 때는 먼저 앞의 내용을 정리하거나, 상대방 가족에게 안부를 부탁하는 것과 같이 대화가 끝나간다는 것을 암시하는 말로 화제를 마무리한다.

이때 어느 한 쪽이 동의하지 않고 새로운 화제를 꺼내면 대화는 종결되지 않고, 다시 반복되어야 한다. 그 화제가 끝난 다음에는 "그래", "좋아", "알았어" 등과 같이 종결을 준비하는 표현이 서로 오고 간다. 이때 보통 같은 말을 서로 주고 받아서 "그래-그래", "알았어-알았어", "응--응"과 같은 유형으로 나타나는데, 이것은 상대방에게 혹시 보류된 말이 있으면 하라는 신호로 해석되어서 대화를 맺는 것에 대한 상호 동의가 이루어지는 부분이다. 이 다음에 서로 마무리하는 인사를 교환하는 것이 전형적인 대화의 종결 방식이다. 그러나 실제 대화에서는 상황이나 관계에 따라 수많은 변이형들이 있으며, 서로에게 수용될 수만 있다면 큰 문제없이 마무리될 수 있다.

지금까지 살펴본 것처럼 우리가 일상적으로 나누는 대화에도 시작하고 끝맺는 묵시적인 지침들이 있다. 이런 것들이 서로 공유되지 않을 때 함께 이야기하는 것이 거북하고 불편하게 느껴지게 되며, 인간관계도 깊어지기 어렵다. 모두 즐겁게 이야기할 수 있는 화제를 몇 가지 준비해 두는 것은 자신에 대한 좋은 인상을 심어주고, 대화 참여자 모두에게 활력을 줄 수 있는 좋은 방법이다. 이런 방법을 연습하는 것은 내가 대화의 주인공이 되어 나를 드러내기 위해서가 아니라, 나와 함께 대화를 나누는 사람들을 배려하고, 함께 나누는 대화가 서로에게 즐겁고 유익하게 받아들여지기를 바라는 마음 때문일 것이다.

센스 있는 대화

내 말은 그게 아니야

부드럽게 돌려 말하기

정중하게 말하기

체면 세워주기

나-전달법, 너-전달법

뭐라고 부를까?

말로 대접하는 방법

높여서 대접하는 어휘

공감하며 듣기

part 3

센스 있는 대화

내 말은 그게 아니야

재혼을 하려는 사람들에게 어떤 배우자를 원하는지 물었더니 "말이 통하는 사람과 살고 싶다"는 답이 가장 높게 나왔다는 설문조사 결과가 있다. 우리는 한국말을 알기 때문에 한국말로 이야기하는 것은 다 이해할 수 있다고 생각한다. 그러나 문장의 의미를 이해할 수 있다고 해서 그 말을 이해할 수 있는 것은 아니다.

어떤 사람이 "이 차 댁의 거예요?"라고 말을 했다고 가정해 보자. 이 말은 의문문으로 상대방에게 무엇에 관해 묻고 있으며, 상대방의 대답을 기다리고 있는 것이며, 물음의 내용은 여기에 있는 차가 상대방의 것인지에 관한 것이다. 그러나 그런 의미를 파악했다고 해서 원만하게 대화를 이끌어 갈 수 있는 것은 아니다. 중요한 것은 상대방이 지금 여기서, 왜 그러한 말을 했는가 하는 의도를 파악해야 하기 때문이다. 이 말에 의도된 의미는 무엇일까? 어떤 경우는 차가 너무 멋있어서 감탄하는 말일 수도 있고, 반대로 너무 더러워서 나무라는 말일 수도 있다. 또는 아무 곳에나 불법 주차를 해 놓아서 불평하는 말일 수도 있고, 좀 태워다 달라는 간접 요청일 수도 있다. 따라서 이 말의 의미는 감탄, 질책,

불평, 요청 등 아주 다양할 수 있다.

"편집부가 어딘지 아세요?"라는 말을 듣고 "네, 알아요" 하고 지나치는 사람은 없을 것이다. 물론 문장의 의미로만 본다면 의문문에 대해 답을 한 것이어서 틀린 것은 아니지만, 이 말의 의도는 편집부가 어디에 있는지를 묻고 있는 것이기 때문에 "네, 오른쪽 코너 돌아서 두 번째 방입니다"라고 자신이 알고 있는 정보를 제공해 줄 것이다. 이렇게 보면 의도된 의미를 아는 것이 매우 간단한 일인 것처럼 생각된다. 그러나 막상 대화를 할 때는 상황이 좀 달라진다.

• 대화 1

아내 지금이 몇 시인데 이제 들어와요?

남편 12시밖에 안 되었네요.

아내 기다리는 사람은 생각도 안 해요?

남편 그럼, 밖에 있는 사람 입장은 생각해 봤어요?

이 대화가 언쟁으로 바뀐 것은 의도를 생각하지 않고, 의미에 반응했기 때문이다. 아내가 몇 시인데 이제 들어 오냐는 말은 지금이 몇 시인지를 묻고 있는 것이 아니지만, 남편은 12시라는 시간으로 대답을 한다. 이 상황에서 남편이 아내가 왜 그 말을 했는지 의도를 생각했다면 대화는 전혀 다른 방식으로 진행이 되었을 것이다.

• 대화 2

아내 지금이 몇 시인데 이제 들어와요?

남편 많이 기다렸나 보네요. 일찍 오려 했는데 상황이 그렇지 못했어요.

아내 기다리는 사람은 생각도 안 해요?

남편 아직도 마음이 안 풀리나 보네요. 다음엔 더 노력할 테니 마음 풀어요.

이렇게 의도된 의미에 반응을 하면 소모적인 논쟁을 하지 않고, 대화는 훨씬 본질에 가깝게 다가갈 수 있다. 일단 낱말과 문장의 의미를 통하여 지금 한 의미를 파악할 수 있는 사람이라면, 다양한 대화에서의 쓰임이나 사회적 쓰임들을 구별해 내는 것이 어려운 일은 아닐 것이다. 이론적으로 말하자면 대화에서 사용되는 의도는 가능한 여러 가지 의미 가운데서 주어진 상황에 가장 적절한 것이다. 대화를 할 때 이루어지는 생각은 맥락에 의존하고 있으며, 맥락 안에서 움직인다. 따라서 말하는 사람이 의도하는 의미를 파악하기 위해서는 반드시 맥락을 고려하여야 한다.

• 대화 3

경숙 지금 곧 이리로 다시 와 줄 수 있어요?

인호 저, 오늘 천안 가야 하는데요?

경숙 그럼 목요일은 어때요?

이 대화에 나타난 맥락은 어떻게 추정할 수 있을까? 먼저, 이 대화가 이루어진 시간은 목요일이 아니라는 것을 알 수 있다. 뿐만 아니라 목요일이라는 어휘를 사용한 것으로 미루어 이 대화가 목요일 바로 전인 수

요일이나 화요일에 이루어진 것도 아니라는 것을 가정할 수 있다. 만약 그랬다면 화자가 '내일'이나 '모레'라는 낱말을 사용했을 것이기 때문이다. 더 나아가 경숙이가 말하고 있는 장소는 천안이 아니고, 경숙이는 인호에게 요청을 할 수 있는 위치에 있다는 것 등을 파악할 수 있다. 따라서 대화에 참여한 사람들 사이의 시간적, 공간적, 사회적 관계, 말을 나누기 위해 필요한 믿음과 의도를 추정할 수 있는 맥락과 관련된 가정들을 이해하지 못하면 의도에 반응하며 대화를 이끌어 나갈 수가 없다.

맥락이란 이미 주어진 것만이 아니라 대화의 이해과정 전반에 걸쳐서 탐색되고 선택되는 것이다. 따라서 많은 가능성 가운데서 가장 적합한 하나의 맥락을 선택하는 것이 무엇보다 중요하다. 논리적으로는 어떤 맥락이라도 선택하는 것이 가능하지만, 성공적인 의사소통의 바탕이 되는 것은 말하는 사람이 의도하고, 기대하고 있는 맥락을 선택하는 것이다. 말하는 사람은 자기 말이 어떤 특정한 방식으로 해석되기를 바라고 있으며, 상대가 그런 해석을 가능하게 해 주는 맥락을 찾아낼 능력이 있다고 기대한다. 따라서 말하는 사람이 가정한 맥락과 듣는 사람이 실제로 활용한 맥락이 일치되지 않으면 오해가 생길 수 있다.

• 대화 4

진경 커피 한 잔 할까?

진수 커피 마시면 잠 안 오겠지?

진경의 질문에 대한 진수의 대답은 어떤 의도일까? 여기서는 두 개의 맥락을 추정할 수 있다. 하나는 잠을 자기 위해 커피를 마시지 않겠다

는 맥락이고, 또 다른 하나는 잠을 자지 않기 위해서 커피를 마시겠다는 맥락이다. 이 경우 맥락을 파악하는 것은 의도를 파악하는 것과 일치한다. 진수가 가정했던 맥락이 잠을 자기 위해 커피를 마시지 않겠다는 것이고, 진경이도 그 맥락으로 이해하고 진수에게 커피를 주지 않으면 아무런 문제가 없다. 그러나 진수는 잠을 자기 위해 커피를 마시지 않겠다는 맥락에서 말했는데, 진경이는 잠을 자기 않기 위해 커피를 마시겠다는 맥락으로 받아들인다거나, 반대로 진수는 잠을 자기 않기 위해 커피를 마시겠다는 맥락에서 말했는데, 진경이는 잠을 자기 위해 커피를 마시지 않겠다는 맥락으로 받아들이면 오해가 발생하게 된다.

초면의 대화가 아니라면 대화를 나누고 있는 사람들은 이미 공유하고 있는 지식(상호공유지식)이 있게 마련이다. 이러한 지식들은 맥락을 가정하거나 받아들이는 데 있어서 서로 공유될 수 있다. 그래서 진경이는 아마도 진수가 불면증 때문에 고생하고 있다(그래서 잠을 자기 위해 커피를 마시지 않겠다는 맥락을 가정한다)거나, 진수가 요즘 할 일이 많아서 밤을 새우며 일을 해야 한다(그래서 잠을 자기 않기 위해 차를 마시겠다는 맥락을 가정한다)는 것에 대해 서로 공유된 지식을 가지고 있으면, 이를 통해 오해를 피할 수 있다.

그러나 이와 같이 상호공유지식이 없는 상황이라면 그때는 말을 듣는 사람이 맥락을 확인하는 것이 좋은 방법이다. 따라서 대화의 길이가 더 길어지더라도 어떤 맥락을 가정하고 있는지 질문을 덧붙여야만 한다.

• 대화 4

미정 이 옷으로 살까?

연희 구슬 장식이 있네.

미정 구슬 장식이 싫어?

연희 아니, 구슬 장식이 있어서 마음에 들어.

미정 아, 그럼 이걸로 사면 되겠구나.

미정이는 연희가 구슬 장식을 좋아하는지 어떤지에 관해 공유하고 있는 지식이 없다. 따라서 '구슬 장식이 있어서 마음에 들지 않는다'라는 맥락과, '구슬 장식이 있어서 마음에 든다'라는 맥락 가운데 어떤 쪽을 선택할지 모르는 상태이다. 이 경우 마음대로 맥락을 결정하면 오해를 불러일으키게 되므로, 미정이는 다시 한 번 두 가지 가운데 어떤 맥락이 적절한지를 물어서 연희의 의도를 파악하고 있다.

우리는 대화를 나눌 때 미리 대화의 구조나 내용을 결정하지는 않는다. 그럼에도 불구하고 실제 대화를 분석해 보면 어떤 화제들과, 그 화제를 이루고 있는 이야기들로 짜여 있음을 발견하게 된다. 이것을 대화가 가지고 있는 결속성(coherence)이라고 한다. 글로 쓰여진 문장과는 달리 대화를 나눌 때는 어느 정도 문법에 어그러지거나, 논리적 구조에 맞지 않아도 전체적 맥락을 잡는 것에만 장애가 되지 않으면 용인되는 관용성(tolerance)을 갖는다. 이러한 전체적 맥락이 결속성을 형성하기 때문이다.

사실 우리는 자기 마음속의 의도를 잘 표현할 줄 모른다. 그래서 가족들이 늦은 시간까지 연락도 없이 안 들어오면 사랑하는 마음 때문에 가슴 졸이며 염려하다가도 막상 들어오면 "넌 도대체 왜 이렇게 늦게까지 싸돌아다니는 거야?" 하는 말을 내뱉는다. 겉으로는 거칠고 험한 말일지라도 속에 숨은 의도는 전혀 그렇지 않을 수도 있다. 따라서 표현 자체의 의미에 머물지 않고, 그 속에 있는 의도를 들어주는 것이 중요하다. 그러나 자기가 이기고 싶은 상황에서 사람들은 보통 의도를 찾기보다는 지금 한 말의 의미에 집착하게 된다. "내 말은 그게 아니었어"라고 말하는 사람에게 "조금 전에 분명히 그렇게 말해놓고 왜 이제 와서 딴소리야?" 하는 식의 말을 하고 싶을 때는 그 상황에서 내가 이기고 싶다는 심리가 작동하는 것은 아닌지 헤아려 볼 필요가 있다. 이런 말로 의도에 접근하는 것 자체를 막아서기보다는 상대방의 의도를 알기 위해 열린 마음으로 대화를 하는 것이 불필요한 언쟁으로 관계가 소원해지는 것을 막을 수 있는 방법이다.

부드럽게 돌려 말하기

사람들은 대화를 통해 무엇을 하고 있을까? 현대 철학자와 사회학자들 가운데 일부는, 대화를 사람의 행동이라는 관점에서 연구하였다. 사람들이 살아가는 사회는 본질적으로 질서 정연하고, 사회에서의 상호작용이나 행동의 패턴도 규칙적이고 체계적이기 때문에 사람들을 대화라는 행동을 통해서 무언가 규칙적이고 체계적인 행위를 하고 있다는 것이다.

대화를 통해서 하는 행동이라면 아마도 많은 사람들이 제일 먼저 정보를 전달한다는 것을 떠올릴 것이다. 물론 우리는 생각이나 감정을 다른 사람에게 전달하기 위해서 대화를 한다. 그러나 그뿐만 아니라 대화를 통해서 친교적인 행동도 한다. 이것은 동물들에게 있어서는 서로의 털을 쓰다듬어 주는 것과 같은 행동으로 나타나는 것이며, 친교적인 행동의 대화를 많이 사용하는 사람은 '인사성이 밝다', 또는 '예의 바르다'라고 평가받기 때문에 인간관계에 있어 훨씬 더 유리한 점이 있다.

친교적인 행동과 정반대에 있는 것이 바로 대화를 사용해서 지시하고 명령하는 행동이다. 지시나 명령은 자신은 말만 하는 데 비해 상대방은 움직임을 수반하는 행동을 하게 만드는 것이기 때문에 상당히 부담이 큰 대화 유형이다. 그러나 대화를 하면서 명령의 기능을 사용하지 않으면 안 될 경우가 종종 있다. 불이 났을 때와 같은 긴급상황에서는 아무리 나이가 많고 지위가 높은 사람에게라도 "빨리 대피하세요"라고 직접 명령을 하지 않을 수 없다. 이런 상황에서 "어르신, 대단히 죄송하지만 밖으로 좀 나와 주실 수 있으시겠습니까?"와 같이 말한다면 오히려 부적절한 코미디가 되고 만다.

그러나 이런 긴급상황이 아닌 경우에도 직접적인 명령을 사용하는 경우는 많이 있다. 예를 들어 부모와 자녀 사이에 이루어지는 대화를 생각해 보면, 부모가 자녀에게 하는 대화의 대부분이 부모의 일방적인 명령이라는 것이다. "빨리 일어나", "밥 먹어", "학교 가", "숙제해" 등이 모두 명령인 것에서도 쉽게 알 수 있다. 직장에서도 다른 사람에게 지시를 해야 할 경우가 자주 생긴다. 사람마다 업무를 지시하는 방법이 다르고, 상대가 누구냐에 따라 달라지는데, 가장 극단적인 방법이 무뚝뚝하고 강한 어조로 명령을 하는 것이다. 직장 안에서는 직접적인 명령이 적절하다고 생각하는 사람도 있지만, 부담스럽게 생각하는 사람도 있다.

명령을 좀 더 부드럽게 표현할 수 있는 방법은 없을까? 이럴 때 사용할 수 있는 것이 간접대화이다. 이것은 명령이나 지시를 나타내는 말을 질문이나 서술로 바꾸어 표현하는 것이다. 예를 들어, 지금 방이 아주 더워서 문을 좀 열고 싶을 때 "문 열어요"라고 말하는 것은 직접대화로 명령의 의미를 담고 있다. 그러나 "문 좀 열어 주실 수 있으세요?"와 같이 질문으로 바꾸어 간접대화로 표현하면 말이 훨씬 부드러워지는 것을 알 수 있다. 이것보다 더 조심스럽게 표현할 수 있는 방법은 그냥 "아, 덥다"라고 진술만 하는 것이다. 그렇게 되면 상대방은 '저 사람이 지금 더워하고 있구나'라고 받아들이고 자신이 상대방을 위해서 문을 열어줄 것인지를 판단해서 문을 열어 주게 된다.

명령은 행동을 요구하는 것이지만, 이것을 질문으로 바꾸면 상대방의 대답만을 요구하는 형식이 되어 그만큼 상대방에게 선택의 폭을 넓혀 주게 된다. 또 이것을 진술로 바꾸면 표면적으로는 상대방에게 요구하는 것이 없기 때문에 부담을 많이 줄여 주는 표현이 되는 것이다. "밥 줘요"(명령), "밥 좀 줄래요?"(질문), "아~ 배고프다"(진술)의 경우도 마찬가지이다.

• 대화 1

엄마 너 지금 뭐하는 거야?

아들 무한도전 봐요.

엄마 텔레비전 그만 보고 공부해.

거의 일상적으로 이루어지고 있는 이런 대화를 부드럽게 돌려 말하면 어떻게 될까?

• 대화 2

엄마 우리 아들. 지금 뭐 할 시간이니?

아들 왜요?

엄마 엄마가 책상에 연필 깎아 두었다.

이렇게 돌려 말하면 대화하는 분위기나 상대방과의 관계가 나빠지지 않고 원하는 목적을 이룰 수 있다는 장점이 있다. 직장에서도 "이거 복사 좀 해 와" 대신에 "이거 복사 좀 해 줄 수 있어요?", "지금 난 이걸 해야 하는데 급하게 복사할 게 있네, 어쩌나" 하는 식으로 직접적인 명령을 간접대화로 표현하면 한층 더 부드러워지고, 상대방을 배려하는 마음으로 대화를 나눌 수 있게 된다. 그러나 간접대화가 늘 효과적인 것은 아니다. 대화 양식에 따라 받아들이는 것이 달라지기 때문이다.

· 대화 3

아내 아, 저기 안성 휴게소가 있네요.

남편 그러네.

아내 뭘 좀 마시고 싶지 않아요?

남편 아니.

아내 좀 쉬었다 운전하시는 게 좋지 않겠어요?

남편 괜찮아.

아내는 휴게소에서 쉬고 싶은 마음이 크지만, 운전을 하고 있는 남편에게 미안한 마음도 있어서 조심스럽게 간접대화를 한다. 그러나 남편은 이런 아내의 마음을 전혀 헤아리지 못한다. 아내는 자신의 요청이 받아들여지지 않아서 기분이 상하지만, 남편은 그럴 수 있는 가능성조차 생각하지 못한다. 왜냐하면 남편이라면 쉬고 싶을 때는 "좀 쉬었다 가요"라고 말했을 것이고, 아내가 쉬었다 가자고 말했으면 기꺼이 쉬었을 것이기 때문이다. 나아가 남편은 아내가 솔직하지 못하다고 생각할 수도 있

다. 그렇기 때문에 부드럽게 돌려 말하는 간접대화는 자신이 의도한 바가 명확하게 전달되지 않거나, 목적을 이루지 못할 수도 있다는 약점을 가지고 있다.

일반적으로 남성보다는 여성이, 상급자보다는 하급자가 간접대화를 많이 하는 경향이 있다. 그래서 남성들은 여성들이 돌려말하는 것이 정확하게 판단하는 능력이나 표현력이 부족하기 때문이라고 오해를 하기도 한다. 이러한 간접대화의 역기능 때문에 모 항공사에서는 부기장이 기장에게 말하면서 간접적으로 말하는 것이 항공사고의 위험을 가져올 수도 있다고 판단해서 운항 중에는 서로 영어를 사용하도록 하기도 했다.

간접대화는 그 속성을 이해하고 거기에 익숙한 사람들에게는 매우 효과적이다. 언어학자 로빈 레이콥은 간접대화는 직접적으로 표현하지 않아도 서로 말이 통할 수 있다는 점에서 신뢰감이나 친밀감을 형성할 수 있고, 혹시 자신의 말에 대한 상대방의 반응이 부정적으로 표출되어도 자신의 견해를 바꾸거나 포기할 수 있는 여지가 있다는 점에서 효율적이라고 하였다.

지금까지 살펴본 것처럼 대화는 행동이다. 따라서 상대방에게 부담을 많이 주는 명령을 할 때는 질문이나 진술로 바꾸거나, 표현의 길이를 늘여서 간접대화로 표현하는 것이 좋다. 상대방의 입장을 배려하고 체면을 손상시키지 않기 위해서는 직접적인 지시나 명령은 돌려 말하는 것이 필요하다. 그러나 말의 유용성과 결함은 동전의 양면과도 같아서 간접대화가 항상 좋은 것만은 아니다. 호의를 가지고 돌려서 하는 말에 대해서 상대방이 이상한 반응을 보이면 너무 간접적으로 표현하고 있지는 않나 돌아보고, 자신의 의도를 좀 더 직접적으로 표현하려고 노력할 필요도 있다. 말을 통해 행동을 요구할 때는 서로 오해가 생기지 않도록 해야 하지만, 오해가 생기더라도 상대방의 표현 자체를 문제삼거나, 너무 심각하게 받아들여 서로의 관계에 무슨 문제가 있는 것처럼 몰고 가는 것은 바람직하지 않다.

정중하게 말하기

　　사람은 누구나 자기중심적이어서 자기를 기준으로 조금 다른 것에 대해서는 비난을 하고 싶어 한다. 그래서 나보다 말을 더 많이 하면 수다스럽고 경박하다고 하고, 나보다 말을 더 적게 하면 거만하고 사교성이 없다고 말을 한다. 이렇게 항상 나를 중심에 놓고 상대방을 평가할 때는 존중의 태도가 나오기 어렵다. 상대방의 개성도 존중하고 상대방이 좀 특이하게 보일지라도 그런 점들을 받아들이고 상대방의 관점에서 보려고 노력하는 마음이 있을 때 존중할 수 있게 된다. 자기중심의 기준을 떠나서 상대방이 갖고 있는 시각이나 관점을 수용한다는 것은 매우 어렵지만 중요한 일이다. 이해관계를 떠나 상대방의 존재 자체가 중요하다는 것을 마음으로 인정하게 되면, 그 사람을 대하는 표정이나 태도가 달라지고, 이렇게 관심과 호감을 표현하면 상대방은 존중받고 있다는 것을 느낄 수 있게 된다.

　그럼, 이런 존중하는 마음가짐이나 태도를 대화를 통해 전달하는 방법이 있을까? 가장 쉬운 방법은 상대방의 말을 열심히 들어주는 일이다. 누구나 자기 말을 들어주는 사람을 좋아하고, 자기가 말하고 있는데 말을 가로채면 무시당한 느낌, 존중받지 못하는 느낌이 들게 마련이다. 그렇기 때문에 상대방의 말에 공감하기 위해 집중해서 들을 뿐 아니라, 열심히 듣고 있다는 것을 보여주는 동작과 함께 적절히 맞장구를 치면서 들어주면 존중받고 있다는 것을 느끼게 된다.

들을 때뿐 아니라 말을 하면서 상대방을 존중하는 것도 매우 중요하다. 대화에 참여한 사람들끼리 공손하고 예절 바르게 말을 주고받는 것을 정중어법(Politeness Principle)이라고 한다. 정중어법은 한 마디로 상대방에게 정중하지 않은 표현은 최소화하고, 정중한 표현은 최대화하라는 것, 다시 말해 정중하지 않은 표현은 될 수 있으면 하지 말고, 정중한 표현은 가능한 한 많이 하라는 말이다. 영국의 언어학자인 제프리 리치는 정중어법을 이루는 원리를 몇 가지로 나누어서 설명하였다.

첫 번째는 요령의 원리(Tact maxim)이다. 이것은 상대방에게 부담이 되는 표현은 최소화하고, 혜택을 베푸는 표현은 최대화하라는 것이다. 상대방을 존중하는 요령은 상대방이 들고 있는 짐을 들어 주는 것처럼 부담은 줄여주고, 상대방이 필요로 하는 물건을 주는 것처럼 혜택을 베푸는 것이다. 이것을 말로 표현하는 것이 요령의 원리이다. 예를 들어 상대방과 저녁 때 같이 할 일이 생겼다고 가정해 보자.

- 예시1 이따 저녁 시간 비워 두세요.
- 예시2 혹시 이따 저녁에 잠깐 시간 좀 내주실 수 있으세요?

이럴 때 그냥 "이따 저녁 시간 비워 두세요"라고 말하는 것은 상대방의 사정을 전혀 생각하지 않고 일방적으로 명령하는 것이어서 상대방에게는 부담을 주는 것이다. 이 경우에 "이따 저녁에 잠깐 시간 좀 내주실 수 있으세요?"와 같이 말하는 것이 요령의 원리를 지키는 것이다. 여기서 '잠깐'이나 '좀' 같은 단어들은 부담의 양을 줄이는 표현이고, 행동을 요구하는 명령문인 '시간 비워 두세요' 대신에 대답만 요구하는 의문문인 '시간 좀 내 주실 수 있어요?'를 사용하니까 그만큼 부담이 줄어들게 된다. 게다가 '시간을 내 주다'라는 표현은 상대방이 나에게 혜택을 베푸는 형식의 표현이고, 여기에 '혹시' 같은 말을 붙여서 "혹시 이따 저녁때 잠깐 시간 좀 내실 수 있으세요?" 하는 식으로 말하면 실제가 아니라 가정하는 것이라는 점에서 상대방의 부담을 조금 더 줄여줄 수 있게 된다.

두 번째는 관용의 원리(Generosity maxim)인데, 이건 요령의 원리를 말하는 사람의 관점에서 본 것이다. 그래서 자신에게 혜택을 주는 표현은 최소화하고, 부담을 주는 표현은 최대화하라는 것, 그러니까 대화 상황에서 다른 사람이 지게 될 짐을 자신이 지라는 것이다. 예를 들어서 상대방이 하는 말을 잘 못 알아들은 상황을 가정해 보자.

- 예시1   좀 크게 말씀하세요.
- 예시2   제가 잘 못 들었는데, 다시 한 번 말씀해 주시겠어요?

이 상황에서 "왜 그렇게 소리가 작아요?"라거나, "좀 크게 말씀하세요"라고 말하는 것은 상대방이 말을 작게 해서 잘 듣지 못했다는 것을 전제로 하고 상대방한테 책임을 떠맡기는 것이다. 그래서 자신은 못 들은 것에 대한 책임이 없다는 혜택을 주고, 상대방에게는 부담을 주는 표현이다. 이럴 경우 "제가 부주의해서 잘 못 들었는데, 다시 한 번 말씀해 주시겠어요?"와 같이 말하면 못 들은 책임을 자신의 부주의 탓으로 돌려서 자신의 부담을 최대화하는 대신 상대방의 부담을 최소화하고 있다. 이렇게 자기 짐은 크게 하고, 자기에게 돌아오는 혜택은 최소화하는 것이 정중어법을 이루는 원리가 된다.

세 번째는 찬동의 원리(Approbation maxim)인데, 이것은 상대방을 비난하거나 트집을 잡는 표현은 최소화하고, 상대방을 칭찬하고 맞장구치는 표현은 최대화하라는 것이다. 예를 들어 강의를 듣고 나올 때 강의가 좋았으면 "강의가 아주 좋았습니다. 정말 잘 들었습니다"라고 말하는 것은 상대방을 칭찬하는 표현을 최대화해서 찬동의 원리를 지키는 것이다. 강의가 별로 좋지 않았을 때는 아무 말도 하지 않고 조용히 나오는 것이 비난하거나 트집 잡는 표현을 최소화하였다는 점에서 찬동의 원리를 지키는 것이 된다. 그러니까 비평이나 비난하는 말을 하는 것보다는 차라리 아무 말도 안 하는 것이 더 존중하는 것이라는 말이다.

네 번째는 겸양의 원리(Modesty maxim)이다. 이것은 찬동의 원리를 말하는 사람의 관점에서 보는 것으로 자신을 높이는 말은 최소화하고, 낮추는 말은 최대화하라는 것이다. 그러니까 누가 "선생님, 강의가 정말 명쾌하면서도 깊이가 있네요. 감동적으로 들었습니다"라고 말하면 "아닙니다. 정말로 과분한 칭찬이십니다"라고 말하는 것처럼 칭찬에 대해서는 그것을 부정함으로써 겸양의 원리를 지키고 있다. 그런데, 칭찬을 받으면 좀 쑥스러우니까 보통 "천만에요, 별 말씀을 다 하십니다", "당치 않은 말씀입니다"와 같이 부정하는 말을 하게 되는데, 이것도 겸양의 원리를 지키는 것이다. 우리나라나 일본에서는 자신을 칭찬하는 말을 들으면 그 말을 부정하는 것이 겸양의 격률을 지키는 것이지만, 서양에서는 칭찬을 해주면 감사하면서 받아들이는 것이 일반적이다. 지나치게 부정하다 보면 상대방의 마음을 상하게 할 수도 있으니까, "많이 부족한데, 그렇게 잘 들어주셔서 감사합니다" 하는 정도로 표현하는 것도 좋은 방법이 된다.

다섯 번째는 동의의 원리(Agreement maxim)이다. 이것은 상대방하고 일치하지 않는 표현은 최소화하고, 상대방하고 일치하는 표현은 최대화하라는 것이다. 우리는 누구나 의견이 일치되는 것을 더 좋아한다. 그런데 아무리 가까운 사람들끼리라도 언제나 의견이 일치되는 것은 아닌데, 어떻게 동의의 원리를 지킬 수 있을까? 물론 항상 의견이 일치될 수는 없다. 그렇지만 의견이 일치되지 않는 것이 대립인 것처럼 생각하는 것은 잘못이다. 의견이 일치되지 않는다고 "그게 아니지"라거나 "그렇게 말하면 안 되지, 어떻게 나랑 정반대로 생각하니?"와 같이 의견이 일치되지 않는다는 것을 강조해서 말할 필요는 없다는 말이다. 게다가 "그렇게밖에 생각 못해?" 하는 식으로 비난까지 포함된 반응을 하는 것은 대립을 표면화시키는 것이다. 이보다는 먼저 동의를 해서 상대방하고 같다는 것을 강조하고 그 다음에 일치하지 않는 내용을 전달하는 것이 동의의 원리를 지키는 것이다. 그러니까 "그 점에 대해서는 나도 동감이야, 그렇지만 이건 이렇게 되는 것이라고 생각해" 하는 식으로 동의의 원리를 지켜 말하면 불일치하는 내용도 대립 없이 전달할 수 있다.

• 대화 1

김 과장   이 책장 저쪽으로 옮겨요.

박 과장   그럼 안 되지. 해 드는 건 생각 안 해요?

김 과장 아니, 그럼 어두워도 괜찮다는 겁니까?

박 과장 아니, 왜 내 말에 그렇게 반대하고 나서요? 뭐 불만 있어요?

 동의의 원리를 지키지 않으면 〈대화 1〉에서 보는 것처럼 서로 언쟁을 하는 구도로 바뀌게 된다. 이 상황에서 동의의 원리를 지키면 〈대화 2〉와 같이 표현될 수 있다.

•대화 2

김 과장 이 책장 저쪽으로 옮겨요.

박 과장 그것도 좋겠네요. 그런데 해가 직접적으로 들지 않을까요?

김 과장 그 생각은 미처 못 했네요. 그런데 방이 너무 어두워서요.

박 과장 그러네요. 그럼 어떻게 하면 좋을까요?

이렇게 동의의 원리를 지키면서 일단 동의하고 난 다음에 자신의 생각을 덧붙이는 식으로 말을 하다 보면 서로 이길 수 있는 무패의 방식 (win-win)을 찾아가게 된다.

여섯 번째는 공감의 원리(Sympathy maxim)이다. 이것은 상대방과 나 사이의 반감은 줄이고, 상대방과 나 사이의 공감을 늘이라는 것이다. 공감의 원리는 상대방에게 좋은 일이 있을 때 축하를 하거나, 슬픈 일이 있을 때 동정의 말을 하거나 조문을 표하는 것과 같은 대화행위로 나타나는 데, 나의 자아가 확대되어 상대방과 같은 마음을 가지고 지금 상대방이 처한 상황이나 환경에 대한 관심을 언어적으로 표현하는 것이다.

이와 같이 정중어법이란 한 마디로 자기중심적인 생각을 상대방 중심적으로 옮겨서 표현하는 것이고, 자기의 관점에서가 아니라 상대방의 관점에서 표현하려는 것을 말한다. 다른 사람을 존중하는 태도, 그리고 이것을 대화로 표현하는 정중어법은 원만한 인간관계의 열쇠가 된다.

그런데 사회적 거리가 가까울수록 정중어법을 사용하기가 어렵다. 정중하다는 것은 어느 정도의 심리적 거리감을 포함하는 것이어서 가까운 사람들에게는 지키기가 쉽지 않다. 그런데 가깝다는 이유로 함부로 말하게 되면 그 관계에 문제가 생길 수밖에 없다. 이것이 우리들의 가정을 병들게 하는 요인이 된다. 부부 사이의 갈등이 깊어지는 경우도 상대방에게 무시당했다는 느낌 때문에 일어나는 경우가 많고, 친구 사이, 부모-자녀 사이에서도 존중받지 못하고 무시당했다는 느낌이 관계를 가장 어렵게 만드는 요소가 된다. 가깝게 느끼는 사람에게 더 인정받고 싶은 마음은 누구에게나 있게 마련이다. 자기 아내에게, 자기 남편에게, 자기 자녀에게, 자기 부모에게 더 인정받고 존중받고 싶은데, 실제로 가깝고 친하다는 이유로 함부로 말하거나 행동해서 관계가 어려워지는 경우들이 많은 것은 참 안타까운 일이다.

스위스의 철학자 칼 힐티의 정의처럼 한 사람의 진정한 교양은 그 사람이 자기보다 낮은 사람들에게 어떻게 행동하느냐에 따라 판가름되는 것이다. 상대적으로 나보다 힘이 약하고, 사회적 지위가 낮은 사람들에게 어떻게 대하고, 나하고 가장 가까운 가족, 이웃, 친구들에게 어떻게 대하느냐가 바로 교양의 반영이 되는 것이라는 점에서 특히 가까운 사람들에게 정중 어법을 사용하는 것은 관계를 세우는데 매우 중요한 요소가 될 것이다.

체면 세워주기

　　　　　우리 민족은 유교 문화의 영향으로 체면
이라는 것을 매우 중요하게 생각해 왔다. 사람들은 모두 자신의 가치나
존재에 대한 기대치를 가지고 있는데, 이것은 다른 사람들과의 관계에
의해 유지되기도 하지만 손상받기도 한다.

　사회학자 어빙 고프만은 체면(face)을 공적으로 지켜지는 개인의 자존심
이라고 정의하고 적극적 체면과 소극적 체면의 두 유형을 나누었다. 적
극적 체면이란 서로 연결되어 있고, 유대관계를 유지하고, 구성원의 일
부가 되고자 하는 것이고, 소극적 체면은 독립된 존재로서 자신의 위치
를 인정받고 부당한 간섭을 받지 않으며, 자기가 선택한 일을 하는 자유
를 누리고자 하는 것을 말한다. 협조적인 대화에서 우리는 상대방의 소
극적 체면을 손상시키지 않으면서 적극적 체면을 세워 주려고 노력한다.
서로 대화를 하면서 상대방의 체면을 손상시킬 가능성이 많기 때문에
항상 상대방의 체면 세우기에 민감하지 않으면 안 된다.

　적극적 체면을 세워 주는 것은 나는 상대방을 인정하고 있으며, 좋은 감

정을 가지고 있고, 없어서는 안 될 사람으로 소중하게 생각하고 있다는 것을 상대방이 느끼도록 해주는 것이다. 따라서 적극적 체면을 세우는 것은 자기들끼리만 사용하는 소속감을 나타내는 표현을 사용하고, 친근하고 가까움을 강조하거나, 상대방의 흥미나 관심을 통해 바람직한 상대방의 역할에 관해 표현하는 것, 그리고 상대방과의 공통적인 영역을 확보해가는 것 등으로 '유대관계'를 강조하는 것이다.

• 대화 1

영민 이거 정말 죄송하게 되었습니다.

경환 아닙니다. 우리가 어디 한두 번 만난 사이입니까? 게다가 고의로 그러신 것도 아니고요. 일을 하다 보면 누구나 그런 경우를 겪게 되는 거지요.

위의 대화에서 경환은 영민의 적극적 체면을 세워 주기 위해 "우리가 어디 한두 번 만난 사이입니까?"와 같이 소속감을 나타내는 표현을 통해 친근감을 강조하고, "고의로 그러신 것도 아니고요"와 같이 상대방의 역할에 대해 변명을 하고, "누구나 그런 경우를 겪게 되는 거지요"와 같이 공통적인 영역을 확보하고 있다.

소극적 체면을 손상시키지 않는 것은 내가 상대방의 개인적 권리를 침해하는 것을 알고 있으며, 그것에 대해 미안하게 생각한다는 것을 공적으로 표현함으로써 상대방을 정당하게 존중한다는 사실을 확인시켜 주는 것이다. 따라서 소극적인 체면을 세우는 것은 독자적 영역을 가질 수 있는 상대방의 권리를 강조하고, 부담을 가질 필요가 없음을 강조하는 것

등으로 '독립'을 강조하는 것이다.

상대방의 적극적 체면이나 소극적 체면을 손상시키는 것을 체면 손상 행위(face threatening acts)라고 한다. 체면 손상의 정도는 힘과 사회적 거리, 그리고 부담의 크기에 따라 결정된다.

먼저 일반적으로 말하는 힘이란, 상대방이 자신에게 유리한 보상이나 불리한 보복을 할 수 있는 상태를 말한다. 군대나 법정, 또는 직장에서 흔히 이러한 상황에 접하게 되는데, 힘의 역학관계에 따라 체면 손상행 위의 정도가 결정된다.

•대화 2

형필 아니 도대체 왜 이렇게들 안 나타나는 거야. 벌써 삼십 분이나 지 났잖아? 어, 왔냐! 왜 이렇게 늦었어? 넌 어떻게 시간도 못 지키니?

강선 어, 미안해. 고속도로에서 사고가 나서 차가 꼼짝도 안 했어.

기원 선배님, 정말 죄송해요. 갑자기 급한 일이 생겨서…….

형필 자알 한다. 삼십 분씩이나 늦고.

교수 어허, 많이들 기다렸지?

형필 선생님. 오시느라 고생 많으셨지요? 이렇게 어려운 걸음 해 주셔서 정말 감사해요.

위의 대화에서처럼, 우리는 상대적으로 자기보다 힘이 우월한 교수님 이나 선배에게는 체면을 손상시키지 않기 위해, 체면을 유지하기 위한 전략을 사용하지만, 후배나 친구와 이야기할 때는 거침없이 체면을 손상 시키는 말을 하는 경향이 있다.

두 번째로 사회적인 거리는 지위나 나이, 성별, 친근감 등과 같은 심리적인 요소들에 의해 결정되는 정중함의 정도와 관련된 용어이다. 다른 말로 하자면 같은 여자끼리나 남자끼리여서, 또는 같은 나이거나 학번이어서, 또는 같은 지역 출신이라서 등과 같은 요소로 어떤 사람과 관련이 있으면 사회적인 거리가 가깝게 느껴지고, 그렇지 않은 경우에는 멀게 느껴지는 것이다. 이것 또한 체면 손상행위와 연결되어 있어서 사회적 거리가 먼 사람에게는 체면을 손상시키는 말을 덜 하게 된다. 예를 들어 친한 친구한테 잔돈이 있으면 좀 달라는 요청을 할 때에는 그냥 "야, 잔돈 좀 줘", "잔돈 있으면 좀 줄래?" 정도로 직접적인 명령이나 질문으로 간접화시킨 표현을 사용한다. 그런데 친하지 않은 직장 동료에게는 아마도 "저, 죄송하지만, 잔돈 있으면 좀 주실 수 있으세요?" 정도로 내가 당신의 독립적 권한을 침해하는 것을 죄송하게 생각하고 있으며, 당신은 나에게 혜택을 베풀 수 있는지를 묻고 있다는 식의 표현을 사용할 것이다. 그리고 만약 사장님이나 교수님과 같이 아주 어려운 상대에게 말을 해야 하는 경우라면 아마도 "대단히 송구스럽지만 혹시 잔돈 가지신 것 있으시면 좀 주실 수 있으시겠습니까?"라고 말할 것이다. 상대방과 거리감이 있을수록 표현의 길이는 점점 더 길어지고, 표현이 길어질수록 더 예의바르고 정중한 말이 된다.

셋째로, 부담의 크기는 요구하는 것이 어떤 것인가와 관련이 있다. 즉 상대방이 요구를 받아들일 때 얼마나 부담을 느끼느냐에 따라 체면 손상의 정도가 높아진다는 것이다. 한 가족끼리는 음식이나 생활용품 등을 공유하기 때문에 "죄송하지만, 냉장고에 있는 콜라 좀 마셔도 될까요?"라고 말하는 것이 우스운 일이 되지만, 남의 집에 갔을 경우에는 이런 표현을 하는 것이 당연하다. 무료로 나누어 주는 벼룩시장을 달라고 할 때는 "나 벼룩시장 좀 줘"라고 말하는 것이 자연스럽지만, 상대방이 구입해서 읽고 있는 책을 달라고 할 때는 이런 방식으로 말을 할 수 없는 것도 부담의 크기가 다르기 때문이다.

이와 같이 다른 사람의 체면을 손상시키는 크기의 정도는 힘+사회적 거리+부담의 크기로 결정된다. 우리는 매순간 이러한 기준을 가지고 적절한 표현을 선택하는 것이다.

표현 선택에서 가장 두드러지는 것은 짧은 표현보다는 긴 표현이 상대방을 더 배려하는 표현이고, 체면을 손상시키지 않는 표현이 된다는 것이다. 따라서 "이거 치워" 하는 것보다는 "이것 좀 치워 줄래?"나 "대단히 죄송하지만, 이것 좀 치워 주실 수 있으시겠습니까?"와 같이 표현하는

174

것이 훨씬 더 상대방의 체면을 세워주는 표현이 되는 것이다.

정중하게 말하기에서도 생각한 것처럼 가족이나 친구와 같이 사회적 거리가 가깝다고 해서 무턱대고 상대방의 체면을 손상시켜서는 안 된다는 것이다. 가까운 사람이기에 더 인정받고 싶은 마음이 있기 때문이다. 가깝다는 이유로 습관적으로 체면 손상행위를 한다면 관계 자체에 문제가 생길 수 있다. 그런 점에서 평소에 가족이나 친구에게 하던 말보다 조금만 더 길이를 길게 하는 표현으로 한 단계 더 높여서 표현하면 부드럽고 좋아진 관계를 느끼게 될 것이다. 대화 예절을 갖추는 것은 자신의 인격을 나타내 보이는 방법이 되는 동시에 자신의 인격을 연마해 나가는 좋은 방법이다.

나-전달법, 너-전달법

여러 사람과 더불어 살아가면서 듣기 좋은 말만 하면서 살 수는 없다. 생활하다 보면 자주 상대방에게 불편한 말을 해야 하는 상황이 생기고, 이럴 때 상대방이 불편하지 않게 내 의사를 표현하는 방법은 없을까 고민하게 된다.

일단 어떤 문제 상황이 생기면 우리는 그 문제에 대해 나를 배제시키고 상대방인 '너' 중심으로 이야기하려고 한다. '너'에 초점을 맞추고 '너'에 관한 '나'의 판단이나 경고나 비평을 하고자 하는 것이다. 그래서 문제 상황에서는 "너는 왜 그 모양이냐?", "당신, 그런 식으로 말하지 마세요", "넌 왜 그렇게 나를 못살게 하니?" 등 이인칭의 '너'로 시작하는 대화가 주로 사용된다. 명령하는 말은 모두 주어가 '너'로 되어 있다.

그런데 앞서 생각한 것처럼 우리가 하는 말 가운데 가장 상대방의 기분을 상하게 하는 유형이 바로 명령문이다. "문 열어"라고 하면 자기는 말만 하지만, 이 말을 들은 상대방은 몸을 움직여서 문을 여는 행동을 하라고 시키는 것이기 때문이다. 그러니까 힘의 관계에 있어서도 상대적으로 높은 사람이 낮은 사람에게 사용할 수 있는 말이고, 그런 경우라 하더라도 상대방의 기분은 좋지 않게 마련이다. 명령뿐 아니라 "너 말로 할 때 빨리 밥 먹어" 하는 식의 경고나 "너 그럼 혼내 줄 거야" 하는 식의 협박, "너 그렇게 밤늦게까지 돌아다니면 안 돼" 하는 식의 훈계도 모두 '너'가 주어로 사용된다. '너'로 시작하는 말은 칭찬이 아닌 경우는 모두 상대방에게 부정적인 말로 사용된다.

이렇게 상대방을 주어로 하는 '너-전달법(you-message)'은 직접적으로 상대방의 체면을 손상시키기 때문에 많은 역작용을 불러일으킨다. 상대가 아주 친한 사람이고, 가족이라 하더라도 명령을 받거나 위협을 받을 경우에는 자신의 행동을 바꾸는 것에 대해서 저항감을 갖게 되고, 훈계나 지시를 하면 말이 통하지 않는다고 생각하게 된다.

• 대화 1

언니 무슨 음악이 이렇게 시끄러워? 소리 좀 줄여!

동생 너 요즘 왜 그렇게 날카로운데?

언니 너 건방지게 언니한테 너가 뭐야?

동생 언니가 언니 노릇을 해야 대접을 하지? 왜 남 음악 듣는 것까지 참견하고 그래?

언니 넌 도대체 무슨 애가 그렇게 반항적이니? 너 혼자 사는 집도 아닌데, 너만 좋다고 그러면 안 되지.

동생 너나 잘하세요. 너 그러다 시집도 못 가.

이 대화에서는 서로 '너-전달법'으로 이야기하고 있는데, 대화가 진행

될수록 둘 사이는 점점 더 벌어지게 된다.

이러한 직접성을 간접화하는 방법이 바로 주어를 '나'로 바꾸는 '나-전달법(I-message)'이다. 상대방인 '너'의 문제를 '나'의 관점으로 바꾸어 이야기하기 때문에, 직접적으로 상대방의 체면이 손상되지도 않고, 자신의 심정이나 상태를 직접적으로 표현하기 때문에 전달도 확실히 할 수 있어 효과적인 대화 방법이다.

예를 들어, 내가 지금 직장에서 돌아와서 아주 피곤한 상태인데, 아이가 계속 함께 놀아 주기를 바란다고 가정해 보자. 이때 "지금은 엄마가 너무 피곤해서 놀아 줄 수가 없구나"와 같이 이야기하는 것은 '나-전달법'이고, "너는 왜 이렇게 나를 못살게 하니?"와 같이 이야기하는 것은 '너-전달법'이다. '나-전달법'으로 "지금은 내가 너무 피곤해서 놀아 줄 수가 없구나'라고 말하면, 아이는 '우리 엄마가 많이 피곤하시구나'라고 받아들인다. 그러나 '너-전달법'을 사용해서 "(너는) 왜 이렇게 나를 못살게 하니?"라고 말하면, 아이는 '나는 엄마를 못살게 하는 나쁜 아이다'라고 받아들여 자존감에 상처를 받게 된다. 이와 같이 '나-전달법'은 자신의 감정과 경험을 직접적으로 표현하는 대화 방법이다.

'나-전달법'은 행동-영향-감정의 세 단계로 구성된다.

첫 번째 요소는 문제를 유발하고 있는 상대방의 행동을 비난이 섞이지 않은 표현으로 설명하는 것이다. 이때 주의할 점은 '항상' 그랬다거나, '절대로' 안 한다거나, '한 번도' 그런 적이 없다는 것처럼 비난이 섞이거나 극단적인 표현이 들어가면 안 된다는 것이다. 다시 말해 행동을 비난이 섞이지 않은 말로 설명하라는 것으로 짜증스러운 목소리로 말한다거나, 꾸지람을 하는 것 같은 태도로 말을 해서는 안 된다.

두 번째 요소는 그 행동이 주는 영향을 밝히는 것인데, 이때 아주 구체적인 영향을 이야기하면 왜 그 행동을 해서는 안 되는지에 대해서 깨달을 수 있게 된다.

세 번째 요소는 상대방의 문제 행동에 대해서 느끼는 슬픔이나 걱정, 두려움과 같은 감정을 표현하는 것이다. 실제로 우리는 자신의 감정을 잘 표현하지 못한다. 자신의 감정을 드러내는 것은 무례하거나 미성숙한 행동이라고 생각하고, 자기감정을 부인하거나 억누르는 것이 올바르다고 생각하기 때문이다. 그러나 사람을 변화시키는 힘의 가장 큰 요인은 감정적 호소력이다. '나-전달법'을 통해 자기가 느끼는 감정을 직접적으로 솔직하게 표현하는 것이 필요하다. 그렇게 때문에 '나-전달법'은 행동 → 영향 → 감정의 순서로 말하거나 행동 → 감정 → 영향의 순서로 이야기하는 것이다.

앞서 살핀 대화에서 언니의 말은 다음과 같이 바꾸면 된다.

• 예시 1

행동 네가 음악을 그렇게 크게 틀어놓으면

영향 내가 시험공부를 할 수가 없어서

감정 화가 나서 참을 수가 없어.

• 예시 2

행동 네가 음악을 그렇게 크게 틀어놓으면

감정 난 화가 나서 참을 수가 없단다.

영향 다음 주가 시험인데 공부를 할 수가 없거든.

이 예는 '나-전달법'을 강의하고 나서 실습 과제를 내주었을 때 어떤 학생이 제출한 실례이다. 동생과 늘 그 문제로 다투었는데, 나-전달법을 쓰고 나니까 동생이 "언니, 진작 그렇게 말하지. 괜히 나만 나쁜 사람 되었잖아"라고 말하며 음악을 꺼 주었다는 것이다.

'나-전달법'을 사용하는 것만으로 문제가 쉽게 해결될 수 있다. '나-전달법'을 사용해 보면 말 한 마디로 천 냥 빚을 갚을 수 있고, '아' 다르고 '어' 다르다는 말을 실감할 수 있다.

직장에서 다른 동료가 허락도 없이 책상 서랍을 열어 볼 경우, 어떻게 말하면 좋을까? "아니, 왜 남의 서랍을 열고 그래요? 제 책상에 손대지 마세요, 기분 나빠요" 이런 식으로 말하는 것은 감정만 표현되었을 뿐 '나-전달법'은 아니다. 이 경우에도 감정을 누그러뜨리고 '나-전달법'으로 바꾸어서 다음과 같이 말하는 것이다.

• 예시 3

  행동 허락도 없이 제 책상 서랍을 열면

  영향 절 무시하는 것같이 생각되어서

  감정 기분이 무척 나쁘고 불쾌합니다.

이 경우도 '너-전달법'으로 표현하느냐 '나-전달법'으로 표현하느냐에 따라 동료의 반응은 상당히 다를 것이며, 이어지는 대화도 다르고, 이후의 인간관계도 달라질 것이다. 말을 하면서 처음 생각과는 달리 말이 거칠어지고 강해지게 되는 경우가 많다. 이럴 때 '나-전달법'을 사용하면 가속되던 대화에 제동장치를 거는 효과가 있어서 대화가 언쟁으로 바뀌는 것을 막을 수 있다. 이렇게 표현하는 동안 말이 생각을 가다듬어 주고, 감정도 다스릴 수 있는 계기가 되기 때문이다.

남편이 카드를 너무 많이 써서 가정 경제가 어려워졌다. 이럴 때는 어떻게 말하면 좋을까? 이 경우도 '너-전달법'으로 말하면 "당신 도대체 왜 그래요? 이번 달 카드 얼마나 썼는지 알기나 해요? 그렇게 살아가지고 어디 남들처럼 여행이라도 한번 다녀올 기회가 생기겠어요?"와 같은 식의 말을 하게 될 것이다. 이걸 '나-전달법'으로 바꾸면 다음과 같이 표현될 것이다.

• 예시 4

  행동 당신이 그렇게 감당할 수 없이 카드를 쓰면

영향 난 가족들과 여행이라도 다녀오려고 생각하던 것이 모두 허사가
될 것 같아서

감정 무척 실망스러워요.

이렇게 '나-전달법'을 사용하면 일단 나 자신의 마음이 상대방에 대한 분노를 폭발하려는 것이 아니라, 나를 설명하고 이해시키고자 하는 것으로 바뀌게 된다. 그리고 상대방도 변명을 하려고 하거나, 반감을 가지고 저항하거나 공격하려는 마음이 아니라 나를 이해하게 되고, 공감하게 되며, 이때 비로소 대화가 협동을 할 수 있는 도구로 사용되는 것이다.

당장은 강하게 말하는 것이 효과적이라고 생각될 수 있지만, 분노의 감정이 사람을 변화시키기는 어렵다. 문제가 있는 상황에서 대화를 회복하기 위해서는 직접적인 '너-전달법'으로 상대방을 자극하는 대신, '나-전달법'을 사용하면 보다 효과적으로 대화할 수 있다. 비난하거나 판단하거나 충고하기보다는 자신의 느낌과 감정을 솔직하게 표현하는 '나-전달법'은 점점 더 각박해지고 여유를 잃어 가는 우리의 가족 관계나 인간 관계에서 바람직한 대화를 이끌어 갈 수 있도록 해 주는 좋은 윤활유가 되어 줄 것이다.

뭐라고 부를까?

대화를 하면서 예절을 갖춘다는 것은 언어를 통하여 상대방을 적절히 대우하는 것이다. 언어를 통하여 상대방이 원하는 만큼 대접해 주고, 상대방이 원하는 만큼 접근하는 것, 다시 말하자면 상대방과 적당한 거리를 유지하는 것이다. 이것은 고려해야 할 상황도 많고, 또 그것들이 복잡하고 미묘하게 얽혀 있어서 단순한 문제가 아니다.

특히 우리말의 호칭이나 높임법은 체계가 유난히 복잡하게 발달되어 있어서 말을 사용하면서 가장 어려움을 느끼는 부분이기도 하다. 게다가 현대 산업사회로 바뀌면서 예전에 쓰이던 말이 새 말로 바뀌었는가 하면, 전에는 필요 없던 말이 생겨나기도 하였다. 어떤 말들은 변화의 중간 단계에 있어서 세대에 따라 말이 다른 경우도 있고, 교통과 통신의 발달로 서로 다른 지역의 말들이 뒤섞이기도 하였다. 이에 따라 우리가 일상생활에서 예절에 맞는 언어를 선택하여 사용하기 위해 겪는 혼란과 어려움은 매우 크다.

대통령이나 부모님, 친구까지 'you' 라는 호칭 하나면 해결되는 영어나, 'tu'와 'vous'만 있으면 해결되는 불어 비하면 국어의 호칭은 지나치게 세분화되어 있다. 이 가운데 어떤 호칭을 어떤 경우에 사용하느냐를 결정하는 것은 상대방을 대우하는 것과 밀접한 관계가 있다.

먼저 대명사 호칭어를 생각해 보자. 웃어른께 사용하는 '어르신', 대등한 관계에서의 '댁', 그리고 보통 높임의 '당신', 조금 높임의 '자네', 조금 낮춤의 '자기', 보통 낮춤의 '너'가 모두 대명사 호칭어들이다. 이렇게 종류는 다양하지만, 대명사가 포용하는 범위는 좁아서 적절한 선택을 하기란 아주 어렵다. 선생님, 사장님, 삼촌 등을 어떤 대명사로 칭할 수 있을까? 실제로 적용해 보면 오히려 대명사로 호칭할 수 없는 영역이 아주 많다.

• 대화 1

운전자 A　당신, 운전 좀 똑바로 해.

운전자 B　뭐, 당신? 누구한테 당신이라는 거야?

운전자 A　당신보고 당신이라는데 뭐 잘못됐어? 그럼 너라고 할까?

위의 대화는 운전 방식 때문에 문제가 발생했지만, 부적절한 호칭 때문에 언쟁이 일어나서 상황이 더 복잡해진 경우이다. 운전자 B는 A가 사용한 호칭 '당신'에 대해 문제삼는다. '당신'은 대명사의 체계에 의하면 '너'는 물론 '자네'보다도 높은 등급에 해당하는데, B는 그것을 문제삼고, A는 '너'라는 호칭을 사용한 것도 아닌데 무슨 문제냐는 반론을 제기하고 있다. 여기서 '당신'이 문제가 되는 것은 '너'나 '자네'보다 높은 표

현이라고 하지만, 역시 아랫사람에게 쓰는 등급이기 때문이다. 사전에서는 '하오'할 자리에서 상대되는 사람을 일컫는 말이라고 정의하고 있지만, 그 쓰임의 경계가 불분명해서 "당신, 직업이 뭡니까?", "당신, 직업이 뭐요?", "당신, 직업이 뭐야?"처럼 다양하게 표현된다. 따라서 '당신'을 호칭으로 적절하게 사용하는 것은 매우 어려운 일이다. 그러나 위의 대화에서와 같은 현상이 나타나는 것은 '당신' 속에 높임의 뜻이 들어 있지 않다고 느끼는 증거이므로 상대편을 직접 가리킬 때 '당신'이란 표현은 특별히 조심해야 할 필요가 있다.

'어르신'이나 '댁'은 아주 예스러운 느낌을 주며, 쓰임은 매우 한정적이다. '귀하', '각하', '귀댁' 등도 특정한 사람이나, 특정한 상황이 아니면 잘 사용되지 않는 호칭어이다. '자네'도 흔히 쓰이는 호칭은 아니다. 국어사전에는 자네를 "듣는 이가 친구나 아랫사람인 경우, 그 사람을 높여 이르는 이인칭 대명사. '하게'할 자리에 쓴다. 처부모가 사위를 부르거나 이를 때, 또는 결혼한 남자가 처남을 부르거나 이를 때도 쓸 수 있다"고 설명하고 있다. '자네'가 사용되기 위해서는 듣는 이도 어느 정도 성년이 되어야 하고, 말하는 이도 청자보다 어른이어야 한다. 이밖에 '자기'는 원래 지칭어로만 쓰이는 말이지만 근래에 와서 쓰임이 확대되어, 젊은 남녀 사이에서는 '자기야'와 같이 호칭으로 쓰이고 있다. 그렇기 때문에 가장 자유롭게 쓰이는 대명사 호칭어는 '너'뿐이다. 가까운 친구나 특별히 높여야 할 이유가 없는 사람들에게는 모두 쓸 수 있다.

이름과 직함을 이용한 호칭은 더욱 복잡한 양상을 띤다. 이름만 사용할 수도 있고, 이름에 직함을 붙일 수도 있으며, 이름이나 직함 뒤에 '님'이나 '씨', '군', '양' 등을 붙여서 사용할 수도 있기 때문이다. 이름을 사용하는 경우도 이름만 부르느냐, 이름과 성을 함께 부르느냐, 그렇지 않으면 이름 뒤에 호격조사를 붙이느냐에 따라 매우 다른 어감을 전달하게 된다.

원미	원미야	이원미	이원미 부장
원미 부장	이 부장	이원미 양	이 양
이원미 씨	이 씨	이원미 님	

가장 가깝게 느껴지는 것은 "원미야"처럼 이름 뒤에 호격조사 '-야'를 첨가하여 부르는 경우이다. "원미"와 같이 이름만 부르는 경우는 윗사람이 아랫사람을 더 정감 있게 부르는 말이 되고, "이원미"와 같이 성과 이름을 같이 부르는 것은 형식적이거나 거리감이 있는 경우이다. 평소에는 이름만 부르다가도 화가 났을 때 성과 이름을 함께 부르는 것은, 그것이

훨씬 거리감 있는 표현이 되기 때문이다.

직함을 사용하는 경우에는 '부장'과 같이 직함만 부르는 것은 변별력이 없어서 잘 사용되지 않고, '원미 부장'과 같이 이름과 직함을 부르는 것도 잘 사용되지 않는다. 가장 많이 사용될 수 있는 것은 '이 부장'과 같이 성과 직함을 부르는 경우나 '이원미 부장'과 같이 성과 이름을 부르고 직함을 붙이는 것인데, 이 경우는 부르는 사람이 상대보다 높은 지위에 있어야 한다.

이름이나 직함 뒤에는 모두 '님'이나 '양/군', '씨'와 같이 상대를 높이는 의존명사를 붙인다. 전통적으로 '님'은 고유명사와는 결합되지 않지만, 이것이 '김영미 귀하' 대신에 '김영미 님'과 같이 글에서만 쓰이던 과정을 거쳐, 근래에 와서는 금융기관이나 상업적인 장소에서 '씨'를 붙이는 것보다 상대를 더 높이는 방법으로 사용되고 있다.

'씨'는 고유명사와 결합한다. 그래서 '이원미 씨'처럼 성명 뒤에 붙기도 하고, '이 씨'처럼 성 뒤에 붙기도 하며, '원미 씨'처럼 이름 뒤에 붙기도 한다. '씨'가 성 뒤에 붙은 경우는 보통 신분이 높지 않은 사람을 호칭하는 데 많이 사용되지만, 이 경우는 대우의 기능을 아주 소극적으로 수행해서 거의 높임의 뜻이 드러나지 않는다. 성 뒤에 '씨'가 붙은 경우는 여성의 경우에는 사용하지 않고, '이 씨 아줌마'와 같은 형태로만 사용된다는 점도 특이하다. '씨'의 경우는 "원미 씨, 이것 좀 해 줘"와 같이 반말체에도 쓰일 수 있지만, '님'의 경우는 반말체와는 어울리지 않는다. 따라서 일반적으로 '님'이 '씨'보다 더 적극적으로 상대방을 높이는 기능을 하고 있다.

이름 뒤에 직함을 쓰고 그 뒤에 다시 '님'을 붙여서 쓰는 것은 흔히 볼 수 있다. 이 경우 '이 교수님'과 같이 성 뒤에 붙이기도 하고, '이원미 교수님'과 같이 성과 이름 뒤에 붙이기도 하는데, '원미 교수님'과 같이 이름 뒤에 붙이는 경우는 자연스럽지 않다.

제자가 은사인 교수에게 '교수님'이라고 부르는 것에 대해서는 많은 견해 차이가 있다. 고등학교 시절의 은사를 '선생님'이라고 불렀기 때문에 대학에서는 이와 구별해서 '교수님'이라고 불러야 한다는 견해와, 고등학교 선생님의 직함은 교사이고 대학에서 가르치는 선생님의 직함은 교수이므로, 고등학교에서 '교사님'이라고 부르지 않는 것처럼 대학에서도 '교수님'이라고 부르지 않으며, 가르침을 주는 분은 모두 '선생님'이라고 불러야 한다는 견해이다.

실제로 어떤 교수들은 '선생님'이라는 호칭에 대해 불쾌하게 생각하고, 또 어떤 교수들은 '교수님'이라는 호칭에 대해 불쾌하게 생각한다. 생각하는 전제가 다르기 때문이다. 그러므로 상대방의 생각을 미리 알 수 있는 경우가 아니라면, 객관적이고 사무적인 관계에서는 '교수님'이라는 호칭도 무방하지만, 직접 가르침을 받은 가까운 은사께는 '선생님'이라는 호칭을 사용하는 것이 바람직하다.

원만하고 올바른 대화는 상대방에게 가장 적절한 호칭을 사용하는 것에서부터 시작된다. 우리말에서는 대명사 호칭이 발달하지 않아서 적절한 호칭을 사용하는 것이 참 쉽지 않다. 어느 식당에는 "저기요, 요기요 대신에 '요리사님'이라고 불러주세요"라는 현판이 걸려 있다. 상대방을 기준으로, 상대방이 듣고 싶어 하는 호칭을 사용하는 것이 가장 좋은 방법이다.

말로 대접하는 방법

우리말은 다른 나라말과 달리 높임법이 발달한 언어이다. 높임법이란 말하는 사람이 어떤 대상에 대하여 높이는 의도를 가지고 표현하는 것을 말한다. 높임법의 체계는 주로 말의 끝에 붙는 어미에 나타나는데, 말을 듣는 이가 누구인가와 관련하여 높이는 것은 물론, 말의 내용에 등장하는 주체가 누구인가, 또한 객체가 누구인가에 따라서도 높임법이 따로 마련되어 있으니 그야말로 동방지예의지국의 언어임에 틀림이 없다.

이 가운데 가장 중요한 것은 듣는 이를 어떻게 대접하느냐 하는 것이다. 이것을 결정하는 요인은 수직관계로는 나이, 신분, 친족관계 등이며, 수평관계로는 친밀도, 성별 등이 있는데, 이것은 '높임'과 '격식'이라는 두 가지로 요약되어 나타난다. 1등급은 격식을 갖추어 높이는 것이고, 2등급은 격식은 갖추지 않고 높이는 것이고, 3등급은 높이지도 않고 격식도 갖추지 않는 것이고, 4등급은 높이지는 않지만 격식을 갖추는 것이다.

등급	서술	의문	명령	청유
1. + 높임, + 격식	-습니다	-습니까	-으십시오	-읍시다
2. + 높임, - 격식	-어 / 지요	-어 / 지요	-어 / 지요	-어 / 지요
3. - 높임, - 격식	-어 / 지	-어 / 지	-어 / 지	-어 / 지
4. - 높임, + 격식	-다	-으냐, -니	-으라, -어라	-자

•예시 1

1. 전화 받았습니다.   전화 받았습니까?   전화 받으십시오.

2. 전화 받았어요.   전화 받았어요?   전화 받으세요.

3. 전화 받았어.   전화 받았어?   전화 받아.

4. 전화 받았다.   전화 받았니?   전화 받아라.

이러한 청자 높임은 사회 집단에 따라 엄격하게 지켜지기도 하지만, 대부분 동일 인물이라 하더라도 조금씩 넘나들면서 사용된다. 예를 들어, 군대에 갔다가 휴가를 나온 많은 사람들이 입대 전에는 전혀 '-습니다'를 사용하지 않다가 갑자기 깍듯하게 1등급의 '-습니다'를 사용하여 주위 사람들을 놀라게 하는 것은 엄격한 계급사회의 언어적 영향 때문이다.

남편이 아내에게 사용하는 말에는 "당신, 지금 뭐 해요?", "당신, 지금 뭐 해?"와 같은 표현들이 있는데, 이것은 모두 격식을 갖춘 말이 아니라는 공통점이 있다. 다시 말해서 가까운 관계이기 때문에 격식체는 사용되지 않지만, 경우에 따라 높임을 나타내서 2등급을 사용할 수도 있고, 높이지 않는 3등급을 사용할 수도 있다는 것이다.

직장 안에서는 더욱 다양한 체계가 나타난다.

• 예시 2

㉮ 김민수 씨, 거래처에 전화했어요?

㉯ 김민수 씨, 거래처에 전화했습니까?

㉰ 김민수 씨, 거래처에 전화했어?

　비슷한 나이의 동료끼리 말할 때는 ㉮처럼 비격식 높임의 2등급을 사용하는 것이 보통이다. 그러나 동료 간이라도 상대방의 나이가 위이거나 또는 분위기의 공식성 정도에 따라서 ㉯와 같이 격식 높임의 1등급을 사용하기도 한다. 아랫사람에게 말할 때라도 ㉮와 같이 높여 말하는 것이 바람직한 표현이다. 그러나 아랫사람이 어리고, 친밀한 경우에는 ㉰와 같이 비격식 비높임의 3등급을 사용할 수도 있다.

　다른 회사 사람과 대화할 때는 말하는 사람과 듣는 사람의 직급에 관

계없이 격식 높임의 1등급을 사용하여 "그러셨습니까?"와 같이 정중하게 표현한다. 표준 화법에서는 관공서 등의 직원이 손님을 맞을 때 직급에 관계없이 격식 높임의 1등급을 사용하여 "손님, 어떤 서류가 필요하십니까?"와 같이 정중하게 말하는 것이 바람직하고, 손님도 이와 같은 등급으로 "도와주셔서 대단히 감사합니다"와 같이 말한다고 정하고 있다.

또 다른 높임법은 주체 높임법이다. 이것은 말하는 사람보다 말의 주체가 되는 사람이 높은 경우에 서술어에 '-(으)시-'를 넣어 높임을 표시하는 것이다.

• 예시 3

㉮ 그 사람 노래도 잘하더라.
㉯ 그분은 노래도 잘하시더라.

㉮에서와는 달리 ㉯에서는 '하시더라'를 사용하여 '그분'을 높이고 있다. 그런데 서술어가 두 개 이상이 올 때는 어디에 '-(으)시-'를 넣어야 할지 망설이게 된다.

㉮ 과장님이 일을 마치고 가셨어.
㉯ 과장님이 일을 마치시고 가셨어.
㉰ 과장님이 일을 마치시고 갔어.
㉱ 과장님이 일을 마치고 갔어.

과장님을 높이는 뜻은 ㉮와 같이 말하는 것으로도 충분하다. 그러나

192

㉯와 같이 말하는 것도 어법에 어긋나지는 않는다. 그러나 ㉰나 ㉱는 높임의 의향이 드러나지 않는다.

어떤 때 주체를 높여야 하는가를 결정하는 것도 쉽지 않은 일이다. 남편에 관해 이야기하는 경우를 생각해 보자.

> ㉮ 아범은 아직 안 들어왔어요.
> ㉯ 동생은 아직 안 들어왔어요.
> ㉰ 형님은 아직 안 들어오셨어요.
> ㉱ 그이는 아직 안 들어오셨습니다.
> ㉲ 그이는 아직 안 들어왔습니다.

가족들끼리 이야기할 때, 특히 남편을 시댁 어른들 앞에서 이야기 할 때 '-(으)시-'를 사용하는 것은 예법에 어긋나므로 ㉮와 같은 표현을 사용한다. 남편의 형이나 손윗사람에게 말할 때도 마찬가지여서 ㉯와 같은 표현을 사용한다. 그러나 시동생이나 손아랫사람에게는 높이는 것이 원칙이어서 ㉰와 같이 표현하는 것이 옳지만, 낮추어 말할 수도 있다. 남편의 친구나 회사 상사와 같이 가족 이외의 사람에게 말할 때는 상대방의 신분이 확인되기 전에는 ㉱와 같이 '-(으)시-'를 넣어 표현하고, 남편의 친구나 상사라는 것이 확인되면 ㉲와 같이 '-(으)시-'를 넣지 않는 것이 무난하다.

직장에서 동료, 아랫사람, 윗사람에 관하여 말할 때 '-(으)시-'를 넣을 것인지, 넣지 않을 것인지는 듣는 사람이 누구인가에 따라 결정된다.

㉮ 김민기 씨, 박 과장 어디 갔어요?

㉯ 김민기 씨, 박 과장 어디 가셨어요?

㉰ 사장님, 박 과장님 어디 가셨습니까?

㉱ 김민기 씨, 박동수 씨 어디 갔어요?

㉲ 김민기 씨, 박 과장 어디 가셨어요?

동료에 관해 말할 때는 누구에게든 '-(으)시-'를 넣을 필요가 없다. 따라서 과장이 아랫사람에게 같은 동료에 관해 말할 때는 ㉮와 같은 표현을 사용한다. 그러나 자기보다 나이가 많은 동료를 다른 동료나 아랫사람에게 말할 때는 ㉯와 같이 높임의 의향을 넣어서 표현한다. 과장이 부장에 관해 말하는 것과 같이 자기보다 윗사람에 관해서 말할 때는 비록 사장님 앞에서라 하더라도 ㉰와 같이 '-(으)시-'를 넣어서 표현한다. 전통적으로 가족 관계에서는 할아버지 앞에서 아버지를 높이지 않는 것처럼 압존법을 사용했지만, 수평 사회를 지향하는 현대 사회에서 직급을 수직 관계의 구도로만 해석하기는 어려운 점이 있다. 평사원이 사장님 앞에서 자기 부서의 과장에 관한 말을 하면서 "김 과장이 그랬습니다"라고 하는 것이 적절하지 않다고 생각하는 것이 더 일반적이기 때문이다. 아랫사람에 관해 말할 때는 누구에게 말하는가에 관계없이 ㉱와 같이 '-(으)시-'를 넣지 않고 표현한다. 그러나 부장이 평사원에게 과장에 관해 말하는 경우처럼 아랫사람을 그보다 더욱 아랫사람에게 말할 때는 ㉲와 같이 '-(으)시-'를 넣어서 표현할 수 있다.

긴장을 하거나, 격식을 갖추어 말하려고 하면 높임말이 잘 나오지 않고, 오히려 말이 꼬이는 경우가 많다. 높임말에 대해서는 상식적으로 알고 있다고 생각하면서도, 막상 실제로 말을 할 때는 외국인도 아니면서 "저희들이 선생님께 물어보시려고 왔어요"와 같은 잘못된 말을 사용하게 된다. 그러나 잘못 사용한 말 한 마디 때문에 인간관계에 심각한 문제가 생길 수 있고, 말 한 마디로 천 냥 빚도 갚을 수 있음을 생각할 때 비록 높임법의 체계가 복잡하더라도 정확하게 사용하도록 노력하는 것이 필요하다.

높여서 대접하는 어휘

앞에서 우리는 문법적으로 높여서 표현하는 방법에 대해 살펴보았다. 이밖에도 우리말에는 어휘체계 자체가 높임의 뜻을 포함하고 있는 말들이 많이 있다. '주체 높임'의 대상이 되는 주체를 표시할 때는 조사 '-가' 대신에 '-께서'를 사용해서 "내가 그 일을 하니까, 선생님께서 웃으셨다"와 같이 표현된다. 또한 나는 '밥'을 먹지만 선생님은 '진지'를 잡수시고, 나는 '말'을 하지만 선생님은 '말씀'을 하시며, 나는 '술'을 마시지만 선생님은 '약주'를 드신다.

그런데 이런 어휘들이 가지고 있는 공통점은 모두 어른들의 생활과 밀접한 관계가 있다는 것이다. 어른이 드시는 밥을 '진지'라고 한다는 것은 익숙하지만, 막상 말을 할 때는 "선생님, 식사하셨습니까?"와 같은 말을 사용하게 되는데, 이는 높이는 말이 아니다. 마찬가지로 "선생님, 술 한 잔 대접해 드리고 싶은데, 시간 좀 내 주시겠습니까?" 하는 아주 정중한 표현에서도 '술'보다는 '약주'가 더욱 정중한 말이다. '말' 대신 '말씀'을 쓰는 경우는 조금 더 복잡하다.

• 예시 1

㉮ 하나님께서는 모든 사람들을 사랑하신다고 말씀하셨습니다.

㉯ 내가 지환이한테 할머니를 사랑한다고 말했는걸.

㉰ 그것은 제가 할머님께 드린 말씀입니다.

㉮에서 '말씀'이 사용된 것은 주체가 '하나님'이기 때문이다. 이것은 '내'가 주체인 ㉯의 '말'과 대조되는 높임말이다. 그러나 ㉰에서는 주체가 '나'의 낮춤말인 '저'인데 '말씀'이 사용되어서, 언뜻 보면 잘못 쓰인 말 같다. 그러나 이 경우는 '말씀'이 '말'의 낮춤말로 쓰인 경우로, '말하다'의 낮춤말이 '말씀 드리다', 또는 '말씀 올리다', '말씀 여쭙다'와 같이 쓰이는 것이다. 그러므로 '말씀'은 '말'의 높임말이면서 동시에 낮춤말이기도 하다는 사실을 이해해야 한다.

명사뿐 아니라 동사나 형용사도 높임말의 짝을 가지고 있는데, 예를 들자면 다음과 같다.

• 예시 2

㉮ 먹다 - *먹으시다 - 잡수시다

자다 - *자시다 - 주무시다

죽다 - *죽으시다 - 돌아가시다

㉯ 아프다 - 아프시다 - 편찮으시다

있다 - 있으시다 - 계시다

㉮의 '먹다'에 대한 '먹으시다', '자다'에 대한 '자시다', '죽다'에 대한 '죽

으시다'는 사용되지 않는 말들이다. 그러나 외국 선교사들이 번역하는 과정에서 잘못되어 기독교에서는 "(예수께서) 십자가에 매달려 죽으시고……"와 같은 표현이 교회 방언으로 아직까지 사용되고 있다. 이와는 달리 ㉯의 '아프다'에 대한 '아프시다'와 '편찮으시다'가 모두 사용되고, '있다'에 대한 '있으시다'와 '계시다'가 모두 사용되어서 그 쓰임을 구별할 필요가 있는 말들이다.

• 예시 3

㉮ 할아버님께서는 어디가 불편하신지, 오늘 온종일 방 안에만 계셨어요.
㉯ 할아버님께서는 오늘 오후에 약속이 있으셨어요.

위에서 보는 것처럼 높임의 대상인 '할아버님'을 직접 높일 때는 '계시다'를 사용하는 것이 옳지만, 높여야 할 대상이 할아버님의 신체 부분이나 소유물, 생각 등이라면 '있으시다'를 사용하여 높임을 표현하여야 한다. 이러한 것들을 '간접 높임'이라고 한다. 그러니까 "사장님의 말씀이 계시겠습니다"는 "사장님의 말씀이 있으시겠습니다"로 바꾸어야 바른 높임이 된다.

• 예시 4

㉮ 선생님께서 편찮으셔서 오후에 휴강을 했어요.
㉯ 선생님은 눈이 많이 아프시대요.

위에서 보는 것처럼 '선생님'을 직접 높일 때는 '편찮으시다'를 사용하는 것이 옳지만, 선생님의 신체 부분인 눈을 높이는 경우에는 '아프시다'를 사용하여 높임을 표현하여야 한다.

'객체 높임'이란 전달하는 내용에 포함된 객어가 지시하는 대상, 다시 말해 목적어나 부사어 등이 가리키는 대상에 대하여 말하는 이가 높임의 의향을 나타내는 것을 말한다. 이때는 높임의 대상인 객체가 부사어인 경우 '-에게'나 '-한테' 대신에 '-께'를 사용하여 표현한다.

•예시 5

㉮ 이 장미를 너에게/한테 줄게.

㉯ 이 장미를 선생님께 드립니다.

위에서 보는 바와 같이 '너' 대신에 '선생님'이 쓰일 경우 '-에게'가 '-께'로 바뀌었다. 그뿐만 아니라 '주다'가 '드리다'로 바뀌는 것도 눈에 띈다. 이와 같이 용언을 바꾸어서 높임을 표현하는 것은 다음과 같은 어휘들이다.

•예시 6

㉮ 강아지를 데리고 학교에 오면 어떡하니?

어머니를 모시고 학교에 오라는 말씀이세요?

㉯ 너를 보고 있어도 자꾸만 보고 싶어져.

선생님을 뵙고 집에 가는 길에 기연이를 만났어요.

㉰ 이걸 누구에게 물어 보지?

이건 선생님께 여쭈어 보자.

　요즘 언어생활을 피곤하게 하는 것은 높여야 할 대상은 높이지 않고 높이지 않아도 될 것들을 높이기 때문이다. "손님, 잔돈이 오천 원이십니다", "3만 원 나오셨습니다", "고객님, 찾는 사이즈가 없으십니다", "이 차에 에어백이 두 개십니다. 충격이 오면 자동으로 터지십니다"와 같은 말들은 이제 너무 일반적으로 쓰여서 자연스럽게 받아들이기도 한다. 일부 학자들은 국어 높임법의 사용이 확대되는 변화를 겪는 것이라고까지 말하지만, 어법을 깨뜨리고 있는 표현들이다. 은행이나 백화점과 같은 일부 상업 시설들에서는 더 공손한 느낌을 주도록 하기 위해 이런 표현을 사용하도록 교육하고 있다고 하니, 오십 년쯤 뒤에는 어느 쪽으로 굳어지게 될지 궁금해진다.

공감하며 듣기

대화는 말하는 것과 듣는 것으로 이루어진다. 그런데 보통 대화라고 하면 말을 잘 하는 것에 대해서는 관심을 가지고 있지만, 듣는 것에 대해서는 별로 관심을 기울이지 않는다. 탈무드에서는 입이 하나이고 귀가 두 개인 이유에 대해 '한 번 말하고 두 번 들으라'는 뜻이라고 하였다. 진정한 친구가 누구일까를 가만히 생각해 보면, 나에게 말을 많이 하는 사람이 아니고, 내 말을 잘 들어주는 사람일 것이다. 우리 모두는 자기 말에만 분주하고 들어주는 일에는 참 인색하다. 부모는 자녀가 자기 말을 잘 안 듣는다고 불평하고, 자녀는 부모가 자기 말을 잘 안 들어준다고 불평한다. 선생님은 학생들이 자기 말을 안 듣는다고 불평하고, 학생은 선생님이 자기 말을 안 들어준다고 불평한다. 우리가 가족과 이웃을 사랑하는 방법이 많이 있겠지만, 시간을 내서 상대방의 말을 잘 들어주는 것은 좋은 사랑의 방법이 된다. 어떻게 하면 잘 들을 수 있을까?

듣기가 잘 되지 않는 근본적인 이유는 우리가 듣기에 대해서 잘못된 인식을 가지고 있기 때문이다.

첫째는 듣는 것은 자연적인 것이어서 따로 배울 필요가 없다는 인식이다. 그러나 말하기, 읽기, 쓰기와 마찬가지로 잘 듣기 위한 교육과 훈련이 필요하다.

둘째는 소리를 듣는 것과 뜻을 듣는 것이 같다고 생각하는 인식이다. 소리를 듣는 것은 물리적인 과정이지만, 뜻을 듣는 것은 고도의 인지적인 과정이다. 말하는 것보다 생각하는 것의 속도가 훨씬 빠르기 때문에, 우리의 뇌는 실제 들리는 소리보다 훨씬 더 많은 것들을 더해서 처리한다. 말이 느린 속도로 도착하는 동안에도 뇌는 아주 빠른 속도로 생각을 계속하고 있다는 말이다. 평균적으로 사람이 1분당 125개의 단어를 말하는데, 뇌는 800개의 단어를 처리한다고 하니, 강의를 들으면서 머릿속으로 사업도 구상하고, 쇼핑도 하고, 강의 마치고 뭐할까 생각하는 것도 자연스러운 현상이라고 해야 할 것이다. 이렇게 상대방 말을 듣는 것과 자신의 세계 사이를 오가는 사이에 상대방의 말을 놓치게 되어, 실제로 대부분의 사람들은 상대방 말의 절반 정도만 듣게 된다.

셋째는 듣는 사람이 가지고 있는 관심과 욕구와 동기가 다르다는 것을 인식하지 못하는 것이다. 말하는 사람에 대해 호의를 갖는 사람도 있지만, 싫어하는 사람도 있고, 말하는 주제에 관심이 있는 사람도 있지만, 관심이 전혀 없는 사람도 있게 마련이다.

보통 우리가 듣는 방식에 네 가지 유형이 있다. 첫째는 판단하며 듣는 유형, 둘째는 질문하며 듣는 유형, 셋째는 조언하며 듣는 유형, 넷째는 공감하며 듣는 유형인데, 같은 말을 했을 때 보이는 반응이 각각 다르다.

예를 들어 내가 "그 사람이 나한테 막 화내는 거 있지?"라고 말을 했을 때, 판단하며 듣는 경우는 "네가 그런 식이니까 그 사람이 화를 내지. 그 사람도 화내는 것이 좋아서 화를 낸 건 아니라고 생각해" 하는 식으로 판단하며 듣는 유형이다. 이런 사람들은 미리 자신의 마음을 정해 놓고 진실을 받아들이려 하지 않는 유형으로, 비평적이고, 부정적이며 선입견에 사로잡혀 있는 사람들이 많다.

둘째는 질문하며 듣는 경우인데, 내가 "그 사람이 나한테 막 화내는 거 있지?"라고 말을 했을 때 "아니, 네가 어떻게 했기에 그 사람이 화를 냈어? 쓸 데 없는 말로 그 사람 자존심을 건드린 거 아니야?" 하는 식으로 질문을 하며 듣는 유형이다. 이런 사람들은 상대방에게 계속해서 많은 질문을 던지며 대화를 하지만, 반복되는 질문은 오히려 대화에 부정적인 요소로 작용하게 된다.

세 번째는 조언하며 듣는 경우인데, 내가 "그 사람이 나한테 막 화내는 거 있지?"라고 말을 했을 때 "그러니까 다음부터 그런 말 하지 마. 자존심 자극하는 말은 상대방 기분만 상하게 할 뿐이라는 걸 생각해야지." 이런 식으로 조언하며 듣는 유형이다. 이런 사람들은 자신이 평가를 내릴 만큼 듣고 나면 상대방이 원하지도 않는 조언을 하기 때문에 상대방에게 무슨 조언을 할까를 생각하느라고 사실은 상대방의 말을 잘 들을 수 없다.

네 번째는 공감하며 듣는 경우인데, 내가 "그 사람이 나한테 막 화내는 거 있지?"라고 말을 했을 때 "응, 그 사람이 너한테 화를 냈구나" 하는 식으로 공감하며 듣는 유형이다. 주위를 둘러보면 공감하며 말을 듣는 사람들은 거의 찾아보기 어렵다. 그런데 이것이 가장 효과적인 방법이다. 상대방의 언어적 표현뿐 아니라 메타-메시지까지 알아내기 위해 목소리,

얼굴 표정, 동작에도 주의를 기울이며 열심히 듣는 방법이다.

공감하며 듣는 것은 특별한 기술이 필요한 것은 아니다. 먼저 상대방의 말이나 표정, 태도를 주의 깊게 받아들이고 그 말에 대해서 논리적으로나 감정이입을 통해서 추측을 한 다음에 "너는 이렇게 느낀 것 같은데, 내 추측이 맞는 거니?" 하면서 돌려주는 것이다. 상대방한테 들은 것을 다시 확인하면서 "응, 그렇구나"라는 말로 돌려주면서 정말로 그 말을 이해하고 있고, 또 그 말을 경청했다는 것을 적극적으로 나타내 주는 것이다.

•대화 1

김 대리　저 요즘 출근하기 정말 싫어요.

민 과장 그걸 말이라고 해? 요즘 같은 세상에 직장이 있다는 걸 고맙게 생각해야지. 김 대리는 군대도 안 갔다 와서 세상 물정을 몰라.

김 대리의 말에 대한 민 과장의 반응에는 '그걸 말이라고 하느냐?'는 질문, '요즘 직장이 있다는 걸 고맙게 생각하라'는 조언, '군대 안 갔다 와서 세상 물정을 모른다'는 판단이 다 들어있다. 이렇게 말하면 김 대리는 더 이상 할 말이 없어진다. 게다가 근거도 없이 자기를 세상 물정 모르는 사람이라고 말하니까 더 이상 함께 이야기하고 싶지도 않고, 기분이 상해서 이야기를 시작한 것을 후회할 것이다. 그럼 공감하면서 들으면 어떻게 될까?

• 대화 2

김 대리 나 요즘 출근하기 정말 싫어요.

민 과장 요즘 출근하기가 싫은가 보네요.

김 대리 네, 그래요. 고속도로까지 길이 얼마나 막히는지 거의 주차장이에요.

민 과장 아, 길이 많이 막히는가 보군요.

김 대리 예, 아파트는 많이 지어 놓고, 길은 제대로 만들지를 않아서 차가 움직이지를 않아요.

민 과장 고속도로까지 오는 길이 엉망인가 보네. 도로를 잘 만들어 놓고 입주를 시켰으면 좋았을 텐데…….

김 대리 그러게 말이에요. 이 기회에 이 근처로 이사를 하면 어떨까요?

민 과장 그래요. 요즘 이 근처도 생활환경이 많이 좋아졌어요.

공감하며 들을 때는 거의 상대방이 한 말을 "네", "~군요" 하면서 돌려주고 있다. 그런데, 그런 과정을 통해 상대방은 자기가 하고 싶었던 말을 다 하게 되고, 때로는 의견을 물어오기도 한다. 이럴 때 자신의 견해를 말해 주면 상대방은 하고 싶었던 이야기를 다 했을 뿐 아니라 끝까지 들어준 나에 대해 좋은 인상을 가지게 되는 것이다. 이런 방식의 대화는 이야기를 다 듣기도 전에 "세상 물정 모른다"고 판단해 버리는 대화와는 차원이 다른 대화를 가능하게 하는 것이다. 사연을 잘 듣고 말하기 위해서 공감하며 듣기의 방법은 매우 중요하다. 공감하며 듣는다는 것은 상대방의 틀 안으로 들어가는 것, 다시 말해서 상대방의 관점을 통해서 사물을 보는 것이고, 상대방이 세상을 보는 방식에 입각해서 세상을 보는 것이다.

공감하며 듣기는 가정에서도 꼭 필요한 방법이다. 집에 돌아온 아이가 "아빠, 나 피곤하고 졸려요"라고 말하면 보통 아빠는 '음, 녀석이 어제 컴퓨터 게임을 늦게까지 했나보구나' 하는 생각을 하면서 "그러니까 누가 그렇게 늦게까지 컴퓨터 게임 하래? 오늘부터 컴퓨터 하지 마" 하는 식으로 말을 하게 된다. 이 말은 "그러니까 누가 늦게까지 컴퓨터 게임 하래?" 하는 질문과 "오늘부터 컴퓨터 하지 마"라는 조언으로 되어 있다. 그런데 아빠가 이렇게 말을 하면 아이는 더 할 말이 없어진다. 그래서 "제가 언제 늦게까지 컴퓨터를 했다고 그러세요? 컴퓨터 안 하면 숙제는 어떻게 해 가요?" 하는 식으로 반항을 하게 된다. 이 경우에 공감하며 들으면 어떤 대화가 될까?

• 대화 3

아들　아빠, 나 피곤하고 졸려요

아빠　어, 우리 아들이 피곤하구나.

아들　네, 오늘 야구를 해서 그런가 봐요.

아빠　그래, 오늘 야구를 해서 피곤하구나.

아들　예. 근데, 너무 피곤해서 숙제하기가 싫어요.

아빠　어~ 피곤해서 숙제하기도 힘든가 보구나.

아들　네, 정말 피곤해요. 그렇지만 숙제를 안 하면 안 되겠지요?

아빠　그래, 그런 생각을 하는 거 보니까 우리 아들이 다 컸구나. 이젠 아빠가 염려하지 않아도 되겠어.

공감하며 듣는 것을 통해 비로소 아들이 생각하는 패러다임을 이해하고, 또 느끼는 감정도 이해할 수 있게 된다. 그냥 아들이 하는 말을 받아서 반복해 주면서 "그랬구나" 하는 말만 몇 번 더 해주었는데, 아들은 자기 생각을 계속 더해 가면서 말을 계속해서 스스로 답을 찾을 수 있게까지 되는 것이다.

우리가 어떤 사람과 공감하는 것과 동의하는 것은 다르다. 상대방의 생각에 완전히 동의하지 않아도 상대방과 공감할 수 있다. 공감하며 듣기는 상대방을 먼저 이해하려는 것을 목적으로 하는 대화 방법이기 때문에, 상대방에게 부담을 주지 않고 상대방의 마음을 열 수 있는 정중한 대화 방법이다. 따라서 갈등 없이 상대방의 문제에 접근하고, 자연스럽게 대화를 풀어 갈 수 있도록 해주는 아주 훌륭한 대화 방법이다. 다른 사람의 말을 들으면서 조언이나 격려의 말을 해준답시고 상대방의 입을 막는 경우들이 얼마나 많았던가? 상대방이 원하는 것은 우리의 어설픈 조언이나 충고가 아니라, 깊은 관심과 애정으로 귀 기울여 주는 것이다.

part
4

대화와 인간관계

자기 노출

대화의 걸림돌

이기고 싶은 마음

시더요, 이더시지 마세여

내가 쓰면 재미있고, 남이 쓰면 듣기 싫고

깔보지 마세요

날 따돌려?

무시하지 마세요

수용과 거부

갈등, 피할 수는 없을까?

서먹한 관계, 어떻게 풀까?

part **4**

대화와 인간관계

자기 노출

우리 주위에는 가족, 친구, 동료처럼 이미 만들어진 관계도 많지만, 살아가면서 새롭게 만들어 가는 관계도 많다. 사람을 처음 만날 때는 어떻게 대화를 하면 좋을까? 관계를 만들기 위해서는 먼저 만남이 이루어져야 한다. 특히 결혼을 전제로 이성과 만나는 경우, '소개팅'이나 '미팅' 같은 데 나가서 어떤 사람을 만나 자신을 소개하고, 새로운 단계에 들어가는 것은 물론 즐거움과 설렘도 있지만, 부담스럽고 긴장되며 어색하고 힘든 일이다.

사람을 만날 때, 처음에는 서로 인사하면서 상대방의 인상을 살피게 되고, 일단 대화가 시작되면 서로 몰랐던 것에 대해 발견하려는 탐색에 들어가게 된다. 이 단계에서는 상대방이 자신의 필요에 맞는 사람인지 아닌지를 생각하며, 이 만남이 자신이 원하던 것인지 아닌지를 결정하고, 상대방이 자신이 원하는 방향으로 따라와 줄 수 있는지의 가능성을 타진해 보게 된다.

처음 만나서 짧은 시간 동안에 탐색을 하는 데는 세밀한 분석보다 직관이 더 중요한 역할을 한다. 『스피노자의 뇌』를 쓴 미국의 신경과학자 안토니오 다마지오는 살아오면서 경험한 상황과 관련된 기억들이 뇌의 전전두엽에 남아 있으면서 인생에서 중요한 결정을 내릴 때 영향을 준다고 말한다. 말콤 글래드웰의 『블링크』에서도 처음 2초 동안에 이루어지는 직관적 판단이 얼마나 중요한지를 이야기하고 있다.

그러나 관계 만들기에서 가장 결정적인 역할을 하는 것은 바로 대화이다. 처음 만나서 나누는 약 4분 동안의 대화가 그 사람에 대한 첫인상을 결정하는 데 영향을 미친다. 많은 심리학자들의 연구에 따르면 사람들은 다른 사람을 알아가면서 점점 시각을 변화시키기보다는 첫인상에 고정시켜 놓고 그것을 토대로 삼으려는 경향이 강하다고 하며, 이것을 '으뜸 효과'라는 인식의 오류로 지적하고 있다. 처음 만나서 나눈 말이 상대방에게는 평생 그 사람에 대한 인식으로 남아 있을 수 있다는 것이다.

따라서 처음 만났을 때 주고받는 말의 내용, 즉 음성언어도 중요하지만, 처음 단계에서는 말에 반영된 태도, 즉 동작언어가 더 중요한 역할을 수행한다. 그래서 무엇을 말하느냐보다는 어떻게 말하느냐가 더 중요하다. 의사소통에서 언어적 정보가 7%를 차지한다면 청각과 시각으로 구성되는 비언어적 정보가 93%를 차지한다는 앨버트 맬러비언의 연구를 다시 기억할 필요가 있다.

말할 때 상대방과 시선을 공유하는 것은 친근감의 가장 확실한 표현이다. 상대방에게 아주 흥미가 있거나 상대방이 매력적이라고 생각하는 경우에는 동공이 확대되고 대화 시간의 2/3가 넘도록 시선을 공유하게 된다. 반면 상대방이 눈길을 주지 않거나, 눈을 감고 있는 것이 여러 차례 발견되면, 상대방이 지나치게 부끄러워하는 경우를 제외하고는 자신에게 호감이 없고 지루해함을 나타내는 신호로 해석하면 된다. 그리고 시선을 맞추는 동안에 미소를 지으며 상대방에 대한 관심과 긍정적 반응을 표시하고, 초점을 집중하는 것이 좋다. 그렇지만 너무 직선적으로 쳐다보아서 상대방을 불편하게 하지 않도록 주의해야 된다. 턱의 각도도 중요한데, 의혹이 있거나 불안하면 턱이 아래쪽으로 당겨지고, 자신감이 있을 때는 위로 올라가게 된다. 처음 만남에서는 아무래도 불안하거나 의혹이 생겨서 턱이 아래로 당겨질 가능성이 많은데, 그렇다고 턱에 너무 힘을 주어 올리면 건방지고 공격적인 인상을 주게 되니까, 목을 쭉 펴고 턱이 바닥과 평행을 이루도록 하는 것이 가장 좋다.

상대방과 물리적인 거리를 줄일 수 있도록 가까이 접근해서 상대방에 대한 친밀감을 표현하는 것도 좋다. 가까운 거리에서는 작고 부드러운 목소리로 이야기할 수 있는 것도 거리가 멀어지면 목소리가 커지고 딱딱해질 수 있고, 가까운 거리에서는 비형식적인 구어체로 편안하게 이야기할 수 있지만, 거리가 멀어지면 형식적인 문어체로 말하게 되기 때문이다. 그러나 상대방의 기대나 예상보다 더 가까이 다가가서 상대방을 불편하게 해서는 안 된다. 또한 가슴에 팔짱을 낀다거나, 아랫배에 손을 가로지른 채 꼭 잡고 있는 것과 같은 폐쇄적인 태도는 자기도 모르게 긴장이 되어서 나타날 수 있지만, 상대방에게는 접근하지 못하도록 하는 신호로 해석되어서 상대방은 자신에 대해 부정적인 태도를 보인다고 받아들일 수 있다.

그럼, 말은 어떻게 해야 할까? 보통 처음 만나서 관계가 진행되는 것을 세 단계 정도로 나누어 보면 처음에는 개인 신상에 관한 정보나 일반적인 태도 같은 것을 이야기하는 소개 단계를 거쳐서, 그 다음에는 중요한 가치나 태도와 관련된 정보들을 교환하는 단계를 지나게 되고, 그 다음에는 앞으로 이 관계를 계속 유지할 것인지, 아니면 종결할 것인지를 결정하는 단계에 이르게 된다. 한 번 만나서 이 세 단계를 모두 거칠 수도 있지만, 보통의 경우 시간을 두고 만나면서 이런 결정을 내리게 된다.

먼저 자신을 소개할 때, "저는 한국주식회사 관리부에 근무하는 이동수입니다"와 같이 의례적인 인사는 피하는 것이 좋다. 상대방이 이미 자신에 대한 정보를 가지고 있을 수도 있고, 그렇지 않다 하더라도 이야기를 진행시켜 가면서 자신에 대해 이야기하는 것이 바람직하기 때문이다. 또한 대화의 초점을 상대방에게 두고, 상대방이 자신에 관해 말할 수 있도록 대화를 이끌어야 한다. 이런 상황에서 "전 당신에 대해서 알고 싶은 게 많아요. 당신에 대해서 좀 말씀해 주시겠어요?"와 같이 막연한 질문을 하면 더 긴장하게 되기 때문에 상대방의 긴장을 풀어줄 수 있는 말을 하는 것이 좋으며, 대답하기 쉬운 말로 의례적인 질문을 하는 것이 첫 대화로는 좋다. 예를 들자면 "반지가 무척 세련되네요. 이게 뭐로 만든 건가요?" 하는 것처럼 상대방이 가지고 있는 책이나 소지품 같이 외부적인 것에서 발견한 특징을 칭찬하는 말로부터 시작해서 자연스럽게 답변을 이끌어 내는 것이 분위기를 부드럽게 만들어 줄 수 있다. 또 질문을 할 때 "커피 좋아하세요?"처럼 단답형으로 네/아니요 답할 수 있는 닫힌 질문보다는 "어떤 차를 즐겨 드시나요?"와 같이 보다 구체적인 대답을 요구하는 열린 질문을 하는 것이 좋다. 이러한 구도의 대화는 상대방에게 호감을 줄 수 있을 뿐만 아니라, 상대방에 대해서 더 잘 알게 되는 기회가 되기도 한다.

• 대화 1

정미 동근 씨, 음악 좋아하세요?

동근 네, 음악은 다 좋아하지요. 전 요즘 가벼운 음악을 즐겨 듣고 있어요.

정미 아, 그러세요? 저도 책을 보거나 일을 하면서도 편안하게 들을 수 있는 음악들을 좋아해요.

동근 저랑 취향이 비슷하신 것 같네요. 그럼 케빈 컨의 음악도 자주 들으시나요?

정미 그럼요. 그분의 음악 자체도 좋지만, 시작 장애를 극복한 점도 존경스럽고 음악에도 시각까지 청각으로 표현하는 것 같아서 참 풍성하다는 느낌을 받아요.

동근 그런 것까지 느끼시는 걸 보면 참 감성이 풍부하신가 봅니다. 지난

번 내한 공연 가셨어요?

정미 아, 세종문화회관에서 한 거요. 동근 씨도 가셨어요?

이 대화는 서로 상대방이 이야기를 하도록 말을 열어 줄 뿐 아니라 '취향이 비슷하다', '감성이 풍부하다'라며 공통점을 찾거나 칭찬을 해주고 있다. 처음 만나는 단계에서는 이와 같이 공통점을 찾아 내고, 상대방의 장점을 찾아서 칭찬하는 대화가 서로에게 좋은 인상으로 남을 수 있게 만드는 좋은 대화법이다. 진심으로 상대방의 장점을 발견하기 위해 노력하고, 진실하고 긍정적으로 칭찬해야지, 입에 발린 말일 경우에는 오히려 역효과를 불러올 수 있다. 상대방을 칭찬할 것이 없다고 생각되면, 먼저 자신이 진심으로 상대방에게 관심을 가지고 있는지를 생각해 볼 필요가 있다.

또한 서로의 공통점을 찾아 이야기하는 것이 좋은데, 예를 들자면 함께 관심을 가지는 음악이나 예술, 개성, 함께 알고 있는 제3의 인물이나 장소, 영화 등과 같이 둘 사이를 연결해 주는 것은 어떤 것이라도 찾아서 함께 이야기하는 것이 호감을 줄 수 있다.

관계를 만들어 가면서 자기 자신을 어느 정도 드러내 보이느냐 하는 문제는 매우 중요하다. 이것을 자기 노출이라고 하는데, 상대방이 다른 출처에서는 발견할 가능성이 없는 자신에 대한 정보를 자발적으로 이야기하는 것을 말한다. 관계가 친밀해질수록 자신을 개방하고 싶어지고, 상대방이 개방해 주기를 바라는 마음이 생긴다. 그렇다면 상대방에게 어느 정도 자기를 드러내는 것이 좋을까? 우리는 일반적으로 친한 관계가 되려면 서로 투명해야 한다고 생각한다. 그리고 자기를 드러낸 만큼 서로 가까워진다고 생각한다. 그렇지만 자기에 대해 투명하게 다 보여 준다고 해서 가까워지는 것은 아니다. 조금 호감을 가지고 있던 친구라고 해도 여행을 함께 다녀오고 나서는 그 친구와는 더 깊이 사귈 수가 없다고 생각하는 경우도 종종 있다.

극단적으로는 만나자마자 자기를 다 드러내는 사람들도 있다. 간혹 버스나 지하철 안에서 "차 안에 계신 신사, 숙녀 여러분, 저는 전과 13범으로 교도소에서 어제 막 출소한 사람입니다"라고 말하는 사람을 볼 수 있다. 이것이 극단적인 부정적 자기 노출인데, 이런 사람들은 물론 하나도 숨김없이 자신을 있는 그대로 드러내고 있지만, 그렇다고 가까워지거나 친근감이 느껴지지는 않는다. 이처럼 서로 가까워지기도 전에 너무 개인적인 이야기를 하면 자신을 편안하게 생각한다는 점에서 긍정적인 면으로 생각되기도 하지만, 분별력이 좀 떨어지는 사람이라는 생각이 들 수 있다.

자기 노출에 관한 연구 결과를 보면, 상대방이 긍정적인 면을 드러내면 매력을 느끼게 되지만, 부정적인 면을 드러내는 것은 매력과는 아무 상관이 없다고 나타난다. 그리고 자기 노출은 적정선까지만 해야지, 무조건 다 드러내는 것은 관계를 좋게 만드는 데 전혀 도움이 되지 않는다. 노출의 정도와 만족도의 관계를 보면 전혀 노출을 하지 않은 상태나 모든 것을 노출한 상태에서는 만족도가 가장 낮은 것으로 나타나고, 중간 수준 정도 노출을 했을 때 최고의 만족도가 나타난다. 따라서 관계를 시작하는 단계에서는 너무 부정적이거나 지나치게 개인적인 자기 노출은 하지 않는 것이 좋다. 때에 맞는 말을 하는 것이 가장 지혜로운 대화법이다.

다른 사람을 만나서 친구나 애인, 동료와 같은 관계를 만들어 가는 것은 외로움을 감소시켜 줄 뿐 아니라 삶에 꼭 필요한 자극과 기쁨을 준다. 소중한 관계를 만들어 가려면 상대방을 배려하는 따스한 태도로 예절을 지키면서 서로의 공통점을 찾아가며 진심 어린 칭찬을 하는 것이 좋으며, 긍정적인 분위기에서 자신을 적절하게 드러내는 것이 좋다.

대화의 걸림돌

인간관계에 있어서 대화는 절대적인 영향력을 가지고 있다. 같은 말이라도 나와 친한 사람, 내가 좋아하는 사람이 한 말과 그렇지 않은 사람이 한 말은 받아들이는 데도 큰 차이가 난다. 그런데 어떤 말들은 관계를 점점 더 나쁘게 만들기도 한다. 그 말을 듣는 순간 대화하고 싶은 마음은 사라져 버리고, 반항하거나 자리를 뜨고 싶어지는 것이다. 그렇다면 걸림돌이 되는 대화에는 어떤 유형이 있을까?

첫째, 경고형 대화이다. 앞서 살펴본 바와 같이 언어철학자들은 말이 사람들이 수행하는 행동의 한 부분이라고 보았다. 이런 관점에서 볼 때 "여기 돌이 있네" 하는 서술문은 자기 생각을 나타낼 뿐이지 다른 사람에게 요구하는 것은 없다. 거기에 비해 "이게 뭐예요?" 하는 의문문은 상대방에게 대답을 요구하고 있고, "이 돌 좀 치우세요" 하는 명령문은 자기는 입만 움직이면서 상대방은 몸을 움직여서 다른 일을 하도록 시키는 것이다. 그렇기 때문에 명령을 하거나 강요하는 말, 경고를 하거나 위협하는 말은 아무리 가까운 사이이고, 말하는 사람이 월등히 큰 힘을 가지고 있다 하더라도, 상대방에게 공포감을 불러일으키거나 심한 반항을 유발할 수 있다. 명령이나 강요에 대한 일차적인 반응은 반발이며, 경고나 위협에 대한 일차적 반응은 저항이다. 따라서 이런 말들은 인간관계에서 반발이나 저항, 분노와 반항을 불러일으키는 요소가 될 수 있다. 그런 점에서 자신의 언어 습관 가운데 명령이나 강요가 자주 사용되고 있다면, 인간관계에서 자신에게 반발을 하고 있는 사람이 많다고 생각하면 틀리지 않을 것이다. "이거 안 하면 그냥 두지 않는다" 등과 같은 경고형 대화는 될 수 있는 대로 피하고, 명령문보다는 의문문이나 서술문을 통해 요청이나 부탁으로 바꾸어서 표현하는 것이 좋다.

둘째는 설교형 대화이다. 우리는 존경하는 분들로부터 훈계나 설교를 듣는 것을 의미 있게 생각한다. 그러나 일상적인 관계에서 설교조의 대화가 나오면 매우 거부감을 느끼게 된다. 훈계나 설교는 의무감이나 죄책감을 느끼도록 강조하는 것으로, 상대방이 미처 생각하지 못한 것을 나는 생각하고 있다는 것을 전제로 하게 된다. 따라서 상대방은 체면의 손상을 느끼게 되어 자기 방어적인 반응을 보이거나, 고집을 부리게 되는 것이다. 이러한 대화는 상대방을 신뢰하지 않는다는 것만을 전달할 뿐 아무런 소득도 없이 대화만 단절시키게 된다. 물론 충고하고, 해결 방법을 제시하는 것이 나쁠 이유는 없다. 그러나 상대방이 받아들이고 싶은 마음의 상태에 이르기 전에 일방적으로 충고를 하는 것은 상대방으로 하여금 스스로 할 수 없다는 것을 암시하고 있기 때문에 상대방의 반항심을 유발시켜 대화의 걸림돌이 된다.

셋째는 논쟁형 대화이다. 논리적인 설득이나 논쟁은 정치나 학문의 세계뿐 아니라 갈등 해소를 위해서도 꼭 필요한 대화이다. 그러나 일상적인 대화에서 "이러이러한 관점에서 생각을 좀 해봐"라든지, "그런 식의 생각은 사회적 통념에서 볼 때 윤리적 기준에 어긋난다는 점에서 문제가 있다니까" 하는 식의 표현을 하면 상대방은 '내가 이런 생각도 못한다고 판단하고 저런 식으로 말을 하는구나' 하는 생각을 하게 만들어서 열등감이나 무력감을 암시하고 있는 것으로 받아들이게 한다. 따라서 상대방이 방어적인 자세를 갖고, 반론을 찾게 만든다. 이것은 대화에 자존심을 걸게 만드는 요소가 되어서 오히려 상대방이 자신의 말을 무시하거나 듣기를 거부하도록 만드는 계기가 될 수 있고, 인간관계에 심각한 문제를 만드는 요인이 될 수 있다.

또한 다른 사람의 말을 꼬치꼬치 캐묻는 언어 습관을 가진 사람들이 있는데, 이 역시 대화를 지속할 수 없게 만든다.

• 대화 1

선생님 너 요즘 왜 그렇게 힘이 없니?

학생 그냥 좀 힘이 들어서요.

선생님 왜 힘이 드니?

학생 공부가 잘 안 돼서요.

선생님 왜 공부가 안 되니?

학생 잘 모르겠어요.

선생님 네 문제를 네가 모르면 누가 아니?

학생 선생님, 그렇게 꼬치꼬치 물으시면 제가 어떻게 말을 하지요?

이 대화처럼 캐묻기식의 대화가 진행되면, 상대방은 도대체 무슨 의도로 저런 질문을 하고 있는지를 생각하게 되고, 불안해하거나 두려움을 느끼며 반항하게 된다. 또 쏟아지는 질문에 대답을 하다 보면, 말하고자 했던 문제의 핵심을 놓쳐 버리기도 한다.

넷째는 분석하고 진단하는 말이다. "너 얼굴이 부은 걸 보니, 어제 무슨 일이 있었구나. 그렇지?" 하는 식으로 상대방을 분석하고 진단하듯 말하는 것은 사실을 확인하지도 않고 자기 판단만을 근거로 마치 사실인 것처럼 몰아간다. 이것은 상대방을 궁지로 몰거나, 실제와는 다르게 왜곡되어 알려지는 것에 대한 두려움을 갖게 하여 더 이상 대화를 지속하기 어렵게 만든다. 이 가운데 특히 '나는 모든 것을 알고 있다'라고 말하는 전지적 대화가 있다. 이것은 바루치 피쇼프가 후견지명 오류(hindsight bias)라고 말한 인지적 오류의 유형으로 매우 놀라야 할 사건도 당연한 것으로 간주하는 것이다. 발생할 결과를 미리 예측할 수 있었다고 여겨서 "거 봐", "그러게 내가 뭐라 그랬어", "내가 그럴 줄 알았다", "보나마다 뻔하다", "내가 그럴 때부터 다 알아봤다" 하는 식의 표현을 하는 것이다.

• 대화 2

진숙 아이구, 이게 무슨 일이야? 어쩌다 사고가 난 거야?

민기 길이 얼어서 미끄러지면서 부딪혔어요.

진숙 그러게 내가 뭐 했어? 이럴 때 길이 제일 미끄럽다고 조심하라 그랬잖아? 내가 아침에 서둘러 나갈 때부터 다 알아 봤다.

민기 이런 말 하려고 쫓아 왔어요? 차라리 오질 마시지.

그런데 보통 이런 말을 하는 상황은 대부분 상대방에게 일이 잘 되지 않아서 난감한 경우이다. 속으로 안타까운 마음이 있어서 이런 말을 하지만, 일이 잘 못 되어서 문제가 발생한 상황에서 필요한 것은 따스한 위로이지, 분석이나 진단이 아니고, 더구나 나는 알고 있었다는 것과 같은 말은 대화를 엇나가게 만들 뿐이다.

이와 함께 극단적인 표현으로 비평하고 비난하는 말도 걸림돌이 된다. 예를 들어 "넌 단 한 번도 제대로 한 적이 없어", "보나마나 뻔해!", "넌 언제나 그 모양이라니까" 등과 같이 극단적인 말을 사용해서 감정적으로 비평하면 그 즉시 대화는 단절된다. 따라서 '한번도', '언제나', '절대로', '전혀', '아무리' 등과 같이 감정적인 상태가 되었음을 나타내는 표현들은 매우 조심하지 않으면 안 된다.

• 대화 3

정민 다녀올 게요.

엄마 가면 뭘 하니? 또 마음에 안 든다고 그럴 걸. 보나마나 뻔하다.

정민 엄마가 약속 잡아 놓으시고 왜 그러세요?

엄마 네가 한 번이나 제대로 한 적이 있어? 절대로 속 안 열고, 언제나 그 모양이니 가면 뭘 하냐고.

정민 그럼 가지 말까요?

때로는 동정하는 말이나 위로하는 말도 걸림돌이 된다. "야, 별것 아닌 일 가지고 그렇게 걱정하지 마. 다 잘 되겠지"라고 말하면 "너한테는 이게 별것도 아니냐? 뭐가 무조건 다 잘 돼?" 하는 식으로 반발을 하게 만들 수도 있다. 동정하거나 위로하는 것은 상대적으로 자기가 더 우위에 있다는 것을 암시하므로 상대방과의 관계를 고려하지 않고 말할 경우 기분이 상할 수도 있기 때문이다.

따라서 일상적인 대화에서 습관적으로 경고형, 설교형, 논쟁형, 전지형, 극단형의 대화 유형을 사용하는 것은 대화 자체를 엇나가게 만드는 걸림돌이 되어 대화를 통해 서로 소통하는 것에 오히려 장애가 될 수 있다. 경고나 설교, 논쟁 같은 말들이 언제나 걸림돌이 되거나 대화의 방해 요소로 작용하는 것은 아니다. 평소 친밀하고 신뢰할 수 있는 관계가 유지된다면 무슨 말을 해도 서로 받아들일 수 있기 때문이다. 그러나 특정한 상황이 아닌 일상적인 대화에서 습관적으로 이런 말들을 사용하는 것은 대화 자체를 거부하게 만드는 원인이 될 수 있어서 조심할 필요가 있다.

이기고 싶은 마음

       대화를 하다 보면 어느 시점에서 대화가 언쟁으로 바뀌는 경우가 있다. 왜 그럴까? 이것은 협동의 원리보다는 승부의 원리가 크게 작용하기 때문이다. 처음에는 그럴 의도가 없었는데도 대화를 나누다 보면 어느새 언쟁으로 바뀌게 되고, 그 상황에서 자신이 꼭 이겨야 한다는 생각으로 대화를 이끌어 가는 것이다.

  이런 상황은 주로 생활 방식이나 취향, 심미적 기준, 정치적 신조, 인생의 목표, 개인적 습관 등이 달라서 가치 갈등이 있을 때 나타나는 경우가 많다. 가치 갈등이 생기면 대부분의 사람들은 자기가 제시한 해결 방법이 옳은 것임을 주장하려고 한다. 다시 말해서 그 상황에서 반드시 자신이 이기고 싶어 하는 것이다.

  대화에서 이기기 위해서 어떤 방법을 쓸까? "목소리 큰 사람이 이긴다"는 말은 우리가 이기기 위해서 사용하는 힘의 한 유형을 대변하는데, 이처럼 자신의 힘과 권위를 사용해서 상대방을 이기려는 방법이 있다.

•대화 1

딸 나 빨간 바지 살 거야.

엄마 너 제정신이니? 바람난 중년 부인도 아니고, 그렇게 천박한 옷을 어떻게 입어? 늙은이들은 원색적인 옷을 좋아한다더라. 그러니까 이제부터 바람난 늙은이 소리 듣기 싫으면, 그런 말은 하지도 마.

딸 젊은 사람은 빨간 옷 입지 말라는 법 있어?

엄마 글쎄, 엄마가 안 된다면 안 돼.

이와 같이 자신이 가지고 있는 경험이나 연륜, 나이, 지식 등과 같은 내적 요소나 큰 목소리, 거친 행동 등과 같은 외적인 요소를 통해 상대방을 제압하고 이기고자 하는 것이다. 권위적 방법을 사용하면 자신은 이기게 되고, 그 결과 상대방의 체면은 손상시키는 것이 된다.

그런가 하면 겉으로 보기에는 상대방을 이기게 하는 것처럼 보이지만, 그 문제에 대해서 방임함으로 이기고자 하는 방법도 있다.

• 대화 2

딸 나 빨간 바지 살 거야.

엄마 난 빨간 바지는 정말 싫어. 다른 걸로 고르면 안 될까?

딸 왜 그래? 빨간 바지가 얼마나 멋있는데?

엄마 그래, 네가 빨간 바지를 입든, 노란 바지를 입든, 내가 간섭할 것 없지. 난 정신이 아픈 사람들이나 그런 옷을 입는 줄 알았는데, 그것도 아니군.

딸 무슨 말을 그렇게 해?

엄마 글쎄, 사고 싶으면 사라고. 난 아무 상관없어.

이 대화는 표면적으로는 엄마가 딸의 주장을 수용하는 것처럼 보여서 상대방을 이기게 하는 대화로 느껴진다. 그러나 이런 방식으로 방임하면서 상대방을 이기게 만드는 방식은 상대방에 대한 무관심이나 포기를 표면적으로 드러내는 것이며, 더 이상 이야기하기조차 싫다는 것을 암시하고 있으므로 상대방의 체면을 손상시키게 된다.

이처럼 가치 갈등이 있는 상황에서 자신이 이기기 위해서 힘과 권위를 사용하거나 상대방을 방임하는 것은 대화의 장애 요소가 된다. 따라서 권위나 힘 따위에 의존하지 않고 방임하지도 않으면서, 아무도 지는 사람이 없고 모두 이기는 무패의 방법(win-win)이 제일 좋은 방법이라고 할 수 있다.

이것은 서로가 서로의 욕구를 만족시켜 줄 수 있는 해결책을 찾아가는 대화 방법이고, 지는 사람이 없이 대화 참여자 모두가 이기는 방법이다. 즉, 대화에 참여한 사람들이 모두 자기가 생각하는 가능한 해결책을 제안하고 평가해 본 후, 가장 좋은 해결책을 찾고, 어떤 방법으로 실행할 것인지를 결정하는 것이다. 이때 힘이나 권위를 이용한 위협적인 방법은 절대로 사용하지 않고, 누구의 체면도 상하게 하지 않는 것이 가장 좋은 방법이다.

• 대화 3

딸　나 빨간 바지 살래.

엄마　근데, 내 생각에는 네가 빨간 바지를 사는 게 좀 못마땅해. 다른 사람들한테 가볍게 보일까 봐 걱정도 되고.

딸　빨간 바지를 입으면, 정말 남들이 날 가볍게 볼까?

엄마　내 생각으로는 많은 사람들이 그렇게 생각할 것 같아.

딸　그래도 빨간 바지가 사고 싶은데 어쩌지?

엄마　그럼, 모양은 비슷하지만 색은 좀 다른 걸로 마음에 드는 건 없을까?

딸　이번에는 꼭 빨간색을 사고 싶어. 조금 더 지나면 못 입을 것 같고.

엄마　그럼, 빨간색으로 된 조끼나 티셔츠를 사고, 바지는 다른 색으로 고르면 어떨까?

딸　그래, 위에다 빨간색을 입으면 가볍게 보이진 않겠지?

엄마　그럼, 바지보다는 훨씬 낫지.

가치 갈등이 있는 상황에서 무패의 방법을 찾는다는 것은 쉬운 일이 아니다. 그러기 위해서는 먼저 자신의 관점을 고수하려는 생각에서 벗어나 유연한 마음을 가지고 서로에게 이익이 되는 것을 찾으려는 열린 사고가 필요하다. 내가 먼저 이런 말을 했기 때문에 끝까지 고수하고 내 뜻을 관철시켜서 이겨야 한다는 생각을 벗어나지 않으면 답을 찾을 수 없게 된다.

둘째는 지금 갈등을 일으키는 문제와 사람을 분리시키는 것이다. 내 자녀이고, 내가 상급자이기 때문에 내가 가진 힘이나 권위를 이용해서 문제를 해결하려고 하는 것을 피하고, 상대방의 관점으로도 상황을 보면서 서로 어떤 부분에서 인식의 차이가 있는지 명백히 해야 한다. 상대방의 감정도 이해하고 인정해야 하며, 나의 감정도 숨길 필요가 없다. 그러나 감정적인 판단이 되어서는 안 되며, 상대방이 감정적 폭발을 한다면 직접 대응하지 않는 것이 좋다.

셋째는 객관적인 기준을 사용하고 주장해야 한다. 답을 찾기 전에 다양한 가능성을 찾아보고, 어떤 기준이 가장 적절한지에 대해 서로 의견을 나눈 다음 객관적인 기준에 근거해서 답을 찾아가는 것이다.

이런 방식으로 서로 생각하는 해결책을 교환하면서 같이 이기는 방법을 생각해 가면 서로의 체면을 유지시켜 주고 손상시키지 않기 때문에 대화에도 장애가 생기지 않고, 가치 갈등도 해결할 수 있게 된다.

말싸움, 언쟁, 설전 등과 같이 대화를 싸우는 일과 연결시키지만, 대화의 본질은 싸움이 아니라 협동이다. 따라서 이기고 지는 것에 연연해서는 안 된다. 특히 가치 갈등이 있는 상황에서는 서로 같이 이기는 방법으로 대화하기를 연습하는 것이 필요하다.

시더요, 이더시지 마세어

　　　　　　우리는 상대방과 소통하기 위해 언어를 사용하여 표현한다. 그런데 사용되는 언어 자체가 대화를 가로막는 경우가 있다. 예를 들자면, 발음이 부정확해서 내용 전달이 제대로 되지 않거나, 독특한 발성으로 상대방에게 거부감을 주거나 이해할 수 없도록 만드는 경우가 그렇다. 외국어로 말하는 것도 아닌데 발음이 무슨 문제가 되느냐고 생각할지 모르지만, 발음이 정확해야 하는 것은 외국어에만 해당되는 이야기가 아니다. 말이란 소리와 뜻의 이중 구조로 되어 있기 때문에 소리를 잘못 내면 그에 해당되는 뜻도 잘못 전달될 수 있다.

　말소리가 서로 어울려 날 때, 붙어 있는 소리들끼리 서로 영향을 받게 된다. 이때 소리가 바뀌는 현상이 규칙적으로 나타나는 소리들이 있는데, 이런 것을 지키지 않으면 정확한 의사 전달에 어려움이 따른다.

・대화 1

　민영　그 사람 비시 많이 있어요.

230

기은 무슨 비시? 어떻게 생긴 건데?

민영 비슬 많이 졌다고요.

기은 아니, 머리 빗는 비슬 어떻게 많이 지나?

민영이가 말하고 싶은 것은 '빚'이었다. 이것은 [비지], [비즐]로 발음해야 하는데, 계속 [비시], [비슬]과 같이 발음하였기 때문에, 기은이는 머리 빗는 '빗'으로 받아들이고 말았다. 교회에서도 [예수님은 우리의 비십니다]라고 말하는 것을 자주 듣게 되는데, 이것은 [비칩니다]로 소리나야 한다. 빛이신 예수님이 (머리 빗는) 빗이나 (남에게 꾼) 빚이 되면 설교가 아니라 신성모독에 가깝다. 이렇게 잘못 발음하는 현상 가운데 가장 흔하게 들을 수 있는 것이 바로 '꽃'이다. '[꼬치] 예쁘다, [꼬츨] 받았다, [꼬체] 나비가 앉았다'와 같이 발음을 해야 하는데도 여전히 꼬시 예쁘고, 꼬슬 받았고, 꼬세 나비가 앉았다와 같이 잘못 발음하는 일이 많다.

노래를 부를 때도 잘못된 발음을 하는 경우가 많다. "당신이 내 곁을 떠나간 뒤에"에서 '내 곁을'은 [내 겨틀]로 소리내야 하는데, [내 겨츨]로 부르는 사람들이 많다. 이것은 "내 곁이 너무 허전해"라고 말할 때 'ㅣ' 모음 앞에서 [내 겨치]로 되는 것을 'ㅡ' 모음 앞에도 적용했기 때문이다.

우리말의 'ㅣ' 소리는 '전설 고모음'으로 모음 가운데서는 가장 입천장 가까운 곳에서 소리가 나는데, 이것이 입천장에서 소리나는 '구개음'이 소리나는 자리와 가깝기 때문에, 'ㅣ' 소리 앞에 오는 잇소리(치음)인 [ㄷ]이나 [ㅌ]에 해당하는 소리가 구개음인 [지]나 [치]처럼 소리나게 한다. 그래서 '곁+이 〉겨치, 밭+이 〉바치, 끝+이 〉끄치'와 같이 발음된다. 그러나 'ㅣ' 모음이 아닌 소리에서는 이러한 현상이 나타나지 않는다.

• 예시 1

㉮ 당신이 내 곁을[겨틀] 떠나간 뒤에 내 곁이[겨치] 너무 허전했어.

㉯ 꽃밭을[꼳빠틀] 가꾸어 놓으니까 밭이[바치] 넓어 보이는군.

㉰ 오늘은 끝을[끄틀] 보고야 말 거라고 했지만, 정작 끝이[끄치] 보이지
않더구나.

이와 함께 요즈음 대화에서는 강한 소리로 발음하는 것을 매우 즐기
는 경향이 있다. 하지만 된소리나 거센소리로 내야 할 필요가 없는 소리
들을 강음화하여 발음하는 것은 대화의 품위를 손상시킨다.

• 예시 2

㉮ 야, 과사[꽈사]로 장[짱]하고 과대[꽈대] 보내래.

㉯ 작은[짜근]형, 우리 생음악[쌩음악] 들으면서 소주[쏘주/쐬주] 한 잔
마시자.

㉰ 고가도로[고까도로]를 거꾸로[꺼꾸로] 달린다고 차가 폭발[폭팔]하겠니?

㉮와 같은 말은 대학생들이 주로 사용하는 말인데 '학과 사무실'을 줄
여서 '과사'로, 그리고 이것을 강음화해서 [꽈사]로 발음하고, '학생회장'
을 줄여서 '학생장', 또다시 줄여서 '장', 그리고 이것을 강음화해서 [짱]으
로 발음하고, '과 대표'를 줄여서 '과대'로, 그리고 이것을 강음화해서 [꽈
대]로 발음한 것이다. [자근형]보다는 [짜근형], [생음악]보다는 [쌩음악],
[소주]가 아닌 [쏘주], 뒤의 소리가 'ㅣ' 모음도 아닌데 앞에 'ㅣ' 모음과 같
아지는 'ㅣ' 모음 역행동화를 일으켜 [쐬주]로 발음하고, [고까도로]나 [폭

팔]은 글로 쓸 때도 그대로 쓰는 경향이 클 정도로 많이 사용된다.

축약과 강음화 현상은 젊은 세대의 언어에 나타나는 보편적인 현상이다. 우리말이 변해 온 역사 속에서 이렇게 강음화 현상이 나타난 것은 17세기 이후, 그러니까 임진왜란과 병자호란을 겪고 난 이후이다. 전쟁을 겪고 나서 강해진 사람들의 심리는 더 강한 발음을 하게 되고, 이전의 '곶'이 '꽃'으로, '불휘'가 '뿌리'로 소리내게 된 것이다. 이것은 식민지와 6.25를 겪고 나서 더 두드러지게 나타나서 '세련'이 '쎄련'으로, 외래어인 '기타'도 '키타'로 소리내는 것과 같이 강한 발음들이 범람하게 되었다.

요즘 젊은 세대에서 만들어 내는 말도 '쭉쭉빵빵, 짝퉁, 빵꾸똥꾸, 얼짱, 까도녀' 등과 같이 강한 소리를 많이 사용한다. 된소리나 거센소리로 낼 이유가 없는 데도 강음화한 말들을 사용하는 것은 거칠고, 신경질적이고 날카로운 느낌을 주기 때문에 인간관계에서도 부정적으로 작용할 수 있다는 점도 고려해야 하지만, 말은 사고의 반영이기 때문에 그런 말이 많아질수록 국민의 정서도 더 거칠어진다는 점에서 우리말을 사랑하는 마음으로라도 강한 발음, 강한 말들은 자제할 필요가 있다.

발음에도 심리적인 원인이 작용한다. 우리는 누구나 대화 상대자나 대화 상황에 따라 발음을 조금씩 의도적으로 조절할 수 있어서, 면접시험을 보러 가서는 평소보다 더 또렷한 발음으로 정확하게 말한다. 그러나 이러한 정도를 넘어서서 자기의 심리적 상태가 습관적으로 발음에 영향을 주는 경우가 있다.

• 예시 3

㉮ 아이 참, 시저요. 이더시지 마셰요.

㉯ 따랑은 다시 도다오는 거야.

아직 발음기관이 미숙한 어린이가 이런 말을 했다면 문제될 것이 없다. 그러나 성숙하고, 발음기관에 장애가 없는 사람들이 이런 소아편향 발음을 하는 것은 심리적인 것에서 그 원인을 찾을 수밖에 없다. 이른바 혀가 짧지도 않으면서 '혀 짧은 소리'를 하는 경우인데, 실제로는 성대와 목 주변 근육을 과도하게 수축하는 것으로 상대방에게 어리고 귀엽게 보이려는 의도, 또는 사랑받고자 하는 심리의 반영이다. 대개 의존적인 성격이거나 과보호하는 가정에서 자란 사람일수록 소아편향 발성을 하는 경향이 많으며, 20대 여성을 대상으로 조사한 결과 약 28% 정도가 이런 경향을 보인 것으로 나타났다. 이러한 소아편향 발성은 연인들 사이에서 일시적으로 사용되는 경우가 아니라면, 일상적인 대화에서는 나약한 사람이라는 인상을 주어 사회생활에 지장을 받을 수 있으며, 소리 자체가 거칠거나, 쉬거나, 떨리는 목소리로 변하는 발성장애를 일으킬 수 있다.

• 대화 2

미진   저어, 있잖아요. 오늘 좀 일찍······.

김 과장   무슨 말을 하고 싶은 건지 좀 분명히 하세요.

미진   있지요, 제가요, 좀 몸이 그래서요, 지금······.

김 과장   몸이 불편해서 일찍 나가겠다는 건가요?

미진   아니오, 꼭 나가겠다는 건······.

김 과장   그럼 뭔가요?

위의 대화에서 미진은 계속해서 말끝을 흐리고 있다. 그리고 이러한 태도는 김 과장이 신경질적인 태도를 갖게 하는 원인이 되고 있다. 상대방에게 어려운 말을 하면서 어느 정도 주저하는 것은 공손하게 말하려는 의도로 해석할 수 있다. 그러나 미진의 대화처럼 항상 말끝을 흐리는 것이 습관이 되어 있는 경우는 심리적인 불안정이나 자신감의 결여가 원인일 수 있다. 이런 언어 표현은 상대방으로 하여금 매우 답답하게 느끼도록 하는 것이어서 신뢰를 얻을 수 없게 된다.

소리와 뜻이 연결되어서 사용되는 말은 그 사회 구성원들의 약속이다. 외국어를 하면서는 원어 발음에 충실하기 위해서 어린 자녀들의 혀밑을 자르는 수술까지 하는 사람들이 우리말 발음은 아무렇게나 편한 대로 해도 된다고 생각하는 근거가 무엇일까? 한 나라 말의 소리를 약속된 방식과 달리 마음대로 발음하거나 비정상적인 발성 방식으로 말하는 것, 말을 분명히 하지 않고 말끝을 습관적으로 흐리는 것들은 의사소통에 문제를 일으킬 수 있다. 대화를 잘하려면 가장 기초적인 약속인, '정확한 소리'로 말하는 것으로부터 출발하여야 한다.

내가 쓰면 재미있고,
남이 쓰면 듣기 싫고

협동을 추구하는 대화에서 내가 말할 때와 남이 들을 때 극단적으로 느낌이 다른 말들이 있다면 말하는 이가 기준이 될까? 듣는 이가 기준이 될까? 대화를 할 때 특정한 말들은 듣는 이에게 거부감을 주거나 심지어는 모독감을 주어서 대화의 장애 요소가 되기도 한다. 가장 거부감을 주는 어휘는 바로 은어나 비어, 속어, 욕설 등을 사용하는 경우이다.

대부분의 사람들이 싫어하는 이런 말들이 분노를 표출하는 상황과 관계없이 일상적으로 사용된다면, 이것은 이른바 '같이 망가지자는' 표현이기 때문에 사용하는 사람들끼리의 특정한 동류의식을 강조하는 것이다. 특히 자아정체감이나 자존감이 낮을수록 집단 속으로 들어가서 동류의식을 느끼고 싶어하는 욕구가 크기 때문에 청소년기의 학생들 가운데 일부는 이러한 말이 아니면 대화가 불가능할 정도로 많이 사용하기도 한다. 청소년의 90% 이상이 욕설을 사용한다는 조사 결과들이 나오고, 2010년 8월에는 청소년 욕설 사용의 문제에 관해 범정부 차원에서 대책을 마련하겠다는 발표도 하였다. 여기에는 이른바 '조폭 문화'를 비롯한 정치와 사회를 겨냥한 과격한 문화들이 영향을 준 것으로 생각된다.

• 대화 1

상희   너 올라이즈 밴드 노래 들어 봤어?

동민   응, 가사에 욕 많이 나오잖아? '18 尊나게 재수없어'가 제일 유명할 걸.

상희   노래 제목이 '이런 젠장', '쓰레기'도 있고, '병신들 힙합 좋아하네'도 있잖아?

동민   그래도 '전국에 계신 씹새끼 여러분들께'에 욕이 제일 많이 나올 걸.

노래 제목과 가사에서 욕설이 사용될 정도로 욕이 일상화되어 있고, 주위에서 그런 어휘를 사용하기 때문에 정신적으로 미성숙한 시기의 청소년들은 동류의식을 느끼며, 소외당하지 않기 위해, 또 다들 욕을 하는데 자신만 사용하지 않는 것이 상대방을 불편하게 하는 것일까 생각해서 비슷한 수준의 어휘들을 사용하는 것이 일상화되고 있다. 그러나 성숙한 사람들이 이러한 어휘를 사용하는 것은 자신의 품위를 손상시키는 것일 뿐만 아니라, 상대방까지도 같은 수준으로 끌어내리는 것이므로 간접적인 모독이 된다.

은어나 비어, 욕설을 사용하는 이유는 첫째, 욕구 불만으로 인한 반항적 심리가 작용하는 것이고, 둘째, 낮은 집단으로 하향 평준화하면서 수치심을 은폐하려는 심리가 작용하는 것이고, 셋째는 이런 말들을 사용함으로써 말장난이 주는 유희적 쾌감을 맛보기 위한 수단으로 사용하는 것이다.

그렇기 때문에 이러한 어휘를 사용하는 심리 자체가 상대방이나 세상을 향하여 열리는 것을 거부하고, 단절되고자 하는 상태이다. 이런 상태에서 대화란 자신을 방어하기 위해 상대방에 대해 먼저 공격하거나, 집단으로 특정 개인을 공격하는 것이 된다. 그렇지 않은 경우라 하더라도 말장난에 지나지 않아서 깊이 있는 대화로 진행될 수 없고, 표면적으로는 같이 이런 말들을 하는 사람들이 가까운 것처럼 보이지만, 지속될수록 상처를 주고 대화자 사이의 관계를 단절시키게 된다.

서로 다른 지역어를 사용하는 것도 대화의 장애 요소가 된다. 같은 고향 친구들끼리 만나서 그 지역의 방언으로 대화를 나누는 것은 당연한 일이지만, 서로 다른 지역의 사람들끼리 대화하게 될 경우, 특정 방언의 어휘를 사용하는 것은 의미 전달에 장애를 가져오게 된다.

• 대화 2 (경상도 아저씨가 식당에 가서 국밥을 먹다가)

아저씨　　아주무이, 대파주이소.

식당 주인　뭐를 달라고요?

아저씨　　어데예, 쪼매 대파주이소.

식당 주인　대파를 조금 달라고요?

아저씨　　에고마 답답타. 이거 쫌 뜨숩게 대파주이소.

이런 이야기는 유머로 들을 수 있지만, 일상 대화에서 특정 지역어가 사용될 때 앞뒤 문맥에 대한 추론을 바탕으로 서로의 순발력 있는 협동이 이뤄지지 않으면 대화에 장애를 일으키게 된다. 다문화 사회에 접어든 한국 사회에서 이와 같이 서로 다른 어휘를 사용해서 장애가 생기는 경우는 더 다양한 양상으로 나타날 것이며, 이런 경우 나와 다른 것에 대한 거부감보다는 순발력 있게 협조하는 대화를 이끌어 갈 수 있는 열린 마음이 더 중요한 요소가 될 것이다.

이와 함께 국제화, 세계화라는 말과 함께 세계 각국의 언어들을 섞어서 대화하는 경우를 흔히 접하게 되는데, 외국어를 섞어서 사용하는 것도 대화의 장애 요소가 된다. 실제 상호나 상품명에 외국어가 지나치게 사용되어서 "우리 트기 프라이데이(TGI Friday: 티 지 아이 프라이데이)에서 만나자"라든가 "우리 집 앞에 브이 아이 피 에스(VIPS: 빕스) 생겼어"라고 말하는 경우와 같이, 대화에서 웃지 못 할 일들이 벌어진다. 아파트 이름에 외국어가 많이 사용되는 것은 시어머니 못 찾아오게 하기 위해서라는 우스갯소리가 만들어진 것도 웃어넘길 만한 일만은 아닌 것 같다.

관심 분야나 생활 영역이 같은 사람들끼리는 예외가 될 수도 있지만, 평상적으로 외국어를 사용하는 것은 자신의 학식이나 지적 능력을 과시하려는 것으로 받아들여져서 상대방에게 저항감이나 거부감을 주게 되어 일상적인 대화에서는 적합하지 않다.

• 대화 3

용준　어제 얘기는 잘 되었어?

동건　말도 마. 내가 말을 꺼내자마자 그 사람이 디펜스 모드로 바꾸는 거 있지?

용준　그게 무슨 말이야?

동건　내 말에 대해 어그레시브하게 어택하더라고.

용준　뭐?

은어나 비어, 속어나 비표준어, 외국어와 같이 특수한 어휘가 아니고 일반적인 어휘라 할지라도, 직접적이고 노출이 심한 어휘를 사용하는 것은 대화의 장애 요소가 된다. 우리는 같은 상황이라도 긍정적인 어휘로 표현할 수도 있고, 부정적인 어휘로 표현할 수도 있는데, 부정적 어휘는 대화에서도 부정적인 요소로 작용한다.

• 예시 1

㉮ 그 사람 참 날씬하더라.

㉯ 그 사람 체격이 아주 왜소하더라.

㉰ 그 사람 말라깽이더라.

같은 사람에 대한 표현이라면 ㉮와 같은 어휘를 사용하는 것이 긍정적이다. 사람은 누구나 삶의 어두운 면보다는 밝은 면을 더 좋아하는 속성을 가지고 있다. 그래서 어휘를 사용하는 데 있어서도 그 상황에서 가장 밝고, 긍정적이고, 좋은 어휘를 선택하려는 경향이 있다. 따라서 '체격이 왜소하다', '말라깽이'와 같이 직접적이고 듣기에 좋지 않은 부정적인 어감을 가지고 있는 어휘들을 여과 없이 사용하는 것은 바람직하지 않다.

나아가 직접적이고 부정적인 어휘는 바로 대화를 단절시키는 장애 요소가 된다. 방송에서 키가 작은 남자를 '루저'라고 표현했다가 크게 비난을 받은 것처럼 대화를 하면서 가치 판단을 내포하고 있는 말들, 예를 들자면 '작다, 크다, 나쁘다, 추하다, 못났다, 더럽다, 둔하다, 건방지다, 수다스럽다, 뚱뚱하다'와 같은 서술어나 '못난이, 곰보, 머저리, 째보, 가난뱅이, 울보, 병신' 등과 같은 어휘를 직접 사용하는 것은 상대방이나 대화에 등장하는 사람의 체면을 손상시키는 요소이다. 따라서 이런 자극적인 말들은 사용하지 않는 것이 좋지만, 꼭 써야 하는 경우라면 완곡 어법으로 충분히 간접적으로 돌려서 사용해야 한다.

사람들은 누구나 자신의 말에는 실수가 많다는 것을 인정하면서도, 다른 사람의 말실수에 대해서는 비교적 관대하지 않은 이중성을 가지고 있다. 따라서 바른 말을 사용해서 다른 사람을 불편하게 하지 않겠다는 배려와 함께 다른 사람의 실수에 대해서도 관용하는 것이 바람직한 인간관계에 도움이 된다.

깔보지 마세요

　　같은 행동이 언제나 같은 의미로 해석
되는 것은 아니다. 예를 들어 친구가 와서 등을 때리면 '아, 지금 나한테
장난을 거는구나' 하고 받아들이지만, 모르는 사람이 와서 등을 때리면
전혀 다른 의미로 받아들이게 된다. 이러한 차이는 바로 받아들이는 구
도가 다르기 때문이다.

　대화에도 구도가 있다. 대화의 구도는 지금 하는 대화가 속하는 큰 유
형이면서, 대화가 어떻게 진행될 것인지 그 구조를 미리 예상할 수 있는
틀을 말한다. 우리는 사람들이 나누는 대화를 들으면서 그 대화가 대체
로 어떤 유형에 속하는지를 파악할 수 있다. 옆자리에서 갑자기 큰 소리
가 오고 가면 '싸움이 시작되었구나'라고 받아들이지만, 곧이어 웃음소리
가 들려오면 '싸움이 아니고 장난이었구나'라고 수정하게 된다. 여기에서
싸움이나 장난과 같은 것이 대화의 구도가 되는데, 똑같이 등을 때리는
행동이 누가 하느냐에 따라 다른 구도로 해석되는 것처럼 똑같은 대화
도 어떤 구도이냐에 따라 달리 해석될 수 있다.

구도를 결정하는 데는 음성언어보다도 음색이나 어조, 표정이나 몸짓과 같은 동작언어가 더 중요한 역할을 한다. 이러한 것들은 우리가 하는 말이 심각한 것인지, 장난스러운 것인지, 화가 난 것인지, 점잖은 것인지, 무례한 것인지, 농담인지를 구성하는 작용을 한다. 따라서 이런 것들에 대해 민감하지 않으면 구도를 잘 파악하기가 어렵다.

•대화 1

민영 기주 씨, 오늘따라 넥타이가 왜 그렇게 촌스러워요?

기주 왜 그래? 다른 사람들은 모두 멋있다고 하던데?

민영 농담이었는데…….

기주 그럼, 그렇지. 내가 너무 멋있으니까 질투까지 하네.

기주는 처음 말을 도전이나 비난의 구도로 받아들이지만, 다음 말을 통해 농담이라는 구도로 재해석하게 되고, 비난이 아닌 칭찬으로 받아들이게 된다.

대화에 작용하는 구도 가운데 하나가 **깔보기 구도**이다. 깔보기 구도는 상대방과 대등하게 대화를 하거나 존중하기는커녕 오히려 상대방을 얕잡아보는 대화 구도이다. 상대방의 지적 능력이나 경험, 지위나 재산 같은 관점에서 대화 상대자를 깔보며 이야기하는 것이다.

•대화 2

김 과장 아직 이런 일을 해 본 적이 없는 걸로 아는데, 이건 그렇게 쉬운 일이 아니야.

윤 계장	그래도 열심히 해 보겠습니다.
김 과장	글쎄, 마음은 그래도 이게 생각처럼 쉽지 않다고.
윤 계장	이번 기안은 이렇게 쓰면 될까요?
김 과장	아마 이 일이 처음이라서 잘 모르나 본데, 이런 식으로 쓰면 일 그르치지.
윤 계장	그럼, 어떻게 하면 될까요?
김 과장	내가 설명한다고 하루아침에 되겠어? 어쨌건 내 설명을 이해하려고 노력이나 해 봐.

이 대화에서는 김 과장이 윤 계장을 업무 능력이라는 관점에서 깔보는 구도로 대화하고 있다는 것이 명확하게 드러난다. 이와 같이 한 사람이 가진 지적인 능력이나 경험을 깔보며 말할 뿐 아니라, 감정적 판단과

관련해서 상대방을 깔보고 이야기하는 경우도 있다.

• 대화 3

윤미 그 사람 아직도 그 회사 다니니?

진숙 그 바보 같은 사람은 잊어 버려. 세상에 사람이 얼마나 많은데 그 딴 사람을 못 잊어서 그래?

윤미 그런 게 아니고 그냥 궁금해서.

진숙 바보 같은 짓 하지 마. 네가 그 정도밖에 안 되는 인간이니?

윤미 내가 쓸데없는 질문을 했나 보구나.

진숙 너무 자책하지 마. 세상엔 너보다 못한 사람도 많아.

진숙의 말이 윤미에게 전혀 위로가 되지 않는 것은 상대방의 감정적 판단과 관련해서 전형적인 깔보기 구도로 말하고 있기 때문이다. 이와 함께 상대방의 말을 가로채는 것도 자신의 말이 더 중요하다고 주장하면서 상대방의 말을 무시한다는 점에서 깔보기 구도로 이야기하는 것이고, 말을 필요 이상으로 복잡하거나 거창하게 하는 것도 자신의 지식을 과시하면서 상대방을 깔보는 구도로 대화하려는 것이다.

다른 사람을 깔보고, 그 결과 자신의 목적을 달성하려는 것을 힘 장난(power play)이라고 한다. 힘 장난을 하는 사람은 기척도 안 하고 남의 사무실에 불쑥 들어간다거나, 책상이나 우편함 같이 개인적인 공간을 마음대로 열어 보는 것과 같이 무례한 행동을 한다. 이러한 힘 장난을 대화를 통해 하는 경우도 있다.

• 예시 1

㉮ 내가 없었다면 오늘의 너는 없었다고. 그런 은혜를 알까 몰라.

㉯ 아직 경험도 없는데 뭘 알겠어, 그저 내가 시키는 대로만 해.

㉰ 너희 엄마가 그 모양인데, 네가 뭘 알겠니?

㉮는 자신의 힘을 과시하면서 상대방에게 대가를 요구하는 말을 하는 식으로 힘 장난을 하는 것이고, ㉯는 상대방의 말은 무시하고 자기 생각만 강요하는 식으로 힘 장난을 하는 것이다. ㉰는 결혼으로 확대된 가족 구조에서 가장 빈번하게 갈등을 일으키는 요소인데, 다른 식구들을 빗대어서 은근히 상대방을 깔보며 힘 장난을 하는 것이다.

이렇게 힘 장난식의 깔보기 구도로 대화하는 사람은 노골적으로 상대방의 체면을 손상시키는 것이다. 이런 경우 순간적으로는 불편하더라도 자신의 느낌과 생각을 분명히 나타내는 것이 긴 안목으로 볼 때, 인간관계를 유지하는 데 도움이 된다. 따라서 감정적이지 않은 말들로 현재의 느낌과 생각을 표현하고, 불편한 부분이 무엇인지를 말한 다음에 서로 편안한 관계가 되기 위해서 원하는 것이 무엇인지를 구체적으로 표현하는 것이 필요하다.

• 예시 2

㉮ 제가 선생님의 도움을 받았지만, 늘 이렇게 말씀하시는 것은 불편하네요. 그냥 제가 무엇을 하면 좋을지 말씀해 주시면 좋겠습니다.

㉯ 제가 여러 모로 경험이 부족한 것이 많습니다. 그렇지만 다른 사람들도 있는데, 이렇게 말씀하시는 것은 자존심을 상하게 합니다. 제 생각

과 주관을 가지고 일할 수 있게 도와주시기 바랍니다.

㉺ 어머님, 제가 많이 부족해서 죄송해요. 그렇지만, 제 문제를 가지고 저희 어머니까지 말씀하시니 자식으로서 부모님께 욕을 돌리는 것 같아 듣기가 민망합니다. 그냥 저를 나무라시고 가르쳐 주세요.

다른 사람을 깔보는 구도로 말하거나 힘 장난을 하는 것은 단기적으로 볼 때 주도권을 잡을 수 있고 자기의 우위를 나타내는 것처럼 생각되지만, 상대방의 체면을 손상시키고 마음에 상처를 주는 일이며, 긴 안목으로 보았을 때는 자신의 인격에도 손상을 주고, 주위 사람들과의 관계에도 영향을 주어, 자신을 고립시키는 일이 될 뿐이다. 혹시 주변에 나에게 이런 식으로 힘 장난을 하거나 깔보기 구도로 대화를 하는 경우가 있을 때는 순간적으로 불편하더라도 감정적이지 않은 표현으로 자신의 느낌과 생각을 명확하게 전달하는 것이 서로의 관계를 위해 바람직하다.

나를 따돌려?

　　　　　　학교 동창이나 고향 친구들끼리 만나서 이야기를 하면, 서로 공통점도 많고 공유하고 있는 지식도 많아서 대화가 자연스럽게 진행된다. 그런데 간혹 그중 몇 명, 거기에 속하지 않는 사람도 함께 있는 경우가 있다. 이와 같이 대부분이 같은 집단에 속하지만, 속하지 않는 사람도 몇 명이 있을 때 어떻게 대화를 나누는 것이 좋을까? 이럴 경우 대화의 구도는 같은 집단에 속하지 않는 대화 참여자를 따돌리는 구도와 끼워주는 구도로 나눌 수 있다.

　대화의 구도에서 가장 기본적인 것은 포함의 원리이다. 이것은 한두 사람의 소수라도 배제하지 말고 모두 다 포함시키는 것으로, 매우 당연하다고 생각되지만, 실제 대화에서는 따돌리기의 구도로 이야기하는 경우가 종종 있다. 예를 들어 외국인과 함께 있으면서 자기들끼리만 알아들을 수 있는 언어로 이야기하는 것도 따돌리기의 대표적인 경우이다. 이것은 알아듣는지 못 알아듣는지를 떠나 기본적으로 누군가를 따돌린다는 점에서 좋지 않은 방법이다. 이제 한국도 다문화 사회가 되면서 이와 같은 상황이 일어날 수 있는 가능성이 점점 커지고 있다. 의사소통에서 비언어적 의사소통을 통해 전달하는 정보가 더 크다는 것을 생각하면 어떤 언어로 말하느냐보다는 어떤 마음으로 어떻게 말하느냐가 더 중요할 것이다.

전문 직종에 속한 사람이 자신의 관심사에 대해 이야기할 때도 따돌리기의 구도가 되지 않도록 노력하는 것이 필요하다. 같이 대화를 나누는 상대 가운데 그 분야에 대해 알지 못하는 사람이 있다는 것을 생각하고, 비전문가를 대화에 참여시키기 위한 여러 가지 방법을 모색해야 한다. 그 일과 관련된 의견을 물을 수도 있고, 관점을 바꾸어서 그 사람의 전문 분야와 관련된 의견을 물을 수도 있다.

• 대화 1

은주 어머! 오늘은 상미 씨하고 같이 나왔네.

상미 제가 공연히 같이 나와 불편하시지요?

은주 아니에요. 오히려 이런 자리에서 우리 일 이야기만 해서 미안하죠. (민수를 보며) 야, 대본 참 좋다. 그런데 주인공이 너무 고전적이지 않니?

민수 그래도 시대적 배경이 이미 정해져 있는 상황이잖아.

은주 그래도 너무 현실감이 없잖아. 안 그래요, 상미 씨?

상미 아, 네…….

은주 대본 못 보셨어요?

민수 이 친구 그런 거 관심 없어. 그저 '오늘은 무슨 옷을 입나' 그런 거나 생각하지.

은주 그것도 중요하죠. 상미 씨, 여주인공에게 어떤 옷을 입히면 좋을까요?

은주와 민수는 영화와 관련된 일을 하고 있기 때문에 공통성을 가진 대화 집단인 데 반해 상미는 영화와 관련이 없고, 잘 알지 못하는 민수의 친구이다. 이런 상황에서 은주는 상미에게 동의를 구하거나 질문을 하면서 상미를 대화에 참여시키기 위해 노력하는 끼워주기의 구도로 대화를 하지만, 민수는 따돌리기의 구도로 대화를 하고 있다.

습관적으로 따돌리기의 구도로 대화를 나누는 사람은 환영받지 못한다. 어느 모임이든 몇 명 되지도 않는데, 굳이 어떤 공통점을 만들어서 자기들끼리만 이야기하려는 사람들이 있다. 사람들끼리 같은 고향, 같은 학교, 같은 나이, 같은 동네 등 공통점을 찾다 보면 쉽게 찾아지는 것이 우리나라의 특징이기도 하지만, 이런 식으로 끼리끼리 이야기하는 것은 따돌리기의 구도로 이야기하는 것이다.

정길 우리 고등학교 때 그 수학 선생님 지금 뭐 하시나?

우진 지금 용인에 계시다고 들었어.

정길 그럼, 그 할머니 영어 선생님은?

진기 할머니 영어 선생님이 누구야?

정길 야, 우리 모교 얘기 하고 있거든. 서울고 안 나온 사람은 좀 빠져라.

진기 여기 딴 사람들도 좀 생각해. 너희끼리만 이야기 하고 있잖아?

의도적이 아닌 경우라도 말을 하다 보면 소외되는 사람이 생길 수 있다. 따라서 대화를 하면서 혹시 지금 소외되고 있는 사람은 없는지 생각하고 배려하는 것이 필요하다.

직접적으로 따돌리지 않더라도 다른 사람에게 말할 기회를 주지 않고 자기 이야기만 늘어놓는 것도 따돌리기 구도의 유형에 속한다. 이런 사람들은 어디를 가나 있게 마련인데, 주로 좀 힘이 있거나, 권위적인 위치에 있는 사람들이 이런 행동을 하는 경우가 많다. 그러나 그 사람이 힘이 있을 때는 어쩔 수 없이 들어주지만, 힘과 관련된 관계가 끝나고 나면 아무도 그와 이야기하려 하지 않는다. 아이들 사이에서 집단따돌림이 큰 문제인데, 한 방송에서 아이들을 대상으로 집단따돌림을 당하는 유형을 조사한 결과, '자기 혼자 대화를 독점하려는 아이'가 일차적인 표적으로 나타났다. 이 경우만 보아도 자기 이야기만 늘어놓는 따돌리기 구도가 환영받지 못하는 것은 어른이나 아이나 마찬가지인 것을 알 수 있다.

그런데 이와 반대로 어지간해서는 자기 이야기를 안 하는 사람이 있다. 이 역시 따돌리기의 한 유형으로, 좋게 말하면 과묵하고 입이 무겁다고 할 수 있지만, 다들 이야기하는데 입도 열지 않고 있으면 다른 사람들은 그 사람이 무슨 생각을 하고 있는지 알지 못하기 때문에 불편하고 기분이 나쁘게 마련이다. 여기서 중요한 것은 균형의 원리를 지키는 것이다. 자신의 이야기와 남의 이야기 사이에 균형이 맞도록 하라는 것이다. 남의 이야기보다 자신의 이야기가 많아도 문제지만, 남의 이야기에 비해 자신의 이야기가 지나치게 적어도 폐쇄적이라는 인상과 함께 부담을 주기 때문이다. 같이 이야기를 나누는 상대와 분위기에 따라 정도가 달라질 수는 있겠지만, 내가 말하는 것이 30%이고 들어주는 것이 70%일 때 설득의 효과가 큰 것으로 나타난다.

대화를 시작할 때는 물론이고, 대화 도중에 새로운 사람이 합류하더라도 모두 포함시켜서 끼워주기의 구도로 대화하는 것이 중요하다. 이런 경우 진행되던 화제를 계속 이야기하려면 그동안 진행된 이야기를 간단하게 정리해서 말해주고, 화제를 바꾸어도 좋을 것 같은 상황이라면 공통의 화제를 찾아서 대화를 하는 것이 좋다.

대화는 관계를 맺는 도구이기 때문에 대화를 어떻게 하느냐에 따라 좋은 친구가 될 수도 있고, 원수가 될 수도 있다. 될 수 있다면 그 자리에 있는 사람들이 모두 함께 대화를 나눌 수 있는 것이 가장 바람직하며, 그러기 위해서는 대화에서 소외되는 사람이 없는지 살피는 배려가 필요하다. 혼자서 대화를 독점하거나 침묵하는 것도 따돌리기의 구도가 되므로 다른 사람과 내 이야기 사이에 균형을 유지하도록 노력해야 한다.

무시하지 마세요

우리는 모두 의미 있는 관계 속에서 자신이 인정받기를 원한다. 그러나 대화를 하다 보면 자신이 인정을 받고 싶은 만큼 다른 사람들도 같은 생각을 가지고 있다는 사실을 종종 잊어버리는 경향이 있다. 대화를 하는 모든 장면에서 우리는 상대방을 무시하는 구도로 대화할 수도 있고, 상대방을 인정하는 구도로 대화할 수도 있다. 집에 늦게 들어 왔다고 언짢아하는 아내와 대화를 하는 장면을 생각해 보자.

• 대화 1

아내 당신 왜 그렇게 늦었어요?

남편 ㉮ (들은 척도 하지 않고 방으로 들어가서 잔다.)

　　　㉯ 또 바가지야? 난 내 시간 가지고 내가 하고 싶은 일 하면서 사는 사람이야.

　　　㉰ 왜 화 났어? 집에 아예 안 들어가는 사람도 있어. 그러지 좀 마.

㉱ 당신 나 많이 기다렸구나. 미안해. 늦는다고 전화를 했어야 되는데, 회식 자리에서 언쟁이 좀 있었어. 그러다 보니 이렇게 늦었네.

어떤 남편이 일찍 편안하게 잘 수 있을까? ㉮는 아내의 존재 자체를 무시하는 행동을 한 것이고, ㉯는 아내가 질문한 내용을 무시하고 자기 하고 싶은 말만 한 것이다. ㉰는 아내의 말에 반대하는 것이고, ㉱는 아내의 존재와 말의 내용을 인정하는 구도로 대화를 한 것이다.

상대방을 무시할 때 극단적으로는 상대방의 존재 자체를 무시하고, 상대방이 어떤 표현을 해도 무시한다. 상대방과 눈도 마주치지 않고, 어떤 접촉도 하지 않으며, 상대방에 대한 관심도 없고, 상대방을 존중하지도 않아서 실제적으로는 어떤 상호작용도 나타나지 않는다. 그러다 보니 사실상 대화가 아니고 독백의 수준인 것이다. 상대방이 무슨 말을 하는지 이해하려 들지 않고 곧바로 해석하거나 평가해 버리며, 상대방의 느낌은 무시하고 자신의 느낌만 표현하거나, 추상적이고 이지적인 반응만 보이며, 상대방의 요청은 무시하고 질문에 답하지도 않는다. 더 나아가 상대방이 표현하는 것을 방해하거나, 말하기 어렵게 만들고, 상대방의 말에 빗나간 대답을 하고, 말의 초점을 다른 곳으로 옮기기도 한다.

• 대화 2

아버지 긴 말 안 한다. 네 얼굴 보면서 긴 말하고 싶지도 않고. 내일 맞선 본다.

아들 제가 왜 맞선을 봐야 하나요?

아버지 글쎄 그 여자 안 돼. 쓸데없는 짓 하지 말고 맞선 보라고.

아들	전 지금 사귀는 사람이 좋습니다.
아버지	네가 뭘 안다고 그래? 좋은 것만 갖고 사는 줄 알아?
아들	그래도 전 제가 좋아하는 사람과 결혼하고 싶어요.
아버지	세상이 그렇게 만만하지 않아.
아들	네?
아버지	나가 봐. 내 말 끝났어.

이 대화에서 아버지는 아들을 무시하는 구도로 대화를 한다. 아들의 생각이나 말에 대해 전혀 의미 있게 받아들이지 않고, 어떤 표현도 무시하며, 존중하지 않는다. 이런 구도로 대화를 하는 아버지와 아들이 좋은 관계를 유지하기는 어려울 것이다. 이처럼 무시하기의 구도로 대화를 하면 인간관계에는 문제가 생기게 마련이다.

이에 반하여 인정하면서 말하는 것은 상대방을 받아들인다는 것을 전달하는 것이다. 즉 상대방의 존재에 가치와 의미를 부여하는 것이다. 인정하는 메시지는 상대방의 존재를 인정해 주고, 상대방의 이야기에 적절히 반응함으로써 경청하고 있음을 표시한다. 또 상대방이 표현하는 것을 북돋아주고, 상대방의 자아 경험을 받아들이고 반영하며, 상대방과 관계를 맺고자 하는 마음이 있음을 전달하는 것이다.

• 대화 3

은수　지금은 아무 말도 할 수가 없어.

경민　나도 이해해. 나라도 그럴 거야.

은수　정말 혼란스러워. 왜 그랬을까?

경민　많이 혼란스럽구나. 그 사람이 뭐라고 했어?

은수　뭐라고 정리가 안 돼.

경민　그래, 많이 복잡한가 보구나. 좀 쉴래?

위의 대화에서 보는 것처럼 인정하는 구도로 말을 할 때는 먼저 말이나 동작으로 상대방의 존재를 인정하고, 적절히 반응하면서, 지지하거나 인정하는 말을 하는 것이다. 상대방이 한 말뿐 아니라 감정까지도 이해하고 있다는 것을 나타내고, 상대방의 생각이나 느낌에 관해 적절한 질문도 하면서, 상대방의 요청을 받아들이고, 수용적이고 긍정적인 태도로 대화를 나눈다. 사람은 누구나 자기를 인정해 주는 사람에게 호감을 가지게 마련이다. 그런 점에서 인정하는 구도로 대화하는 것은 인간관계를 원활하게 하기 위한 기초가 되는 대화법이다.

일상적인 대화를 나누는 경우 외에도 특정한 사람들을 무시하며 말할 때가 종종 있다. 사회적인 편견이나 집단적인 편견에 의해서 다수에 속하는 사람들이 소수를 무시하는 경우이다. 예를 들자면 성적인 편견으로 여성들을 무시하는 경우가 그렇다. 남성과 여성이 같이 있는 자리에서 "여자들이 뭘 알아?", "군대도 안 갔다 온 사람들이 이런 걸 알겠어?"라는 식으로 말하는 경우도 있고, 결혼한 사람들에게는 "아줌마들이 다 그렇지 뭐", "대한민국 아줌마들은 알아줘야 한다니까" 하는 식으로, 또 결혼을 안 한 사람한테는 "오죽하면 시집도 못 갔겠어", "누가 데려 가겠어?"라는 식으로 말을 하는데, 이런 말들은 남성중심적인 사고를 바탕으로 여성들을 무시하는 구도에서 하는 표현들이다.

이와 함께 지역적인 편견 때문에 무시하는 구도의 표현들도 있다. 예를 들자면 "충청도 사람들은 원래 그래", "경상도 사람들 말도 마라", "서울 사람들 정 떨어져"라는 식으로 특정 지역 사람들에 대한 편견을 가지고 무시하는 표현들이다. 특정 지역뿐 아니라 '촌것들', '시골사람'과 같은 표현을 쓰는 것도 여기에 포함된다. 지역에서 쓰는 말에 대해서도 '사투리'나 '방언'이라는 말 자체가 지역적 편견을 나타낼 수 있다는 점에서 '지역어'라는 말로 대신하자는 주장도 나오고 있다.

다문화 사회에 접어든 근래에는 외국인 근로자나 결혼 이주 여성들에게 노골적으로 조선족이 어떻다는 둥, 필리핀 사람이 어떻다는 둥 하면서 무시하는 경우도 많이 보인다. 사실 인종차별 문제는 다른 나라로 이민을 간 우리 동포들도 겪고 있는 현실인데, 우리나라에서 또 다른 인종차별이 일어나고, 그들을 무시하는 구도로 말하는 것은 안타까운 일이다.

말은 생각의 반영물이다. 따라서 다른 사람을 무시하는 생각은 무시하기의 구도로 표현되고 불평등한 사회를 만드는 요소가 된다. 다른 사람을 인정하는 구도로 대화하는 습관은 모든 사람이 평등하다는 가장 근본적인 인간관계를 만드는 중요한 도구가 된다.

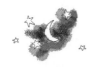

수용과 거부

대부분의 대화에서는 말하는 사람들끼리의 대화를 구성하는 방식이 어느 정도 일치하는 것이 일반적이다. 그래서 한 사람이 농담을 걸면 다른 사람도 농담으로 받고, 한 사람이 심각한 이야기를 하면 같이 심각한 이야기를 하게 된다. 그런데 대화가 진행됨에 따라 어떤 표현이나 사건이 원인이 되어서 구도가 조금씩 바뀌어가는 경우가 있다. 그래서 처음에는 분명히 농담으로 시작한 말이 어느 순간 논쟁으로 바뀌어 있거나, 친밀한 이야기로 시작한 말이 싸움으로 바뀌는 것처럼 서로 원하지 않는 구도로 대화를 하게 되는 경우가 있다. 물론 처음에는 말싸움으로 시작했는데 화해하는 구도가 되었다면 바람직한 일이겠지만, 문제는 우리가 경험하게 되는 것은 그와는 반대의 경우가 대부분이라는 것이다.

이렇게 구도를 부정적으로 바꾸어서 언쟁이나 싸움을 유발하는 것은 상대방을 무시하거나, 깔보거나, 따돌리는 구도로 하는 말들이다. 예를 들어 "뭐 저런 바보가 다 있어?"와 같이 상대방에게 직접 욕이나 인신공격적인 말을 하는 경우, "야! 너 옷차림이 그게 뭐냐?" 하는 것처럼 시비를 거는 말, "역시 가진 게 돈밖에 없는 사람은 다르군" 하는 것처럼 빈정거리는 말 등은 기분을 상하게 만들어 말싸움의 원인이 되기도 한다. 특히 묻는 말이 두 번 이상 사용되면 이것은 논쟁이 시작되었다는 신호와 같다.

• 대화 1

언니 야! 너 옷차림이 그게 뭐니?

동생 아니, 내 옷차림이 뭐가 어때서?

언니 학생이 무슨 그런 옷을 입니? 너무 경박한 거 아냐?

동생 언니는 뭐 그렇게 안 입는 줄 알아?

언니 내가 언제 그렇게 천박하게 입었는데?

동생 이게 뭐가 천박한 거야? 그럼 언니는 고상해?

언니 언니? 야, 내가 어떻게 너 같은 애의 언니니?

동생 그럼, 언니가 아니고 뭐야? 동생이야?

위의 대화는 모두 묻는 말로 되어 있다. 이와 같이 묻는 말이 여러 번 반복되어서 말싸움이 시작되었다는 신호가 나타나면 더 이상 질문을 해서는 안 되고, 문장의 유형을 바꾸어 주어야 한다.

그러나 내가 다툼이 되는 것을 피해서 구도를 바꾸었을 때 상대방은 그 구도를 따를 수도 있지만, 저항하고 반발할 수도 있다. 대화를 하면서 다른 사람들이 만들어 놓은 구도에 대해 늘 반발하는 것도 바람직하지 않지만, 그렇다고 무조건 따를 필요도 없다. 상황에 따라 때로는 구

도에 따르기도 하고, 때로는 저항하기도 하면서 반응하는 것이 필요하지만, 부정적인 대화가 지속될 경우에는 함께 구도를 바꾸려는 노력을 해야 할 필요가 있고, 혹시 이전의 대화들로 자존심이 상한 상태라 하더라도 일단 긍정적 구도로 말하다 보면 생각보다 좋은 결과에 이르게 될 수도 있다.

중요하게 생각해야 할 것은 서로의 입장이 다른 경우이다. 같은 정보라도 서로 다른 입장에서 보면 근본적으로 다른 결과를 가져올 수 있기 때문이다.

•대화 2

엄마 준호야, 엄마랑 잠깐 얘기 좀 하자.

준호 내가 뭘 잘못했는데요?

엄마는 아들에게 우호적인 구도로 잠깐 얘기 좀 하자고 말했는데, 아들은 이것을 꾸지람의 구도로 해석하고 뭘 잘못했는지를 묻는 반응을 한다. 이럴 경우 보통 엄마는 감정적인 상태가 되어서 다음에 이어지는 대화는 감정이 섞인 꾸지람이 될 가능성이 매우 큰데, 바로 이때가 구도의 재구성이 필요한 시점이 된다.

입장을 바꾸어 아들이 왜 그렇게 말했을까를 생각해 보면 '내가 평상시에 아이를 꾸지람할 때, 나랑 잠깐 얘기 좀 하자라고 말을 해서 이 아이가 이런 반응을 보이는구나' 하고 이해할 수 있게 될 것이다. 그러면 거기에 맞추어 "내 말은 네가 뭘 잘못했다는 게 아니라 정말 너랑 이야기를 좀 하고 싶은 거였어" 하고 구도를 재구성해 주면 아들은 자신의 반응이 잘못된 것임을 깨닫게 되고, 우호적인 분위기에서 대화를 이어갈 수 있게 된다.

• 대화 3

영진 누가 정리를 했는지 사무실 분위기가 달라졌네요.

경미 내가 책상 위치 좀 바꿨어요.

준호 책상 위치를 바꿨네요.

경미 그렇게 말하시는 의도가 뭐예요?

위의 대화에서처럼 대화 상황에서 상대방이 어떤 구도로 말하고 있는지 잘 파악하기가 어려운 경우들이 있다. 어떻게 들으면 '잘 바꿨다'는 말 같기도 하고, 또 어떻게 들으면 '왜 책상 위치를 바꾸었냐'고 불평하는 말처럼 들리기도 한다. 그러나 이럴 경우에 "그렇게 말하는 의도가 뭐예요?"와 같이 직접적으로 물으면 상대방은 자신에 대한 도전이나 비판으로 받아들일 수 있고, 또 의사 전달 자체에 문제가 생겼다고 판단할수 있다. 그리고 의사 전달에 문제가 있다는 것은 '우리 둘은 말이 통하는 사이가 아니구나'라는 생각이 들게 한다. 따라서 이 말에 반응하는사람은 매우 감정적이 될 수밖에 없으므로 이런 경우에는 조금 더 대화를 진행시켜 가면서 구도를 파악하려고 노력해야 한다.

누구든 대화하는 도중에 처음 생각은 그게 아니었는데, 왜 대화가 이렇게 진행이 될까 하는 의구심을 느껴본 경험이 있을 것이다. 그러나 보통의 경우 말을 하다 보면 자기도 모르게 그 상황에 푹 빠져서 구도 같은 것은 생각할 틈이 없게 되는데, 이런 상황에서 상대방이 직접적인 비난을 하거나 공격적인 말을 하게 되면 기분이 상해서 화가 나게 되고, 구도를 바꾸겠다는 생각을 할 틈도 없이 언쟁을 일으키게 된다.

일단 어떤 생각이나 느낌에 빠지게 되면 그것을 바꾸기가 쉽지 않다. 따라서 통제 능력을 발휘하기 위한 첫걸음은, 상대방이 과연 언제 정해진 구도에 불편함을 느끼는가를 인식하고 그러한 구도를 만드는 대화 방식을 이해하는 것이다. 그 다음 단계는 이야기 방식을 달리하여 구도를 변화시키는 방법을 실천하는 것이다. 구도는 고정적인 것이 아니라 끊임없이 진전되어가는 해석의 방향이며 입장을 조정하는 것이기 때문이다.

대화의 어느 순간이든, 모든 사람은 다른 사람에게 반응하는 동시에 반응을 불러일으키는 자극이 된다. 다른 사람의 말에 내가 반응하는 것은 당연하게 생각하지만, 내 말에 다른 사람이 반응한다는 것, 즉 내 말이 자극이 된다는 것은 생각하지 못하는 경향이 있다. 그 사람 때문에 내가 화났다는 기억은 매우 생생한데, 그전에 내가 무슨 말을 했는지는 잘 기억하지 못하는 것도 이런 이유에서이다. 내가 하고 있는 말은 앞서 한 말에 대한 반응이기도 하지만, 새로운 자극으로 다음에 오는 구도를 결정하게 된다. 대화가 좀 불편해졌다면 구도를 재구성하기 위한 노력이 필요하다.

갈등, 피할 수는 없을까?

갈등이란 서로 의존하고 있는 사람들 사이에서 자신의 목표를 달성하는 데 상대방이 방해가 된다고 느낄 때, 또 자기 목표가 상대방의 목표와 양립할 수 없고, 보상이 부족하다고 느낄 때 나타나는 것이다. 이러한 갈등의 종류는 매우 다양하고, 그 과정도 매우 복잡하다. '종로에서 뺨 맞고 한강에서 화풀이' 하는 식으로 회사에서 안 좋은 일이 있을 때, 집에 와서 아이들이 공부는 안 하고 게임만 하고 있다고 화를 낼 때가 있다. 이 경우 표면적 갈등은 아이들의 태도이지만, 아이들의 태도가 달라진다고 갈등이 해소되는 것은 아니다.

우리는 갈등을 매우 부정적인 것으로 생각한다. 그래서 사람들 사이에 갈등이 생겨서 다투게 되면 관계가 아주 나쁘다고 생각한다. 그러나 갈등 그 자체는 좋은 것도 나쁜 것도 아니다. 갈등이란 모든 의미 있는 대인관계에 있어서 피할 수 없는 것이고, 갈등이 있어야 변화가 생길 수 있다. 구성원들이 경험을 공유하려 하고, 단합의 중요성을 인식한다면 갈등은 불가피하면서도 가치 있는 과정이 된다. 갈등이 억압되면 변화하는 상황에 적응하는 데 실패하게 되거나 침체되는 결과를 초래한다. 그래서 갈등을 회피하면 근본적인 문제를 해결하지 못하기 때문에 더 큰 어려움이 생길 수 있다. 따라서 갈등에 어떻게 대처하느냐가 성공과 실패를 결정하게 된다.

•대화 1

안 계장 여태까지 참기만 했는데, 이제 더 못 참겠네요. 왜 제가 제안하면 다 무시하죠?

김 과장 미스 안, 요즘 피곤한 일 많아요. 사람 피곤하게 좀 굴지 말아요.

안 계장 지난번 기획회의 때도 제 안건만 무시하셨고, 회식 때도 저만 빼놓으시고, 어제 회의 때도 저한테는 발언권을 안 주셨죠?

김 과장 난 하나도 기억나지 않아요.

안 계장 과장님이 업무 능력이 떨어지고, 평도 안 좋은 게 바로 이런 이유 때문이라는 생각 안 드세요?

김 과장 (소리 높여) 아니, 뭐야? 말 다했어? 전문대졸 주제에…….

안 계장 제가 전문대 졸업하는 데 뭐 보태 준 것 있어요?

직장 안에서의 갈등이 표출된 이 대화에서는 출발부터 대화에 적절히 대응하지 못 하고, 쌓였던 분노를 한꺼번에 폭발시키고, 서로 비난하거나 발뺌하고, 상대의 약점을 건드리고, 소리를 지르는 행동만 있을 뿐, 대화가 진행되어도 문제는 풀릴 기미가 보이지 않는다.

갈등이 있을 때 대응하는 방법은 긍정적이고 생산적인 결과를 가져오는 것도 있지만, 반대로 부정적이고 파괴적인 결과를 가져오는 것도 있다.

파괴적 방법	생산적 방법
갈등을 회피한다	적극적으로 대응한다
힘을 이용한다	말로 한다
상대방을 비난한다	상대방과 공감한다
상대방이 말을 못하도록 한다	상대방이 터놓고 말하도록 돕는다
감정을 장시간 축적시킨다	현재에 초점을 맞춘다
상대방을 기술적으로 조정한다	즉각적이고 정직하게 반응한다
상대방의 약점을 건드린다	상대방의 약점을 건드리지 않는다

갈등 상황에 생산적으로 대응하는 방법은 다음과 같다.

첫째, 갈등을 회피하지 않고, 적극적으로 대응한다.

갈등을 회피하는 것은 예를 들어, 대화하자고 하는데 나가 버리거나,

잠을 자거나, 음악을 크게 틀거나, 방에 들어가 문을 잠가 버리는 것이다. 또 협상을 하지 않거나, 상대방이 지칠 때까지 자기 말만 계속하기도 한다. 그러나 무조건 피한다고 갈등이 해결되는 것은 아니다. 오히려 갈등 상황을 문제 해결의 기회로 생각하고 적극적으로 대응하는 것이 좋다.

둘째, 힘을 쓰지 않고, 말로 갈등을 해결한다.

갈등을 해결하기 위해 힘을 이용하는 것은 때리거나, 소리를 지르거나, 물건을 던지는 것과 같이 신체적 공격을 하는 것인데, 공포감을 조성해서 상대방은 말도 못하게 하고 자기 뜻대로 하겠다는 것과 같다. 폭력은 갈등을 해결하는 손쉬운 방법일지 모르지만, 오히려 더 많은 폭력을 불러올 뿐이다. 공격적인 아이에게 체벌을 하면 그 아이의 공격적인 행동이 오히려 더 늘어날 뿐 교육의 효과가 없는 것과 마찬가지이다. 인간관계에서 가장 저차원적인 것이 동물적인 공격성을 드러내는 것이다.

셋째, 상대방을 비난하지 않고, 공감하기 위해 노력한다.

잘못된 일이 생겼을 때 상대방을 비난하는 것은 사람들의 일반적 습관 가운데 하나이다. 천주교회에서 '내 탓이요' 하는 캠페인을 한 것도 이런 속성에 대한 성찰 때문이었을 것이다. 문제가 생기면 마치 상대방의 속을 다 들여다보는 것처럼 자기 마음대로 해석하고 비난한다. 남편은 바빠서 전화를 못 받았을 뿐인데, 아내는 자신을 무시하고, 사랑이 식었고, 권태기에 들어갔다고 마음대로 해석하며 비난한다. 그러나 갈등을 해결하기 위해서는 상대방의 감정을 이해하려 노력하고, 입장을 바꿔서 생각해 보며, 동감을 하지는 못하더라도 공감하기 위해 노력해야 한다.

넷째, 상대방의 말문을 막지 않고 열어 준다.

갈등 상황에서 상대방의 말문을 막는 것은 갈등을 해결하지 못할 것

같거나, 자신이 질 것 같다고 생각될 때 나타난다. "그만 둬", "더 이상 말하고 싶지 않아" 등과 같이 말할 의사가 없다는 것을 밝히거나 울음을 터뜨리고, 나아가 소리를 지르거나, 자기통제가 안 되는 것처럼 극단적인 감정을 표현하는 것인데, 오히려 이런 과정에서 갈등이 더 깊어지게 된다. 따라서 상대방이 지금 무슨 생각을 하며, 어떤 문제의식을 갖고 있는지 알아보기 위해 상대방이 말을 할 수 있도록 말문을 열어주는 것이 필요하다.

다섯째, 현재에 초점을 맞추어 갈등을 해결한다.

어떤 문제로 갈등이 생기면 이전에 있었던 좋지 않은 일들을 다 끌어내어서 이야기하는 경향이 있다. 그러나 이렇게 감정을 오래 쌓아 두었다가 한꺼번에 폭발하는 것은, 문제의 해결책은 찾지 못한 채 분노와 적개심만 키우게 되는 파괴적인 방법이다. 갈등 상황에서는 지금 문제를 일으킨 것이 무엇인가에 초점을 맞추고 과거를 들먹이거나, 일어나지도 않을 미래의 가능성을 언급하는 일이 없어야 한다.

여섯째, 상대방을 조종하지 않고, 정직하게 반응한다.

상대방을 조종하는 것은, 그 상황만 넘기려고 마음에도 없이 아부를 하거나, 뭔가를 사 주어서 상대방의 마음을 수동적이고 비전투적으로 바꾼 다음에 자기 마음대로 하는 것이다. 그 상황을 모면하는 미봉책은 될 수 있지만, 갈등을 일으키는 근본적인 문제는 그냥 남아있게 된다. 이보다는 진실한 마음으로 정직하게 반응하며, 갈등을 일으킨 문제를 해결하는 것이 바람직하다.

일곱째, 상대방의 약점을 건드리지 않는다.

가까운 사이일수록 서로의 약점에 관해 잘 알고 있어서 갈등 상황이 되면 이것을 이용하는 경향이 있다. 그러나 서로를 공격하는 권투 선수들도 벨트라인이 있어서 그 위만 치게 되어 있는데, 남의 약점을 건드리는 것은 권투 선수가 상대의 벨트라인 아래를 공격하는 것과 같이 큰 상처를 주는 것이다. 따라서 갈등을 해결하기 위해서는 본질과 관계없이 상대방의 약점을 건드려서는 안 되고, 오히려 그런 점에 대해서는 덮어 주면서 갈등을 해결해야 한다.

이러한 갈등 상황에서의 대화는 논쟁이 될 수밖에 없다. 그러나 논쟁 자체가 상당히 부담이 되는 대화이다. 따라서 논쟁으로 갈등을 해결해 나갈 때는 다음과 같은 점에 주의해야 한다.

첫째, 논쟁은 되도록이면 조용하고 은밀하게 하는 것이 좋다. 두 사람이 논쟁을 하고 있다는 사실을 자녀나 부모, 동료와 같이 다른 사람이 알게 되면, 거기서부터 여러 가지 문제가 파생될 수 있기 때문이다.

둘째, 두 사람이 갈등을 일으킨 문제에 대하여 충분히 논쟁할 수 있는 시점을 찾는다. 갈등은 최악의 순간에 생기지만, 갈등을 해결하기 위한 시간은 선택할 수 있기 때문이다.

셋째, 갈등의 핵심이 무엇인지를 파악해야 한다. 사람들은 보통 감정이 지나치게 격앙되었을 때 마음속에 있는 것을 모조리 쏟아 붓게 되는데, 이런 경우는 핵심이 무엇이었는지 놓치게 되어서 해결점을 찾을 수가 없게 된다.

넷째, 갈등을 균형 있게 마무리해야 한다. 많은 경우, 실제 갈등은 아주 작은 문제였는데 나중에 생각하면서 점점 더 확대시키는 경향이 있기 때문이다. 따라서 어쩔 수 없이 논쟁을 하게 되었다면, 상대방에게 보상적인 말이나 애정 표현을 함으로써 논쟁의 목적은 결국 관계를 개선하고자 하는 데 있었다는 것을 확신시켜 주어야 한다.

살아가면서 갈등이 생기는 것은 그만큼 그 관계가 중요하고 의미 있다는 증거이다. 따라서 갈등을 피하려하기보다는 긍정적이고 적극적인 방법으로 갈등을 해결하고, 논쟁을 마무리하는 것이 관계를 더 굳게 만드는 일이다. 비 온 뒤에 땅은 더 굳어진다.

서먹한 관계, 어떻게 풀까?

　　　　　　　사람과 사람이 만나서 좋은 관계를 맺기 시작하는 것은 참 쉽지 않은 일이다. 그러기에 잘 유지되던 관계에 문제가 생기는 것은 참 안타까울 수밖에 없다. 앞 장의 내용들을 통해 살펴본 것처럼 갈등이 있을 때 대처하는 방법이나 어떤 구도로 대화하느냐에 따라 관계에는 변화가 생길 수 있다.

　그런데, 관계가 대화 내용 자체보다 환경적인 요소에 의해 악화되기도 한다. 외로운 것이 싫어서 친구를 사귀려했지만 만나도 여전히 외로움을 느낀다거나, 친구를 만나면서 들이는 시간이나 노력에 비해 얻는 기쁨이 크지 않다면 관계는 점점 소원해지게 된다. 또 친구 가운데 한 사람이 새로운 일에 관심을 가지게 된다거나, 사업이나 공부에 몰두하게 될 때도 관계에 문제가 생길 수 있고, 어떤 문제에 부딪혀서 서로 견해의 차이를 좁히지 못하면서 심리적인 변화가 생길 때도 관계가 악화될 수 있다. 또한 관계에 대한 기대치가 너무 커서 '하루 종일 같이 있고 싶다'거나 '나 말고 다른 사람은 만나지 말라'는 것과 같이 비현실적인 기대감을 표출하는 것도 관계에 문제를 일으키게 되고, 무엇보다 자신이 하는 일에 만족하지 못하면 관계에 어려움이 생기기도 한다.

남녀 사이에서 일에 대한 불만족은 양면성을 갖는다. 일반적으로 남자들은 아내가 일을 하기를 원하면서도 집안일에 대한 기대치도 낮추지 않는다. 그래서 남편은 아내가 집안일을 기대만큼 하지 않으면 화가 나게 되고, 아내는 두 가지 일을 다 해야 할 때 화가 나게 된다. 또한 경제적인 것도 원인이 되는데, 처음 만나는 단계에서는 돈에 관한 이야기가 가장 피해야 할 주제이지만, 서로의 관계가 안정되어 가면서 경제적인 문제는 가장 크게 대두된다. 돈에 대해 여성과 남성이 보는 시각이 다른 것도 문제가 되는데, 남성에게 있어서 돈은 힘이고, 그 자체가 목적이 될 수도 있다. 그러나 여성에게 돈은 안정과 자립을 위한 수단이다. 그래서 돈을 어떻게 모으고, 어떻게 쓸 것인가에 대한 견해가 다를 때도 문제가 발생한다. 뿐만 아니라 보상은 없고 지속적인 노력만이 필요할 때에도 관계는 악화된다. 사람은 누구나 자기중심적이며, 사랑하는 두 사람 사이에서도 보상과 노력이 공정하게 배분되기를 바라기 때문에 한 사람이 일방적으로 다른 사람을 채워 주기만 하는 관계는 문제가 생기게 마련이다.

관계에 문제가 생기면 친밀감을 느끼던 것이 줄어들고, 서로 가까이 하지 않고, 접촉도 피하게 된다. 상대방의 말을 많이 듣고, 많이 이야기하려던 욕망은 없어지고, 관계가 악화됨에 따라 자기에 관한 말을 하는 것이 현격하게 줄어들게 된다. 때로는 자기를 노출하면 상대방이 호의적으로 나오지 않을 것이라든가, 그것을 이용해서 자신을 공격할 것이라고 생각해서 점점 더 자기를 노출하지 않게 되고, 상대방이 원하는 대화에 응해 주지 않게 된다.

또한 관계가 악화되면 긍정적인 판단 대신 부정적인 판단을 하게 만들어 평가적 반응이 늘어나게 된다. 상대방에 대한 시각이 변해, 한때는 태도나 재능이나 아이디어에 관해 칭찬했던 일도 비난하게 되는 것이다. 일단 '당신과 나는 이런 점이 참 잘 통하네'와 같이 공통점을 찾는 대화는 없어지고, '뭐, 말이 통해야 말을 하지'와 같이 구별성을 강조하는 것으로 대화가 바뀌게 된다. 그래서 이해할 수 없다든가, 이런 점은 나랑 다르고, 이런 것은 공감할 수 없다는 것과 같은 표현을 자주 사용하며 서로 다르다는 것을 강조하게 되는 것이다.

• 대화 1

아내　오늘 일은 잘되셨어요?

남편　(짐을 건네주며) 빨리 짐이나 받아요.

아내　왜 아무 말도 안 해요?

남편　뻔하잖아, 다 알면서 뭘 물어? 도대체 뭘 알고 싶다는 거야?

(잠깐 말 없음. 서먹한 분위기)

아내　무슨 날씨가 이렇게 덥지?

남편　이번 주부터 장마가 시작된대. 여기 신문이나 봐요.

아내　나 어디 가서 생각 좀 정리하고 싶어요. 이렇게 사는 건, 사는 게 아니에요.

위의 대화에서처럼 상대방과 말할 의사도 없고, 상대방의 관심사는 외면하고 날씨나 영화, 남의 말이나 쓸데없는 이야기를 하면서 진지한 대화를 회피한다면 오래지 않아 관계는 끝나게 된다.

이럴 때는 어떻게 해야 할까? 정치적인 관계에 문제가 생겼을 때는 전쟁을 하는 것과 같이 극단적인 경우가 아니라면, 외교라는 대화의 창구를 통해 관계를 개선시킨다. 이처럼 한동안 긴밀한 관계를 유지하던 두 사람의 갈등 관계를 대화로 풀어 가는 것은 당연한 일이다. 그러나 관계가 악화될 때 대화의 방식을 바꾸지 않으면서 관계가 개선되기를 기대할 수는 없다. 이런 경우에 어디서부터 대화를 풀어가야 할까?

첫째, 문제를 진단하고 표현해야 한다. 무엇이 문제점인지 서로의 생각을 이야기해 보고, 그 다음에 관계를 악화시킨 문제를 서로 입장을 바꾸어서 생각해 보는 것이다. 이때는 스스로 냉철한 상태에서 문제를 생각하고 대화할 수 있도록 노력하고, 감정에 사로잡혀 상대방을 비난하지 않도록 조심해야 한다.

둘째, 긍정적인 갈등 해소의 방법을 찾는다. 인간관계에서는 사실 갈등이 있다는 것 자체보다는, 그 갈등을 어떻게 다루는가가 문제가 된다.

긍정적인 방법으로 갈등이 해소되고 나면 더 건전하고 강력한 관계로 진전되기도 한다. 따라서 문제가 확인되면 그 문제가 대단한 것처럼 확대하기보다는 그 문제가 따지고 보면 사소한 것이고, 살아가는 데 있어서 큰 어려움은 아니라는 것과 같이 문제를 축소하면서 해결 방안을 같이 의논해야 한다. 문제의 범위가 작아지면 해결방안도 쉽게 찾을 수 있지만, 문제를 크게 확대시켜 놓으면 해결 불가능한 것처럼 보일 수 있다. 그러나 사실 친밀한 관계를 유지하던 사람들 사이에서 생기는 문제는, 마음속에 쌓아두었다가 한꺼번에 터뜨리려는 경우가 아니라면, 해결책을 찾기 어려울 만큼 큰 것은 드물다. 이때는 내가 이기겠다는 생각을 버리고, 서로 같이 이기는 '무패의 방법(win-win)'으로 대화를 하는 것이 좋다. 한 사람은 이기고 한 사람은 지는 방식의 대화는 진 사람의 상실감과 분노, 적개심이 있을 수 있기 때문에 해결책이 될 수 없다.

셋째, 서로 상대방을 긍정한다. 모든 해결책에는 상대방에 대한 지지와 긍정적인 평가가 포함되어 있어야 한다. 상대방을 긍정한다는 것을 나타내는 미소, 포옹, 애정 표현을 많이 하고, 칭찬과 감사도 많이 해야 한다. 그런데 "이렇게 하자"라고 말한 그 잠깐 동안은 유지되다가, 조금만 지나고 나면 다시 옛날로 돌아가 버리는 경우가 많다. 따라서 해결책을 찾을 때는 아주 일상적으로 적용할 수 있는 것, 유치하더라도 확인할 수 있는 것이어야 한다. 예를 들어 하루 한 번씩 웃겨 줄 것, 하루 두 번씩 칭찬할 것, 하루 세 번씩 고맙다고 말할 것 등 매일 표현할 수 있는 해결책일수록 좋다.

넷째, '내가 먼저'의 원리를 적용한다. 관계를 좋게 하기 위해 이런 말들을 하고 싶어도 상대방이 받아 주지 않을까 걱정이 되어서 하기 어려울 때가 있다. 하지만 한 번 어색해진 관계를 개선하기 위해서는 모험이 필요하다. 따라서 상대방으로부터 어떤 보상도 기대하지 않고 내가 먼저 호의를 베푸는 것이 중요하다. 상대방에게 거부당할 가능성이 있더라도 먼저 사과하고, 먼저 칭찬하고, 먼저 감사해야 한다. 관계의 변화를 위해 필요한 새로운 일이나 의무가 있다면 내가 먼저 하겠다는 각오를 가져야만 상대방의 마음을 변화시킬 수 있기 때문이다.

이런 말 저런 말

감사하는 말

칭찬하는 말

사과하는 말

기분 좋은 유머

냉소적 유머

남의 말

거짓말

꾸지람하기

화가 났을 때

껄끄러운 말

part **5**

이런 말 저런 말

감사하는 말

사람들과 대화를 하면서 좋은 인간관계를 유지하기 위해서는 그 사람하고 만나서 어떤 대화를 나누는가 하는 대화 내용이 가장 중요한 요소가 된다. 아무리 자주 만나게 되는 사람이라고 하더라도 만날 때마다 불평을 한다거나 비난만 하는 사람과는 좋은 관계를 유지하기 힘들 것이다.

스테판 그로스의 『인간관계지능』에서는 감사하기와 칭찬하기, 존중하기와 같은 것이 인간관계 지능을 측정하는 요소에 포함되어 있다. 다른 사람을 칭찬하고, 다른 사람에게 감사하며, 다른 사람을 존중하는 태도가 인간관계 지능을 결정한다는 것으로, 감사와 칭찬, 존중을 많이 할수록 인간관계 지능이 높다는 것이다. 이것은 테크닉을 넘어선 것으로 대화 속에 이런 내용이 얼마나 많이 들어가느냐가 인간관계 지능을 결정할 것이다. 하루 종일 말을 하면서 지내는데, 그 내용 가운데 감사와 칭찬, 존중의 말이 얼마나 들어있는지, 반대로 인간관계 지능을 낮추는 불평이나 비난, 무시의 말이 얼마나 들어있었나를 분석해 보면 자신의 인간관계 지능이 측정될 수 있다는 말이다.

인간관계 지능을 높이기 위해 먼저 감사하는 대화에 대해서 함께 생각해 보자. 신경과학자인 캔더스 퍼트 박사는 감정은 정신뿐 아니라 몸과 연결되어 있으며, 우리 감정에도 진동이 있는데 나쁜 말, 불평의 말을 할 때는 심장 박동이 불규칙해지고 뇌의 혈류량이 감소하지만, 감사의 말을 할 때는 심장 박동도 규칙적이고, 뇌의 혈류량도 증가한다는 것을 밝혔다.

감사는 자신뿐 아니라 상대방도 세워주는 대화이다. 우리는 모두 심리적인 자기 이미지를 가지고 있는데, 자기 이미지가 긍정적이고 건강한 사람이 다른 사람에게 감사를 더 잘 표현할 수 있다. 또한 다른 사람으로부터 감사의 말을 들을 때 긍정적인 자기 이미지가 강화되어서 자존감을 높일 수가 있기 때문에 그것을 표현해 준 상대방에 대해서 호감을 가지게 된다. 그렇기 때문에 감사의 말은 그냥 사라지는 것이 아니라 다른 일을 할 수 있도록 해 주고 변화시킬 수 있게 해 주는 힘의 원천이 된다. 그래서 감사를 통해 인간관계가 새롭게 정립되고, 나 자신의 자존감도 회복되고, 건강도 회복하고, 사회생활도 잘 할 수 있게 된다.

그런데 우리는 왜 감사하는 말을 잘 하지 않을까? 여러 가지 이유가 있겠지만, 그 가운데 하나는 감사를 하면 좀 자신이 약하고 낮아지는 것 같다고 느끼기 때문일 것이다. 일단 내가 감사를 한다는 것은 상대방으로부터 혜택을 받았다고 인정하는 것인데, 우리의 자존심은 사실 그런 사실을 인정하는 것에 대해서 힘들어 한다. 그래서 자의식이 강한 사람일수록 감사를 표현하기 힘들어 하는 경향이 있다. 또한 무엇을 어떻게 감사해야 할지를 잘 분별하지 못하는 것도 원인이 된다. 감사하는 것이 생활화되지 않은 가정에서 성장한 경우 이런 분별은 더 어렵지만, 같은 환경에서 같이 자란 형제도 부모님께서 용돈이나 등록금을 주실 때 "감사합니다"라고 표현하는 사람과 부모님께 받는 것이 당연하지 무엇이 감사하냐고 생각하는 사람이 있는 것을 보면, 감사하는 것은 생활 습관이나 가정의 문화뿐 아니라 인성에 따라서도 달라질 수 있음을 알 수 있다.

그래서인지 감사를 표현하는 것이 전혀 익숙하지 않은 사람들도 있다. 마음에는 있지만 입 밖으로 표현하는 것이 쑥스러워서 고맙다는 표현을 하기가 힘든 것이다. 그리고 고맙다고 느끼기는 하지만, 그걸 표현하지 않아도 서로 느낄 수 있으면 된다는 생각이 들기도 한다. 특히 가까운 가족들에게는 더 그런 생각이 들어서 감사를 표현하지 못한다. 그러나 한번 시도해 보면 감사의 힘을 몸으로 쉽게 느낄 수 있게 된다.

감사는 사랑을 회복시키는 힘을 가지고 있다. 부부 사이에도 사랑이 식으면 감사가 줄어들고, 시들한 관계를 회복하려면 감사하는 말이 가장 효과적이라고 한다. 그러나 함께 살면서 아내나 남편에게 감사하다는 표현을 하고 사는 경우가 참 드물 것이다. 그래도 감사를 표현하는 만큼 관계도 회복된다는 것을 생각하면 감사를 표현하는 훈련을 하지 않을 수 없다.

그런데, 자녀들에게 칭찬을 할 수는 있지만, 감사를 표현하는 것은 좀 어색하다는 생각이 든다. 칭찬은 윗사람이 아랫사람에게 하는 것이어서 상대방에 대한 존중은 포함되지 않을 수 있지만, 감사는 상대방에 대한 존중의 마음이 포함되어 있어서 그렇게 느껴질 수 있다. 그렇기 때문에 오히려 칭찬보다 감사가 더 효과적일 수 있다. 예를 들어 장난치는 아이에게 "똑바로 앉아라"라고 말하고, 그 아이가 똑바로 앉으면 "엄마 말대로 해주어서 정말 고맙다"라고 감사를 표현하는 것이다. 이렇게 말하고 나면 그 다음부터 부탁하거나 지시하는 것을 더 잘 들어주는데, 이것은 아이들이 어른에게 감사를 들어본 경험이 많지 않아서 감사의 표현을 칭찬보다 더 특별하게 느끼고, 거기에 따른 교육적 효과도 큰 것이다.

"엄마 말을 들어 주어서 고맙다", "아빠 심부름을 해주어서 고맙다", "방을 잘 정리해 주어서 고맙다" 이런 말들을 자주 하면서 부모와 소통이 되는 것을 확인시켜 줄 수 있다. 그러나 직접 고마움을 표현하기 어려울 때는 "어쩜 너같이 착한 아들/딸을 엄마한테 선물로 주셨을까? 엄마는 정말 감사해" 하는 것처럼 간접적으로 감사의 말을 전달할 수 있다. 이런 말을 들은 아이들은 어떤 칭찬보다도 더 기쁘게 받아들이고, 더 잘하려고 노력하게 되며, 자존감도 높고, 인성도 좋을 수밖에 없다.

감사를 표현하는 일반적인 요령은 어떤 것이 있을까?

첫째는 다른 사람은 보통이라고 보아 넘기는 일에도 감사하라는 것이다. 감사는 연습이 필요하다. 아침에 일찍 밥을 준비해 주신 어머니, 아파트의 경비원, 우유를 배달하시는 분, 차량 운전이나 안내하시는 분께 남들은 그냥 지나치더라도 한 번 감사를 표현할 때마다 인간관계 지능은 조금씩 더 올라가고 있다는 사실이다.

둘째는 되도록 구체적으로 감사의 뜻을 전달하라는 것이다. 처음에는 무조건 "감사합니다"라고 말하는 것으로 출발하자. 이것만으로도 관계가 좋아지고 대화가 풍부해지기 시작한다. 그러나 좀 익숙해지고 나면 무엇에 대해 어떻게 감사하는지를 구체적으로 전달하는 것이 감사를 받는 사람의 마음에 훨씬 더 강하게 전달될 수 있다는 것을 생각하며 구체적으로 감사를 표현하는 연습이 필요하다. 그러기 위해서는 생각나는 대로 감사할 목록 같은 것을 만들어 보면 도움이 된다. 감사의 제목도 적기 시작하면 우리 삶이 훨씬 더 풍부하고 깊어진다.

셋째, 감사의 표현은 적절해야 한다. 감사를 표현하는 데 있어서 무조건 많이 감사한다고 좋은 것이 아니고 너무 지나치면 오히려 장난처럼 받아들일 수 있다. 지나치지 않은 합리적인 경계를 정하는 것이 좋은데, 이때 경계는 모자라는 것보다는 넘치는 것이 더 좋다.

넷째, 감사의 표현은 빨리 할수록 좋다. 조금 시간이 지나고 나면 표현하기에 쑥스러워지기 때문에 그 상황에서 바로 감사를 할 수 있으면 가장 좋다. 그렇지만 지나고 나서도 표현을 하지 않는 것보다 표현을 하는 것이 더 좋다.

다섯째, 감사는 순수하게 상대를 소중히 여기고, 고맙게 생각하는 마음에서 끝내야 한다. 어떤 목적의식이 담겨 있으면 감사의 파동은 전달되지 않는다. 무엇을 얻으려 하거나 상대방에게 무엇을 기대하면서 하는 감사는 아부나 아첨일 수는 있지만, 순수한 감사가 될 수 없다.

감사를 하는 것도 어렵지만, 감사의 표현을 받아들이는 것도 쉽지 않다. 보통 상대방이 감사하다고 표현을 하면 쑥스러워서 그 말을 부인하거나 그런 말 하지 말라고 이야기를 한다. 그런데 심리학자들은 다른 사람이 표현하는 감사를 진심으로 받아들이는 것은 서로에게 응어리진 마음을 풀어지게 하는 강력한 심리적 효과가 있다고 말한다. 자신을 알아주고 인정해 준다는 것을 느끼게 되면 상대방을 너그럽게 배려하는 마음이 우러나서 서로 깊은 정신적 교감에 도달하게 된다는 것이다.

스티븐 레빈은 『생애 마지막 일 년(A year to live)』에서 "감사는 이해하고 존재하는 방식이다. 켜켜이 쌓인 혼란을 풀어내는 타고난 지혜이기도 하다. 아울러 감사는 우리가 잠시 발을 딛고 서 있는 깨달음의 땅이다"라고 말한다. 추상적이고 거창한 표현 같지만, 아이가 말을 듣지 않아서 마음이 부글부글 끓으면서 혼란스럽다가도 천진한 얼굴로 다가와서 "엄마, 고마워요" 하고 한 마디만 해주면 흔적도 없이 다 풀리는 것을 생각하면 지극히 현실적인 표현이다. 어른이 되고 임종의 순간까지도 이 한 마디는 가족 관계에서 중요한 역할을 한다.

호스피스로 25년간 활동한 의사인 아이라 바이옥의 『세상에서 가장 중요한 4가지 말(The Four Things That Matter Most)』이라는 책을 보면 '감사합니다'라는 말 한 마디가 가족들의 삶을 얼마나 놀랍게 변화시키는가에 대한 내용들이 감동적으로 소개되어 있다. 신달자 시인도 가족들의 작은 행복을 다루는 에세이집의 제목을 『미안해 고마워 사랑해』라고 정하고 '황혼 이혼'을 앞둔 일본 남성들의 변화를 소개하고 있다. 감사하다는 말은 너무 단순하고 당연해서 말하는 것이 어색하지만 이 말을 주저하지 않고 분명하게 말할 때 인간관계는 놀랍게 변화되는 것이다.

감사는 나와 다른 사람의 삶을 변화시키는 강력한 에너지이다. 오늘 우리가 하는 한 마디의 감사가 세상을 변화시키는 따뜻한 에너지로 남게 된다는 것, 그리고 그 말을 할 때마다 우리의 인간관계 지능이 조금씩 높아진다는 것을 기억하면서 하루하루 감사의 말을 연습하자.

칭찬하는 말

인간관계 지능을 높여주는 두 번째 열쇠는 칭찬하기이다. 감사처럼 상대방에게 힘을 주고 동기를 부여하는 대화가 칭찬하는 대화이다. 그런데 다른 사람을 자연스럽게 칭찬하는 것도 쉬운 일은 아니어서, 그 사람이 어떤 말을 듣고 싶어할까를 깊이 생각해야지만 비로소 칭찬의 말을 할 수 있다. 직장인들에게 가장 듣고 싶은 말이 무엇인지를 묻는 설문조사를 한 결과, "정말 잘 했어", "역시 당신밖에 없어", "자네가 한 일은 틀림없군" 같은 말이 가장 많이 나왔다. 이런 말을 들으면 상대방을 위해서 무언가 하고 싶어진다는 것이다.

켄 블랜차드의 책 『Whale done』을 번역한 제목처럼 칭찬은 고래도 춤추게 한다. 어른, 아이 할 것 없이 사람을 더 성숙하게 만드는 일은 비평이 아닌 칭찬이다. 칭찬은 받는 사람에게 유익할 뿐 아니라 칭찬하는 사람에게도 유익하다. 먼저 칭찬 받는 사람에게 유익한 것은 사람이 누구나 긍정적인 자기 이미지를 가지고 싶어 하는 것과 연결된다. 자기 이미지를 만드는 요소 가운데 중요한 것은 다른 사람들이 자기에게 돌려

주는 반응인 피드백인데, 감사의 말과 마찬가지로 상대방이 칭찬을 해주면 이것을 통해 자신에 대한 긍정적 이미지가 피드백 되기 때문에 그동안 마음속에 있던 부정적 자기 이미지나 좌절감이 극복되는 것이다. 그리고 칭찬받은 행동에 대한 확신이 생겨서 자존감도 회복되고, 앞으로도 계속 해야겠다는 의욕이 생기게 된다. 이렇게 칭찬을 통해 회복된 자존감은 심리적인 보호막이 되어서 긍정적 사고를 할 수 있는 근원이 되어 준다.

칭찬을 하는 사람에게 유익한 것은 일단 칭찬을 하다 보면 상대방을 보는 관점이 긍정적으로 바뀌게 된다는 점이다. 그러다 보면 상대방이 나를 보는 관점도 변화되어서 나를 만나고 싶은 사람으로 생각하게 된다. 칭찬하는 것이 습관이 되면 무엇보다 사람을 보는 관점 자체가 변화되어서 사람을 만날 때 부정적인 요소보다는 긍정적인 요소를 발견하게 되고, 칭찬할 내용을 찾으며 사람을 보게 된다. 평소에 좋지 않게 생각하던 사람이라 하더라도 칭찬할 거리를 찾으면서 만나면 사람을 대하는 관점이 본질적으로 바뀌게 된다.

그런데 왜 사람들은 칭찬에 인색할까? 심리적인 원인을 찾는다면 내면적인 비교의식 때문일 것이다. 누구나 다른 사람과의 비교를 통해서 자기 이미지를 갖게 되는데, 이때 상대방을 칭찬한다는 것이 우리 마음속에 있는 잠재적인 열등감을 자극해서 다른 사람에 대해 좋은 평가를 내리는 것을 꺼리게 만든다. 그래서 자존감이 높을수록 쉽게 칭찬할 수 있다는 말을 하는 것은 감사를 표현하는 것과 동일하다.

몇 년 전 어떤 회사에서 직원 600명을 대상으로 설문조사를 한 결과, 칭찬을 하지 않는 이유는 '마음의 여유가 없어서'가 43%, '성격이 무뚝

뚝해서'가 29%, '윗사람을 칭찬하면 아부처럼 보일 것 같아서'가 8%로 나타났다. 칭찬하는 데 걸리는 시간이야 얼마 되지 않지만, 그걸 생각할 수 있는 마음의 여유가 절실하다는 것이다.

칭찬과 겉모습은 비슷하지만 속에 들어 있는 것은 매우 다른 것이 아부이다. 칭찬은 다른 사람의 장점을 발견하고 격려하는 말이지만, 아부는 장점이 될 수 없는 것까지도 장점인양 떠벌이는 입에 발린 말이다. 칭찬은 누구에게나 할 수 있지만, 아부는 힘이 있는 사람 앞에서 하는 비굴한 말이다. 칭찬은 아무런 보상을 바라지 않지만, 아부는 대가를 바라고 하는 말이다. 그러기 때문에 자신의 마음이 순수하고 자존감이 높을수록 더 칭찬을 잘 할 수 있다.

그럼 어떤 것을 칭찬하면 좋을까? 사실, 칭찬을 하기로 마음을 먹으면 모든 것이 칭찬할 수 있는 내용이 된다. 그 사람의 이름, 글씨, 외모, 옷차림, 목소리, 머리 모양 같이 처음 만나서부터 발견할 수 있는 모든 일상적인 것들이 칭찬의 소재가 된다. 일상적인 칭찬은 그냥 "좋아요"라고 하는 것보다 다음과 같이 좀 더 구체적인 내용을 말하면 효과가 더 커진다.

• 예시 1

이름	이름이 참 세련되면서도 의미 있게 들리네요.
글씨	글씨체가 아주 단아하시네요.
옷차림	넥타이가 양복하고 잘 어울립니다.
외모	온화하시면서도 강한 힘이 느껴지네요.
목소리	목소리가 따스하고 밝아서 제 기분도 좋아집니다.
머리 모양	긴 머리도 어울리셨는데, 짧은 머리도 참 보기가 좋네요.

이와 함께 상대방이 가지고 있는 장점이나 미덕, 가치 같이 내면적인 요소를 칭찬하면 칭찬의 격조가 더 높아지고, 상대방이 거둔 성과에 대해서 칭찬하면 대화가 훨씬 더 활기를 띠게 된다.

•예시 2

상대방의 장점　어쩜 그렇게 운전을 잘 하세요?

상대방의 가치　선생님 같은 분이 계셔서 우리 지역이 더 밝아지는 것 같아요.

상대방의 성과　이번에 우수상을 받았다며? 정말 대단하구나.

이렇게 칭찬할 수 있는 것들은 얼마든지 있고, 겉에 보이는 것에서 속에 들어 있는 인품이나 능력에 대한 칭찬으로 갈수록 칭찬의 격조가 더 높아진다. 상대방을 눈 여겨 보고, 어떤 일에 관심을 가지는지, 어떤 말을 듣고 싶어 할지를 깊이 생각하면 상대방에게 힘을 주고 관계가 깊어지게 되는 칭찬의 말을 찾아낼 수 있다.

아이들은 특히 칭찬을 좋아한다. 그리고 칭찬받고 자란 아이들은 자존감이 높아서 성공적으로 살아갈 수 있는 가능성이 높아진다고 한다. 스펜서 존슨의 『좋은 아빠가 되기 위한 1분 혁명(The One Minute Father)』에서는 아이가 올바른 행동을 했을 때 1분이면 완벽한 칭찬을 할 수 있다고 한다.

•예시 3

처음 30초　행동에 대해서 구체적으로 칭찬한다.

다음 **10초** 　잠시 침묵을 유도해서 아이들이 흐뭇한 심정을 갖도록 한다.

다음 **20초** 　아이를 껴안아 주거나 머리를 쓰다듬는 것과 같이 긍정적인 동작을 한다.

앞서 생각한 것처럼 직장 생활을 하는 사람들이 가장 듣고 싶어 하는 말은 칭찬이다. 부하 직원을 어떻게 칭찬하면 좋을까?

• 예시 4

자네는 역시 달라.

정말 대단하다고들 하더니, 역시 대단하네.

자넨 없어서는 안 될 사람이야.

자넨 역시 전문가야.

언제 이런 자료를 다 만들었어?

자네라면 해 낼 줄 알았어. 대단해.

어떻게 이런 생각을 다 했어? 정말 놀라워.

이런 말에서부터 조직에 대한 충성심도 생기고, 상사에 대한 존경심도 생긴다. 그런데 칭찬은 나이가 많거나 지위가 높은 사람이 하고, 아랫사람은 받기만 하는 일방적인 것은 아니다. 윗사람들일수록 다른 사람들이 자신을 어떻게 생각하고 평가하는가에 대해서 관심이 많은데, 그런 말들을 들을 수 없으니까 위로 갈수록 외롭다는 말을 많이 한다. 집안에서는 가장인 아버지가 그렇고, 회사에서는 사장님 같은 분들이 사실 더 많은 칭찬을 통해 힘을 얻어야 된다.

감동적인 말씀이십니다.

　분명한 것은 누구든 칭찬을 좋아한다는 사실이다. 그래서 설혹 좀 예의가 어긋난다 하더라도 칭찬의 말일 경우는 좋게 받아들일 수가 있다. 윗사람들을 칭찬할 때는 '윗사람'을 주어로 하지 않고 '나'의 관점으로 칭찬하면 더 좋은 표현이 된다. 사장님을 칭찬하는 경우 직접 "사장님은 참 말씀을 잘 하시네요"라는 말보다는 '나'의 관점으로 바꾸어서 "저는 사장님 말씀을 듣고, 참 감명을 받았습니다. 앞으로 더 열심히 해야겠다는 생각이 듭니다"와 같이 표현하면 결례를 하지 않으면서도 훌륭한 칭찬이 된다.

　칭찬할 때는 표현에도 유의하는 것이 좋다. 칭찬을 한다고 해서 상대방을 아이처럼 취급하는 표현을 해서는 안 되기 때문에 "참 잘 했어요", "정말 애썼네요", "알고 보니, 보통이 아니에요", "어쭈, 제법인걸", 이런 식의 칭찬은 별로 효과가 없다. 또 칭찬은 일관성이 있어야 한다. 그래서 어머니는 칭찬하는데, 아버지는 꾸지람을 해서는 안 되고, 칭찬과 비난이 섞여 있어도 안 된다. 칭찬과 비난이 섞여 있는 말들은 오히려 더 언짢게 들린다. "너 정말 예쁘구나. 성형수술 하느라고 돈 좀 들었겠네" 하는 식의 말이나 "넌 참 착하구나. 하긴 다른 재주가 없는데 성격이라도 좋아야지" 하는 식의 말은 절대로 칭찬이 될 수 없는 빈정거림이다. "너 이번 시험 정말 잘 봤구나. 그런데 민수는 너보다 더 잘했다며?" 하는 식으로 비교가 섞인 칭찬 역시 효과가 없다.

진심 어린 칭찬이 아니면, 칭찬의 효과는 나타나지 않는다. 진심 어린 칭찬은 상대방을 키우고, 또 나를 키워준다. "칭찬하는 데는 비용이 들지 않는다. 그러나 큰 비용으로도 해결할 수 없었던 부분까지도 해결해 준다"는 말처럼 칭찬은 문제를 해결해 주고, 우리의 인간관계 지능을 높여주는 열쇠이다.

사과하는 말

대화를 하는 데 있어서 바탕이 되는 중요한 요소는 자존감이다. 자존감이 높지 않으면 자신의 생각이나 느낌과 자신의 언어를 일치시키는 대화를 하는 것이 어렵고 생각과 다른 말, 자신의 감정을 기만하는 말을 하게 된다. 자존감이 높지 않으면 하기 어려운 말이 사과다. 사과는 자기가 잘못했다는 것을 인식할 뿐 아니라, 그 일 때문에 상대방에게 준 영향에 대해 인정하고, 손상된 상대방과의 인간관계를 긍정적인 방향으로 개선하기 위해서 하는 말이다. 다시 말해서 잘못을 인정하는 표현을 통해서 상대방의 이해나 용서를 받기 원하는 말이기 때문에 자존심을 내세우면 하기 어려운 말이다.

누구든지 잘못된 행동을 할 수 있다. 내가 잘못된 행동을 한 상황에서 잘못했다는 것을 인정하는 것은 내 존재가 잘못되었다고 말하는 것도 아니고, 내 가치가 낮아지는 것도 아니다. 사과는 자기 비하가 아니고, 더 좋은 인간관계를 향해 나아가기 위한 과정일 뿐이기 때문에 건강하고 높은 자존감을 가진 사람은 사과해야 할 상황에서 사과할 줄 아는 사람이다.

사과를 못 하는 가장 큰 이유는 자존심만 내세우기 때문이다. 내가 잘못했다는 것을 인정하니까 내 스스로 내 체면을 손상시키는 일이라고 생각되는데, 자존심이 쉽게 상한다는 것은 그만큼 자존심이 건강하지 못하다는 말이다. 건강한 자존감이 있어야 자존심의 덫에 걸려들지 않게 된다. 또한 잘못했다는 생각은 들어도 사과하는 게 쉽지는 않은데, 그 가장 큰 이유는 대화에 자존심을 걸기 때문이다. 그리고 워낙 우리나라 사람들이 감정 표현을 잘 하지 않는 경향도 있는 데다가 말할 때 쑥스럽고, 어떤 말을 꺼내야 할 지 잘 모르겠고, 사과해도 안 받아 주면 어쩌나 하는 생각도 있으니까 더 머뭇거리게 된다.

그렇지만 사과를 안 하고 그 순간을 넘겼다고 마음이 편해지는 것은 아니어서, 그 사람과 만날 때마다 거북하고 불편해진다. 그런 점에서 자신이 잘못했다는 것을 알게 되는 순간 바로 사과하는 것이 좋다. 그런데 사과할 때 상대방도 사과를 해서 서로 사과하면서 받아들이면 참 좋은데, 오히려 더 말이 엇나가게 되는 경우도 많이 있다. 왜 이런 일들이 생길까?

첫째는 사과하는 말에 따르는 동작언어들이 일치되지 않는 경우이다. 의사소통에서 말보다 더 중요한 것이 목소리, 얼굴 표정, 태도 같은 비언어적 요소인데, 말로는 아무리 그럴 듯하게 사과 표현을 한다고 해도 화가 난 태도로, 딱딱한 목소리로, 깔보는 듯한 태도로 사과를 한다면 진정한 사과로 받아들여지기 어렵다.

둘째는 진실성이다. 아무리 사과의 내용도 좋고, 목소리나 동작언어까지 다 좋다고 해도 진실성이 없으면 연기에 불과하고, 이런 말은 상대방의 마음에 파고들 수 없다.

셋째는 사과하는 표현을 하고 나서 변명을 늘어놓거나 토를 다는 경우이다. "미안해요, 미안한데, 그때 나는~" 하는 식으로 자기변명을 하려고 하면 오히려 기분이 상하게 되거나 그 말들이 다른 시빗거리를 만들게 된다. 가장 기분 나쁜 사과는 "미안해, 이제 됐지?" 하는 식의 사과이다. 이 말은 마치 네가 사과를 강요했기 때문에 마지못해 사과한다는 것처럼 들린다. 나아가 "미안하다구. 미안하다는데 무슨 말이 그렇게 많아?" 식의 사과는 사과가 아니고, '내가 사과했으니까 넌 아무 소리도 하지 말아라' 하는 강요이거나 언어폭력이다. 사과 다음에 와야 할 말은 다시는 그런 일이 없도록 노력하겠다는 재발 방지 약속이고, 그 말대로 행동하려고 노력하는 마음이 관계를 개선시켜 가는 것이기 때문이다.

다카이 노부오의 『멋지게 사과하는 방법 80가지』라는 책에서는 사과의 다섯 단계를 말하고 있다. 이 가운데 위에서 말한 식의 사과는 1단계 사과인데, 이런 사과는 오히려 문제를 크게 만들거나 새로운 마찰의 원인을 만들어 낼 수 있다는 것이다. 거기에 비해 2단계 사과는 상대방의 흥분을 가라앉히는 최소한의 선을 지키는 사과이고, 3단계 사과는 신뢰 회복까지는 이르지 못하지만 어떤 면에서는 상대방을 안심시키는 사과이고, 4단계 사과는 신용을 회복하는 사과이고, 5단계 사과는 전보다 새로운 신뢰를 얻는 사과라는 것이다. 예를 들어 차를 운전하다가 접촉 사고를 내서 상대방 차의 범퍼가 찌그러졌다고 가정해 보자. 각 단계에 따른 사과는 어떻게 될까?

• 예시

1단계 미안해요. 근데 이렇게 복잡한 길에서는 그쪽도 방어운전을 해야지요.

2단계 미안해요. 차 뒷부분에 흠집이 났네요. 어떻게 할까요?

3단계 미안합니다. 차에 흠집에 생겼네요. 보험사에 연락해서 바로 처리해 드리겠습니다. 조금만 기다려 주세요.

4단계 정말 죄송합니다. 제 실수로 선생님 차에 흠집을 생기게 해서 뭐라 드릴 말씀이 없습니다. 이게 제 신분증이고, 제 명함인데 이 번호로 연락을 주시면 바로 처리해 드리겠습니다.

5단계 정말 죄송합니다. 제가 부주의해서 선생님 차에 흠집을 만들고, 바쁜 시간을 이렇게 보내시게 해서 몸 둘 바를 모르겠습니다. 일단 이게 제 신분증과 명함인데, 지금 정비소로 가신다면 저도 같이 가서 처리하겠습니다. 지금 움직이시는 일정에 차질이 생기시도록 해서 정말 죄송합니다.

위에서 보는 것과 같이 사과의 단계가 올라갈수록 표현이 길어진다. 그리고 자신의 잘못임을 인정하고, 잘못된 것을 바꾸려는 성실한 노력을 구체적으로 밝히고 있으며, 나아가 필요한 경우라면 다시는 그런 일이 없도록 하겠다는 약속이 포함되어 있다. 그렇지만 신뢰를 만들기 위한 노력이라 하더라도 능력 이상의 약속을 하는 것은 미봉책이고 진실성이 없는 사과가 될 수 있다.

사과를 하면서 잘못한 부분에 대해서 밝힐 때 초점은 상대방에게 두어야 한다. 자기 관점으로 잘못한 점을 이야기하면 자칫 잘못하면 변명이 될 수 있다. 예를 들어 "미안합니다. 제가 아주 급한 일이 있어서 너무 속력을 냈어요" 하는 말보다는 "미안합니다. 제가 부주의해서 선생님 차를 박았네요. 차에 흠집이 생겨서 얼마나 마음이 상하셨습니까?" 하는 것이 더 상대방 중심의 사과가 되고, 화를 많이 낸 다음에 사과를 하는 경우라면 "미안해요. 내가 너무 화가 나서 참을 수가 없었어요" 하는 식의 사과보다는 "미안해요. 너무 화를 내서 당신 마음을 많이 상하게 했네요" 하고 상대방을 이해하고 배려하는 말로 자신의 책임을 인정하는 것이 더 바람직한 사과가 된다.

이렇게 사과하는 방식의 차이 때문에 갈등이 많이 생긴다. 특히 남성과 여성이 대화를 하면서 이런 문제에 자주 부딪히게 되는데, 한 조사에 의하면 75%의 부부가 서로 사과하는 방법이 다른 것으로 나타났다. 관계를 더 중요하게 생각하는 여성은 먼저 사과부터 해서 분위기를 부드럽게 하고 그 다음에 이야기를 하겠다고 생각을 해서 "미안해요, 내가 잘못했어요. 그러니까 화내지 말고 이야기해요" 하는 식으로 사과를 하지만, 정보를 중요하게 생각하는 남성은 이런 사과를 들으면 "당신이 뭘 잘못했다는 거야?" 하는 말을 덧붙인다. 그런데 아내는 서로 다투는 것 같은 분위기를 바꿔서 우호적인 관계로 만들기 위해서 미안하다고 했고, 내가 먼저 미안하다고 하면 남편도 "아니에요. 나도 미안해요" 하는 식으로 이야기하면서 관계가 좋아질 것을 기대하고 말을 했는데, 남편이 '뭘 잘못했는지나 알고 하는 말이냐?'고 구체적으로 캐물으면서 항복 문서를 받아내려고 하면 다시 기분이 상하게 되고 만다.

여성들이 미안하다는 말을 하는 것은 꼭 자신이 잘못했다는 뜻으로 하는 말만은 아니고, 일종의 예의라고 할 수 있다. 그러니까 어떤 문제가 있을 때

한 쪽에서 "미안해요" 그러면 다른 쪽에서도 "아니에요. 오히려 제가 죄송하죠" 하면서 문제점을 덮어 버릴 수 있으리라 기대하면서 미안하다고 말했는데 "당신이 미안해하는 건 당연하다"거나 "무엇을 잘못했는지 알고 하는 말이냐" 하는 말을 들으면 갑자기 곤두박질치는 느낌이 들 수밖에 없다.

자기가 말하는 것을 기준으로 상대방의 말을 평가하다 보니까 여성들은 남성이 같이 미안하다는 표현을 해주지 않고 거부하는 것을 이해할수가 없다. 그러나 상하관계의 구도로 대화를 하는 남성에게 있어서 사과한다는 행동은 자기 스스로 다른 사람의 밑으로 들어가는 일이 되기 때문에, 남성은 명확하게 자신이 잘못한 경우에도 미안하다는 말을 잘하려고 하지 않는다. 교묘한 변명으로 문제를 해결하려는 것은 남자답지 못하다는 생각도 사과를 방해한다. 그러다 보니 남성들은 쉽게 사과하는 여성들을 보면서 자신감이 부족하거나 논리적 판단 능력이 부족하다는 오해를 하는 경향이 있다. 그러다 보면 자기 방식의 사과 표현을통해 친밀한 관계를 회복하고 싶어 하는 여성들은 남성의 사과를 받지못하니까 늘 무언가 부족한 느낌과 거리감을 가질 수밖에 없게 된다.

사과는 건강하고 높은 자존감을 가져야 할 수 있는 말이다. 자신의잘못을 인정하고, 책임질 수 있는 부분은 기꺼이 책임을 지고 다시는 그런 일이 없도록 하겠다는 약속의 말을 통해 상대방의 마음을 풀어줄뿐 아니라 이전보다 더 깊은 신뢰를 얻을 수도 있다.

기분 좋은 유머

요즘 사회가 점점 더 복잡해지고, 환경도 달라지면서 본의 아니게 심각한 상황 속에서 생활하면서 스트레스도 많이 받게 된다. 그만큼 더 여유로운 생활을 꿈꾸고, 대화를 통해서도 여유를 찾고 싶어 한다. 가장 여유 있는 대화의 형태는 유머이다. '정신의 여유는 유머로 표현된다'는 말처럼 각박한 생활과 관계 속에서 함께 웃으면서 이야기를 나누면 더 좋은 관계, 더 친한 사람인 것처럼 생각하는 여유를 갖게 된다. 링컨 대통령은 내가 좋아하고 애정을 느끼는 사람들이 가지고 있는 공통점은 나를 웃게 만드는 사람들이라고 했다. 웃음을 주는 사람은 좋은 사람, 사랑스런 사람으로 기억된다. 유머를 굳이 정의한다면 사람을 웃거나 미소 짓게 만드는 말이라고 할 수 있다. 따라서 유머와 웃음은 아주 밀접한 관계에 있다. 사람만이 웃을 수 있는 유일한 생물이고, 웃음은 이성이 가질 수 있는 특권이다.

생리학자들은 사람들이 웃음을 좋아하는 이유를 건강과 연결시킨다. 웃음학의 아버지라 불리는 노먼 커즌스도 웃음으로 건강을 되찾은 사람이다. 미국의 유명한 저널인 〈토요 리뷰〉의 편집인이었던 그는 50세에 강직성 척추염(ankylosing spondylitis)에 걸렸다. 이 병은 류마티스 관절염의 일종인데 뼈와 뼈 사이에 염증이 생겨서 시멘트같이 굳어서 죽는 병이다. 부인과 자녀들을 두고 세상을 떠날 생각으로 착잡한 그는 우연히 서재에서 몬트리올 대학의 한스 젤리에 박사가 지은 『삶의 스트레스(The Stress of Life)』라는 책을 읽으며 그 속에서 "마음의 즐거움은 좋은 약(Merry heart is good medicine)"이라는 구절을 보게 된다. 그리고 웃으며 즐겁게 살겠다고 마음을 먹고 웃으니까 정말 통증도 사라지고, 손가락도 펴지고, 단잠을 잘 수 있게 되면서 차츰 병이 완치되었다. 그때부터 웃음에 관해 본격적으로 연구하게 되어서 의과대학 교수가 되고, 베스트셀러가 된 저서 『질병의 해부(Anatomy of an Illness)』를 집필한다.

신체적으로 찡그리기 위해서는 72개의 얼굴 근육이 필요하지만, 웃는데는 14개의 근육이면 충분하다고 한다. 웃을 때는 허파와 기도를 확장시켜 공기의 유입과 배출을 촉진시켜 주어서 호흡기관의 염증을 막아주는 항체 면역글로빈이 증가되고, 자율신경계에 자극을 주어서 동맥과 심장 같은 순환계의 작용을 돕고, 장과 간의 작용을 촉진시켜서 소화를 도와준다. 또한 호흡이 깊어지고, 횡경막이 이완하지 않고 오히려 짧은 경련성 수축을 해서, 복부 근육운동을 촉진시키는 동시에, 복강내압을 높이는 역할을 한다.

그리고 침과 다른 소화액이 분비를 촉진시켜서 콜레스테롤의 증가를 억제하고, 통증을 완화시키고 억제시켜서 고통에 대한 저항능력을 20%나 증가시킨다. 크게 활짝 웃으면 T임파구 같은 항암제가 증가되기 시작한다. 누구나 하루에 300~400개 정도의 암세포가 생기는데, 암세포를 공격하는 세포 중에 대표적인 것이 NK세포(natural killer cell)이다. 그런데 한 번 크게 웃으면 우리 몸 근육 650개 중에서 231개가 동시에 운동을 하게 되고, NK세포가 암세포를 공격한다는 것이다. 그래서 웃는 사람이 웃지 않는 사람보다 더 오래 사는 것이며, 행복하기 때문에 웃는 것이 아니라 웃기 때문에 행복해진다는 말이다. 세익스피어도 웃음은 천 가지 해로운 것을 다 막아주고, 생명을 연장시켜 준다고 말했다.

웃음이 가지고 있는 좋은 기능들이 많은데, 첫째는 이완작용을 한다는 것이다. 웃고 나면 긴장이 풀릴 뿐 아니라 마치 눈물을 흘리고 난 뒤에 느끼는 것 같은 카타르시스를 경험하게 된다. 많은 심리학자들은 웃음이 갈등과 긴장 사이에서 균형을 찾게 해주는 역할을 한다고 말한다.

둘째는 친화작용을 한다는 것인데, 이것은 대화에서 아주 중요한 역할을 한다. 사회생활을 하면서 사람을 처음 만나면 긴장을 하게 마련이다. 이때 한 마디 유머로 서로 웃음을 주고받으면 긴장을 풀어줄 뿐 아니라 서로에게 친근감을 느끼게 되고 대화를 부드럽게 할 수 있는 분위기를 만들어 준다. 이렇게 사람들의 마음을 열어 주고, 가깝게 느끼도록 하는 작용이 바로 친화작용인데 웃는다는 것 자체가 상대방에 대한 적의가 없음을 나타냄과 동시에 스스로가 긴장하지 않은 상태임을 보여주는 것이다. 따라서 함께 웃고 난 다음에는 대화의 순서 교대도 더욱 빨라지고, 공감을 표현하는 말도 훨씬 많이 나타나게 된다.

셋째는 창의력을 증진시켜 준다는 것이다. 웃음은 싫증을 벗어날 수 있게 해주고, 두뇌를 자극해서 창의력을 발휘할 수 있게 해준다. 스트레스 호르몬을 감소시켜서 의욕이 생기고 추진력과 성취도도 높아지게 한다.

대화 속에서 유머를 구사하는 첫 단계는 '사오정 시리즈' '대통령 시리즈' 등과 같이 이미 굳어진 유머를 옮겨 말하는 것이다. 대화 상황에서 자신이 독창적인 생각으로 한 말로 남을 웃게 만드는 것이 더 수준 높은 유머임은 분명하지만, 이미 웃기는 말로 굳어진 유머는 그 자체만 가지고도 이야기가 된다는 점에서 대화를 부드럽게 하는 좋은 화제가 된다.

•예시 1

어느 날, 한 청년이 선을 보고 저녁을 먹으러 멋진 레스토랑에 들어갔다. 식사를 하는데 마침 비발디의 '사계'가 흘러나왔다. 화제가 궁하던 청년은 음악에 관한 이야기를 해야겠다는 생각으로 "이 곡이 무슨 곡인지 아세요?" 하고 분위기 있게 물었다. 그러자 여성이 음식을 천천히 씹고 음미하면서 이렇게 말했다. "음, 맛을 보니까 돼지고기 같은데요."

여성이 '이 곡이 무슨 곡이냐'는 말을 '이 고기(가) 무슨 고기냐'로 들었다는 것이 유머를 만든 것이다. 글자로 쓰면 달라도 말할 때 소리는 똑같으니까 이런 유머가 가능해진다. 이렇게 유머에서 가장 중요한 요소는 상대방이 예측할 수 없는 말을 해서 상대방의 허점을 찌르는 것이다. 허점을 찾기 위해서는 사람들이 가지고 있는 전제를 벗어나는 표현을 하게 되는데, 가장 쉬운 방법이 소리는 같고 뜻이 다른 말인 동음이의어를 사용해서 그 사람이 예상하고 있는 것을 깨뜨리고 의외성을 만드는 것이다.

•예시 2

(서로 깊이 사귀던 남녀가 있었다. 여성이 그만 만날 생각으로 말을 시작했다.)

여 앞으로 날 생각하지마.

남 그래, 날개도 없는데 어떻게 날겠어?

여 아, 이별이 뭘까?

남 이 별은 지구야.

여 나 묻고 싶은 게 있어.

남 삽 줄까?

여 아이 참, 그렇게 자꾸 정을 주면 어떡해?

남 미안해. 다음엔 망치도 줄게.

여 정말 보내기 싫어. 보내면 후회할 것 같아.

남 그럼 찌나 묵을 내.

이렇게 소리를 이용해서 의외성을 만들 수도 있지만, 뜻을 이용해서도 의외성을 만들 수 있다. 화가 나서 "이봐요 나잇값 좀 하세요" 하는 사람

에게 "나이 한 살에 얼마지요?" 하고 묻는 것은 나이+값이라는 말의 뜻을 이용해서 멋진 유머로 대응하게 해준다. 단어뿐만 아니라 문장 전체가 다른 뜻으로 해석될 수 있어도 의외성을 만들 수 있다.

• 예시 3

(광수가 이발소에 갔다.)

이발사 어떻게 깎아 드릴까요?

광수 음, 최선을 다해 주세요.

이렇게 일반적으로 다른 사람들이 사용하는 소리나 뜻, 문장 구조나 맥락을 의도적으로 벗어나는 데서 오는 의외성이 유머를 만드는 요소가 된다. 언어가 지금까지 사용되면서 묵시적으로 약속된 쓰임들이 있는데, 이것을 의도적으로 위반하게 되면 예상하던 쓰임과 실제 쓰임이 다르니까 일치되지 않는 두 인식 영역 사이의 연결 관계를 파악하려 하고, 그것을 파악했을 때 비로소 웃음을 터뜨리게 되는 것이다.

유머는 대화에서 당연히 지켜질 것이라고 예측하고 있는 것들을 깨뜨리는 데서 생기는 것이라 상식을 뛰어 넘는 높은 수준의 대화일 수밖에 없다. 그러나 아무렇게나 깨뜨리는 건 유머가 아니고 잘못 말하는 것인데, 이 경계를 잘 분별해야 유머 감각이 있다는 평가를 듣게 된다. 서로 신뢰와 사랑이 없는 상태에서 유머를 잘못 구사하면 오히려 불쾌하고 무례한 말이 될 수 있다. 그래서 유머를 할 때도 사람들에게 상처를 주거나 공격을 하는 것이 아니라, 진심으로 기쁨과 즐거움을 나누어 주려는 마음이 먼저 준비되어야 한다.

냉소적 유머

유머는 대화의 활력소가 되어 주고, 인간 관계를 부드럽고 원활하게 해주는 것이다. 그런데 한 쪽에서는 유머라고 생각하고 말한 것이 누군가의 기분을 나쁘게 만들기도 하고, 오히려 마음을 상하게 하기도 한다. 그리고 말하는 사람은 분위기를 좀 유쾌하고 재미있게 만들기 위해서 이야기를 했는데, 듣는 사람들이 '썰렁하다'고 하거나 시큰둥한 말로 받아서 오히려 마음을 상하게 하는 경우도 있다. 왜 이런 현상이 나타날까?

이건 유머에 내재된 우월감이 있을 때 나타나는 현상이다. 유머에 내재된 우월감이 있다는 것은 다른 집단이나 사람하고 비교해서 상대적으로 자신이 우월하다고 느끼도록 하는 것이 유머의 요인이 되는 경우를 말하는 것이다. 유머의 유형 가운데는 풍자하거나 조소하는 것, 인종이나 지방색과 같은 요소를 가지고 특정 집단을 야유하거나 적대감을 드러내는 것들이 바로 이런 요소를 가지고 있다. 유머 가운데 흑인종, 경상도 사람, 충청도 사람, 대통령, 국회의원 등과 같이 자주 등장하는 특정 집단들은 우월감을 통한 유머를 만드는 소재들이다. 이와 함께 성적인 것, 병, 오줌, 똥 같은 배설물처럼 일반적으로 잘 말하지 않는 금기어들이 유머의 소재로 등장하는 것도 다른 사람들이 말하기 꺼리는 것을 공개적으로 발설한다는 동기에서부터 우월감을 내포하고 있는 것이다.

플라톤은 웃음을 죄악이라고 생각했다. 어떤 사람을 웃게 만드는 요인은 자신이 다른 사람보다 더 부유하고, 잘 생기고, 인간성이 좋고, 현명하다는 생각 때문이라고 보았기 때문이다. 그래서 웃음을 '질투의 감정에 쾌감이 가미된 것'이라고 정의했다. 또한 토머스 홉즈의 『리바이어던』에서도 '인간의 삶은 죽을 때까지 보다 큰 힘을 추구하는 투쟁으로 이어지는데, 웃음은 기본적으로 투쟁에서 승리했을 때 나타나는 것'이라고 했다. 이런 점에서 유머는 다른 사람을 공격하는 한 가지 방법이고, 같이 웃어주는 사람들을 지지 세력으로 해서 자신의 힘과 지위를 유지하려는 방법이라고 보는 것이다.

모든 것이 양면성을 가지고 있듯이 유머도 양면성을 가지고 있는 것이다. 앞 장에서 살핀 것처럼 유머가 의외성을 통해서 예상하던 것과 실제 말한 것 사이에 일치되지 않는 요소 때문에 사람들을 즐겁게 만드는 것이라는 측면도 있지만, 이와 함께 상대방을 공격하고 자신이 높아져서 우월감을 느끼는 측면도 가지고 있는 것이다. 그래서 우리에게 건강한 웃음을 줄 수 있는 건강한 유머가 필요하다.

우월감에 의한 유머는 다른 사람과의 비교를 전제로 하기 때문에 반드시 대상으로 삼는 표적이 있다. 일차적으로 표적은 자기보다 열등한 집단일 거라고 생각되겠지만, 실제로 보면 아주 다양하게 나타난다. 유머의 표적으로 선택하는 집단은 남성 중심 사회에서 상대적으로 약자인 여성에 관한 것을 비롯해서 식인종, 바보, 정신병자, 거지, 노숙자 이렇게 자기보다 열등하다고 생각되는 집단을 선택하기도 한다. 그렇지만 반대로 대통령, 국회의원, 변호사, 의사, 목사, 교수 등도 자주 표적이 된다. 국회의원과 텔레토비의 공통점, 거지와 교수의 공통점, 방위와 바퀴벌레의 공통점 같은 유머들을 떠올려 보면 표적이 무엇인가를 이해할 수 있을 것이다. 열등한 집단을 표적으로 선택하면, 소재 선택만으로도 말하는 사람과 듣는 사람의 우월감을 만족시켜 줄 수 있다. 그런데 어떤 것이 열등집단이냐 하는 것은 사회적인 기준하고 일치하는 게 아니다. 예를 들어서 질병을 대상으로 유머를 만들 때 암이라거나 심장병과 같이 심각한 질병은 소재가 되지 않는다. 그보다는 대머리, 변비 등과 같이 가벼운 것들이 표적이 된다. 그런 점에서 유머에 등장하는 여성, 식인종, 바보, 정신병자, 거지, 실직자가 전형적으로 사회적 열등집단을 대표하는 것은 아니다. 이런 점에서 우월감에 의한 유머라 하더라도 아주 각박하고 객관적인 것은 아니고, 정서적 여유가 개제될 수 있는 틈은 있는 것이다.

• 예시

(어떤 선교사가 정글 깊숙이 찾아 들어가서 식인종 마을의 추장을 만났다.)

선교사 추장님은 기독교인에 대해서 알고 계십니까?

추장 글쎄요, 요전에 선교사가 왔을 때 내가 좀 먹어 봤나?

사오정이나 식인종이 실제로 존재한다면 유머가 될 수 없겠지만, 가상적인 집단을 상정하는 것을 보면 역시 현실과 거리를 두는 것이 정서적

308

인 여유를 만들어 주는 것이다.

실제 세계에서는 자기보다 힘을 더 많이 가지고 있는 우월집단도 유머의 대상이 된다. 우월집단은 사회적으로나 심리적으로 억압이나 분노를 느끼기도 하고, 선망의 대상이 되기도 한다. 그러나 이런 집단을 웃음거리로 만드는 것을 통해 순간적으로 느끼게 되는 우월감이 심리적인 긴장을 풀어주게 되고, 말하는 사람이나 듣는 사람이 공통적으로 느끼고 있던 우월집단에 대한 유머일 경우, 친화작용을 해서 두 사람 사이의 관계도 더 증진시켜 주는 구실을 하게 된다. 유머의 표적이 되는 우월집단은 대통령, 국회의원 같은 정치 지도자나, 판사, 변호사, 의사, 교수 같이 사회적 지위가 높은 사람, 목사, 장로, 승려 같은 종교 지도자나 인기 많은 연예인, 운동선수 같은 유형이 있다. 유머에서는 아주 무능력한 정치 지도자, 존경받을 수 없는 사회 지도자, 영적인 힘을 상실한 종교 지도자에 대해 극단적으로 표현한다. 이런 것들을 통해 유머는 세태 풍자나 고발, 야유와 같은 성격을 포함하게 된다.

그런데 텔레토비와 국회의원의 공통점 유머를 들으면서 화를 내는 국회의원은 없고, 교수와 거지의 공통점과 차이점 유머를 들으면서 화를 내는 교수도 없고, 경상도 신혼부부와 서울 신혼부부 유머를 들으면서 화를 내는 경상도 남자도 없다. 오히려 들으면서 같이 웃는다. 이렇게 만드는 요인은 무엇일까? 이것이 바로 유머가 가지는 긍정적 기능 때문이다.

첫째는 이완작용인데, 열등집단을 표적으로 삼으면 순간적으로라도 자신감이 생기고 자기만족에 빠질 수 있는데, 이런 것들이 경쟁적인 생활 속에서 긴장을 이완시켜 주는 것이다. 그리고 상대적으로 열등감을 느끼던 우월집단을 표적으로 삼는 것을 통해 심리적인 긴장에서 벗어날 수 있다. 심각한 상황에서 말로 공격을 하면 유머가 아니라 언쟁이 될 것이다. 언쟁은 또 다른 갈등과 긴장을 불러오지만, 유머를 통해서 가볍게 건드리고 지나가는 것은 논리도 없고 실제성도 없는 것을 극단적으로 과장해서 표현하기 때문에 긴장으로부터 자유롭고 오히려 긴장되었던 부분을 이완시키는 작용을 하게 되는 것이다. 다시 말해서 논리적인 것이 아니고, 실제로 나타나는 현실성도 없으니까 그 거리만큼 여유가 생기고, 그걸 극단적으로 과장하니까 설사 자기가 표적 집단에 속한 국회의원이나 교수라 하더라도 유머를 즐길 수 있게 해주는 것이다.

두 번째는 친화작용인데, 유머를 말하는 사람이나 듣는 사람이 한 편이 되어서 자신들이 속하지 않은 특정 집단이나 대상, 그리고 공동의 적이 되는 사람을 웃음거리로 만드니까 서로 매우 가까워졌다고 느끼게 된다. 이런 심리는 표적이 우월집단일 경우에 더 크게 나타나서 자기 회사 사장님이나 학교 선생님처럼 개인적으로 근접한 거리에 있는 인물에 대해 유머를 주고받으면, 그 사람들끼리 더 큰 연대의식을 느끼게 된다. 더구나 심각한 모의가 아니고 웃음을 매개로 장난처럼 형성되는 집단이기 때문에 부담이 적어서 친화작용은 더 강하게 나타난다. 그리고 서로 관계를 맺으면서 갈등이나 부담을 주던 우월집단의 사람들을 대할 때는 항상 좀 심각한 태도가 되고, 조바심도 생기고, 생각도 경직되는데, 유머를 통해 새로운 시각으로 말하다 보면 다른 관점으로 그 사람들을 바라보고 평가할 수 있는 유연성도 생기게 될 수도 있다.

그런데 이런 유머가 좋은 점만 있는 것이 아니고 공격이 될 수 있다는 점에 주의해야 한다. 우월감에 의한 유머는 열등하건, 우월하건 특정한 표적 집단을 공격하는 것이기 때문에 기본적으로는 자기중심적이고 원만한 관계를 파괴하는 것이다. 이것은 작가 조지 오웰의 말처럼 '인간의 등급을 떨어뜨리는 것'이 되어서 대화에 부정적으로 작용할 수 있다. 가장 큰 문제는 표적 집단을 공격하는 공격성이다. 그 유머가 얼마나 비논리적이냐, 그리고 실제 세계와 관련이 없느냐, 얼마나 과장되었느냐 하는 정도에 따라, 그리고 받아들이는 사람의 아량에 따라 차이가 있기는 하지만, 말하는 사람의 의도와 관계없이 표적 집단에 속한 사람들에게는 공격이 된다는 것이다.

또한 유머가 편가르기를 조장할 수 있다. 유머를 하는 사람이나 듣는 사람은 보통 그 표적 집단에 속하지 않는 경우가 많기 때문에 자연스럽게 표적 집단과 유머를 말하고 듣는 사람 사이에 경계를 만들고 편가르기를 하게 만드는 것이다. 직장 상사에 관한 유머처럼 표적 집단이 가까운 거리에 있을수록 편가르기는 더 쉽게 이루어진다.

그뿐만 아니라 유머에 반영된 논리는 지나치게 단순하다는 점도 문제이다. 유머를 듣는 사람들이 예상하지 못한 것들이 유머를 만들 수 있으니까 극단적인 표현이나 과장된 표현을 하게 되고, 여기엔 필연적으로 논리의 비약이 일어날 수밖에 없다. 그러다 보면 표적 집단과 관련해서 거의 흑백논리로 생각해서 표적 집단은 나쁘고, 현명하지 못하고, 정의롭지 못하다는 논리를 가지게 될 수 있다. 이런 관점에서 열등집단이 표적이 되면, '그 집단은 모자라는 사람들'이라는 생각, 우월집단이 표적이 되면, '그 집단은 나쁜 사람들'이라는 단순한 논리로 세상을 볼 수도 있다. 이게 편가르기와 연결되면 표적 집단은 모자라는 사람이거나 나쁜 사람이고, 이것을 말하고 듣는 사람은 유능하고 착한 사람이라는 논리로 비약될 수 있고, 이러한 요소들이 냉소주의를 만든다는 것이 가장 큰 문제이다.

　요즘은 정치적 지도자나 사회적 지도자뿐 아니라 종교나 문화계의 지도자들까지 존경을 받을 수 있는 위치에 있지 않다고 판단하면서 이죽거리는 풍토가 사회 전반에 깔려 있다. 어느 시대나 젊은 세대들은 늘 기성세대나 기득권층에 맞서 왔다. 그러나 요즘의 냉소는 대안적인 방법을 제시하는 게 아니고, 대안도 없이 야유하고, 풍자하고, 공격만 할 뿐이지 기성세대를 바탕으로 무엇인가 이루어 가겠다는 의지나 자립성은 보이지 않는다. 그리고 이런 냉소는 가족이나 친구, 동료에까지 대상을 확대해서 '썰렁하다, 춥다, 소름 돋는다' 하는 화법으로 표현된다. 들으면서 분명히 같이 웃었으면서도 '썰렁하다'고 평가를 해서 지금까지 말한 사람은 열등하고, 자신이 더 우월하다는 것을 드러내려는 것이다. 그러니까 방송

매체뿐만 아니라 일상적으로도 많은 유머가 회자되지만 세상은 그만큼 밝아지지 않는 것 같다.

실제로 어떤 인터넷의 유머방에 실린 유머를 분석한 결과, 70% 정도가 냉소적 유머로 나타났다. 유머는 사물을 보는 유연성, 열린 마음의 반영일 때 더욱 가치가 있는 것이다. 이와는 반대로 상습적으로 야유, 조롱, 냉소에 젖어 있으면서 자신이 유머 감각이 있다고 생각하는 것은 옳지 않다. 유머를 잘 사용하면 자신의 감정을 이완시키고, 다른 사람과의 관계도 더 좋아지고, 분위기도 밝게 만들어 주는 활력소가 되지만, 잘못 사용하면 근거 없는 영웅주의자나 부정적인 사람이 되고, 다른 사람들의 마음에도 상처를 주게 된다.

제일 중요한 것은 대화 상황에 대한 판단이다. 그러니까 지금 대화의 장면이나 분위기에서 유머를 사용하는 것이 효율적인지를 살피는 것인데, 대화가 끊어져서 분위기가 어색하거나, 사람들이 불필요하게 긴장하고 있을 때 유머를 사용하면 분위기가 살게 된다. 또 다른 사람이 유머를 사용해서 유머가 오갈 수 있는 분위기가 만들어졌을 때는 대화의 분위기가 한층 유쾌하고 재미있게 된다. 주의할 점은 대화에 같이 참여한 사람들 가운데 표적 집단이 포함되어 있지 않은지 잘 살펴야 된다는 것이다. 그렇지 않으면 당사자한테는 공격이 되고, 대화 분위기가 오히려 더 냉각되기 때문이다. 예를 들어서 대머리가 이발소에 간 이야기가 아무리 재미있어도 그 가운데 대머리인 사람이 있으면 공격이 될 수도 있다는 점이다. 그리고 같이 대화하는 사람들이 유머를 소화할 수 있을 만큼 여유를 가지고 있는지도 판단해야 한다. 혹시 심각한 분위기에서 이야기하기를 원하는 사람이 있는데, 유머를 사용하는 것은 오히려 분위기를 깨는 것이 될 수도 있기 때문이다.

데일 카네기는 웃음은 별로 소비되는 것은 없으나 건설하는 것은 많으며, 주는 사람에게는 해롭지 않으나 받는 사람에게는 넘치고, 짧은 인생으로부터 생겨나서 그 기억은 길이 남으며, 웃음 없이 참으로 부자 된 사람도 없으며, 웃음 가지고 정말 가난한 사람도 없다고 했다. 건강한 웃음을 함께 나눌 수 있는 경박하지 않으면서 유쾌한 유머 감각을 가진 사람들이 이 시대에는 더욱 필요한 것 같다.

남의 말

어떤 사회 집단이든 사람들이 모여서 대화를 하면서 대부분의 사람들이 남의 말 하는 것을 즐긴다. 남의 말은 대개 쓸데없는 말이지만, 우리는 남의 말 하는 데 많은 시간을 보내고 있어서, 남의 말 하는 건 일상생활에서 피할 수 없는 부분이고, 남의 말 하지 말라는 것은 대화의 즐거움을 빼앗는 것이 될 수도 있다.

남의 말도 여러 종류가 있다. 루머(rumor)라고 이야기하는 뜬소문들도 있고, 스캔들(scandle)이라고 하는 추문도 있고, 가십(gossip)이라고 이야기하는 뒷이야기들도 있다. 이런 말들은 원래 사교계의 사람들을 대상으로 하던 것에서 요즘은 연예계나 문단, 정계의 유명 인사들에 대한 뒷이야기라는 점에서 공통점이 있다. 이런 말들은 사람들 사이에 공동의 화제를 제공해 준다는 점에서 의의를 찾을 수도 있겠지만, 일시적인 흥미를 보일 뿐이고, 기본적으로 진지성이 결여되어 있어서 오래 지속되지 않는다. 이런 말들은 계속 변화를 추구하고 한 자리에 머무르지 않으려고 하는 마음을 반영하고 있어서 인기 연예인과 관련한 많은 뒷이야기들은 유행처럼 지나가고 늘 새로운 말을 만들어 낸다. 이런 뒷이야기들은 일단 사람들의 흥미를 끄는 것이 중심이기 때문에 과장하거나 흥분시키는 내용들이어서 비논리적이다.

그런데 이런 루머나 가십이 아니어도 주변 사람들에 대한 말을 많이 하게 된다. 남에 대해 말하는 것 자체가 나쁜 것은 아니고, 남에 대해서 나쁘게 말하는 것이 피해야 할 일이다. 남에 대한 좋은 말도 있고, 좋고 나쁜 것을 떠나 그냥 가치중립적으로 남에 대한 말을 할 수도 있다. 적어도 서로 만나서 아무 말도 안 하는 것보다는 남에 관한 말이라도 하는 것이 관계를 이어가는데 도움이 되고, 이렇게 남의 말 하는 것이 가지는 좋은 기능도 있다.

첫째는 정보를 더해 준다는 것이다. 어떤 대상을 비난하는 것이 아니고, 그 사람에 관한 좋은 말을 하면 서로 모범을 삼을 수도 있고, 단지 다른 사람에 대한 사실을 전달하기만 하면 그 사람에 대한 정보를 더해 주는 것이 될 수도 있다.

둘째는 관계를 돈독하게 해준다는 것이다.

• 대화 1

김 계장 기조실 박 비서랑 조 계장 사귄다는 얘기 들었어요?

고 과장 어, 김 계장도 아는구나. 근데 조 계장 집에서 반대한대. 내가 보긴 박 비서가 더 아까운데…

김 계장 그렇지요? 내 생각도 그래요. 인물로 보나 성품으로 보나 박 비서가 훨씬 낫지요.

이 대화처럼 서로 공감하는 내용, 어떤 대상에 대해서 평가가 일치하는 경우에는 더 가깝게 느낄 수 있고, 두 사람의 유대관계는 더 돈독하게 되기도 한다.

셋째는 사회를 통제하는 기능을 한다는 것이다. 일반적으로 남의 말에 대해서는 어느 정도 일치된 평가를 내린다. 예를 들어서 공부 잘 하던 중학생이 성적이 떨어졌다고 비관해서 자살했다는 말을 들으면서 그 학생 참 용기 있는 행동을 했다고 칭찬하거나, 그 행동을 부러워하는 식의 반응은 나오지 않는다. 그러니까 이런 것들을 통해서 어느 정도 서로의 상식을 확인하고 규준을 정하면서 사회를 통제하는 기능도 갖게 되는 것이다. 그렇기 때문에 남의 말을 하는 것 자체가 나쁜 것은 아니고,

남에 대해서 나쁘게 말하는 것이 문제가 되는 것이다.

남을 헐뜯거나, 비밀을 누설하거나, 남의 말과 행동을 나쁘게 표현하는 동기 자체가 다툼을 일으켜서 사이가 멀어지게 하는 것이고, 상대를 나쁘게 말하면서 스스로가 높아지고자 하는 심리 때문이다. 내 앞에서 다른 사람에 대해서 좋게 말하는 사람은 다른 사람 앞에서도 나를 좋게 말하지만, 내 앞에서 남의 흉을 보거나 욕하는 사람들은 다른 사람 앞에서는 나를 욕하거나 흉보는 사람일 수 있다. 남의 말을 하는 사람은 그 사람의 비밀을 알고 있다는 것을 통해 자신을 과시하고자 할 뿐 아니라, 무의식적으로나 의식적으로 갈등을 일으키고 싶은 마음도 가지고 있는 것이다.

믿는 도끼에 발등 찍힌다는 말처럼, 비밀을 지켜 주리라 생각했던 사람이라 해도 말을 옮기는 경우가 있다. 게다가 말은 전해지는 과정에서 전달하는 사람의 마음에 따라 더해지기도 하고 빠지기도 하게 마련이어서 그대로 옮기는 것이 아니라 좀 과장이 되거나, 엉뚱한 말이 되기도 한다. 말 전달 놀이를 해 보면 처음 시작한 말이 대여섯 사람의 입을 통과하면 전혀 다른 말이 되어 있다는 것을 확인하게 된다. 어떤 사람을 만나서 "요즘 좀 피곤해요"라고 말했는데, 그게 "구 교수 요즘 피곤하대. 어디 아픈가 봐", "구 교수 요즘 어디 아프대. 병이 있나 봐" 하다가 "구 교수 병 걸렸대. 요즘 힘들어 하나 봐" 하고 나면 "구 교수 병 걸려서 요즘 다 죽어 간다며?" 하는 말로 돌아다니는 것이다. 이게 바로 남의 말이기 때문에, 남의 말을 들을 때 그 말이 사실이라고 생각하고 들어서는 안 된다.

남에 대해서 하는 모든 말들이 비윤리적인 것은 아니지만, 비밀을 지키겠다고 하고서 누설하는 것과 같이 명백히 비윤리적인 말도 있다. 비밀은 지켜져야 비밀이다. 그렇지만 아무리 비밀이라 하더라도, 예를 들어 자살할 계획이라거나 범죄를 저지를 계획 같은 것을 말했을 때는 다른 사람한테 말하지 않을 수가 없다. 그런데 이런 경우라 해도 이 사람 저 사람한테 다 말할 필요는 없고, 문제 해결을 위해 꼭 알아야 할 사람에게만 전달해야 한다. 남의 비밀을 말하는 것도 비윤리적이지만, 가장 나쁜 남의 말은 사실이 아니라는 것을 알면서도 남에게 전달하는 말이다.

남의 말을 할 때 개인 신상에 관한 이야기는 보는 태도에 따라 많이 달라진다. 다른 사람의 약점이나 성격적 결함, 다른 사람이 실패한 이야기 같이 부정적인 말을 중심으로 남의 말을 하는 사람이 있는가 하면, 그 반대로 다른 사람의 좋은 점, 성공한 이야기, 잘한 것들을 중심으로 남의 말을 하는 사람도 있다. 결국 남에 관한 말을 하는 것에는 그 사람의 인품과 삶의 태도가 반영되어 있는 것이다.

그런데 내가 먼저 시작하지 않았어도 상대방이 한 말 때문에 다른 사람에 대한 이야기가 나오게 되고, 그 사람에 대해서 말하면서 긍정적으로 말하기 어려운 경우도 있다. 이럴 땐 될 수 있으면 그 문제에 대해서 깊이 이야기하지 않고, 짧게 마무리하거나 다른 화제를 이끌어 내는 것이 좋은 방법이다. 그러나 꼭 비판적인 이야기를 해야 할 경우라면 첫째, 내가 하는 말의 내용이 진실한지를 생각해야 한다. 증거가 없는 말을 하는 것은 질의 격률을 위배하는 것이다. 둘째는 그 말을 하는 동기를 살펴야 한다. 이 자리에 없는 다른 사람의 말을 하면서 그 사람에 관해 진심으로 염려하는 마음이나 긍정적 관심을 가지고 말을 하고 있는지, 그렇지 않으면 그 사람을 헤치거나 다툼을 일으키려는 마음으로 그 말을 하는지 생각해야 한다. 셋째는 내용의 적절성을 생각해야 한다. 그 사람에 대해서 판단하는 말이 감정적으로 치우쳐 있지는 않은지, 내가 생각하는 기준은 바른 것인지, 내가 전제로 하고 있는 것들은 정확한 것인지를 생각해 보고 말을 할 필요가 있다. 이런 기준으로 자신을 돌아보지 않고, 부정적으로 비판하거나 비방하는 남의 말은 희생양을 등장시켜서 말하는 사람들 끼리 즐기는 저속한 말장난에 지나지 않는다.

거짓말

　　빅뱅이 부른 '거짓말'이나 먼데이키즈의 '거짓말 하는 법' 같은 노래들이 자주 들리더니, 드라마 제목은 '하얀 거짓말'이고, 영화 제목은 '달콤한 거짓말'이다. 황 모 교수의 생명공학 연구, 신 모 씨로부터 시작된 허위 학력 이야기로 대한민국은 거짓말 공화국이라고 하더니, 인터넷 문서에는 대한민국은 아직도 거짓말로 입신출세할 수 있는 나라라며, 절대 들키지 않는 거짓말쟁이가 되는 법을 소개한 글이 돌고 있다. 그야말로 거짓말 권하는 사회에 살고 있는 것이다.

　폴 에크만의 연구에 따르면 사람들은 평균 8분에 한 번꼴, 그러니까 하루에 200번 정도 거짓말을 한다. 그 종류도 아주 사소한 거짓말에서부터 거대한 속임수나 사기까지 다양하다. 사소한 거짓말을 하는 동기는 아이들이 하는 거짓말을 생각해 보면 금방 알 수 있을 것이다.

•예시

　㉮ 늑대가 나타났다.

　- 재미있어서 장난삼아 하는 거짓말

㉯ 우리 집에 큰 차 샀다. (집에 차도 없으면서)

　- 남의 이목을 끌어서 자기를 돋보이려고 하는 거짓말

㉰ 오늘 숙제 하나도 없어요. (숙제 안 하고 놀면서)

　- 꾸중이나 벌 받기 싫어서 자기방어적으로 하는 거짓말

㉱ (자기를 놀리는 친구한테) 너네 집에 불났어.

　- 상대방을 놀리거나 보복하려고 하는 거짓말

㉲ 우리 형이 그 필통 나 안주면 너 내일 때려준다 그랬어.

　- 원하는 것을 얻기 위하여 하는 거짓말

㉳ 선생님 내가 봤는데, 제가 안 그랬어요.

　- 곤란에 처한 친구를 보호하기 위해서 하는 거짓말

마크 트웨인의 말처럼 모든 사람이 매일, 매 시간, 깨어 있거나, 자거나 꿈에서도 거짓말을 하는지도 모른다. 그런데 '바늘 도둑이 소 도둑 된다'는 속담처럼 거짓말이 더 커지면 속임수나 사기가 될 수도 있다는 점에서 문제가 된다. 그러기 때문에 어린 아이들이 처음 의도적인 거짓말을 하는 3~4세 때가 거짓말에 대해 교육을 할 수 있는 적절한 시기이다.

　아이가 거짓말을 하면 직접 나무라는 것보다 『피노키오』나 『양치기 소년』 같은 동화를 읽어 주는 것이 거짓말에 대한 이해를 돕는 방법이 된다. 아이들은 진실을 말하는 방법을 배우면서 거짓말도 배우게 되기 때문에, 아이들이 거짓말을 하는 것은 정상이다. 그리고 열 살쯤 되면 세상이 진실만으로 이루어져 있지 않다는 것을 알게 되기 때문에 부모님이 거짓말이 얼마나 나쁜 것인지 철학적으로 가르치려고 하는 건 효과적이지 않다. 그보다는 아이가 거짓말을 한다는 것은 더 많은 사랑과 관심이 필요하다는 말이기 때문에 왜 거짓말을 하게 되었는지 원인을 들어주고, 아이를 안아 주거나 따스하게 대해 주는 것이 더 도움이 된다.

　청소년기에는 거짓말과 친구들의 영향력이 정점을 이루는 시기이기 때문에 이때는 자녀의 프라이버시를 지켜 주고, 자녀가 원하는 심리적 거리를 유지해 주면서 포용하는 것이 거짓말이 성품 속으로 파고드는 것을 막을 수 있는 방법이 된다. 폴 에크만 교수는 여러 가지 실험 결과들을 바탕으로 거짓말을 하는 사람들은 가족 관계나 환경면에서 보다 많은 결점을 가지고 있고, 지능도 상대적으로 낮으며, 모범생보다는 문제아들에게 더 많이 나타나며, 부모의 거짓말을 모방하는 경우가 많다고 지적했다.

　그런데 거짓말 가운데는 악의적인 것도 있지만, 이른바 선의의 거짓말도 있는데 2006년 '중국을 울린 감동의 거짓말'이 대표적이다. 지린성 창춘시에 사는 한 가난한 40대 가장은 골수암에 걸려 사경을 헤매는 여덟 살짜리 딸아이를 위해 전 재산을 처분했다. 딸아이가 그토록 좋아하는 베이징 톈안먼 광장에 가서 오성기가 하늘로 올라가는 장면을 보여 주고 싶었기 때문이다. 하지만 의사는 가는 도중 잘못될 수 있다며 만류했다. 이 소식을 들은 시민 2,000여 명이 도움을 자청했다. 얼마 후 창춘시 운동장은 톈안먼 광장으로 꾸며지고, 군악대의 연주가 울리는 가운데 연출된 '톈안먼 드라마'는 보는 이들의 마음을 울렸다. 상대를 위로하고 용기를 북돋아 주기 위해 행한 선의의 거짓말은 용서가 되는 게 우리의 정서다.

이렇게 거창한 경우가 아니라 하더라도 새 옷 입고 와서 "이 옷 어때?"라고 물어보면 사실은 그렇게 좋아 보이지 않아도 "야, 잘 어울린다"라고 말하게 된다. 『인간관계를 따뜻하게 만드는 행복한 거짓말』, 『당신을 최고로 만들어 주는 49가지 거짓말』과 같은 책들이 출판된 것을 보면 모든 거짓말이 나쁘다고 말하기에는 어려운 면이 있다. 지나가면서 어떤 사람이 인사치레로 "안녕하세요?" 하면 사실은 안녕하지 않고 몸이 아프거나 마음이 불편한 상태라도 그냥 "네, 안녕하세요?" 하고 지나가는데, 이것도 사실과 다르니까 거짓말이라고 볼 수 있다. 아주 오랫동안 '지구가 둥글다'는 말은 거짓말이었고, 그런 거짓말로 민심을 어지럽게 한다고 죽이기까지 하지 않았던가? 우리가 거짓이 아니라고 믿고 하는 말들도 사실은 거짓인 경우가 많기 때문에 지식이나 예술과 관련해서 거짓말과 진실의 경계를 정하는 것은 어려운 일일 수도 있다.

그렇지만 사람들이 하는 거짓말을 분석한 결과를 보면 거짓말은 첫째, 필요한 것을 얻기 위한 거짓말, 둘째, 결속 관계를 지속하고 갈등을 피하기 위한 거짓말, 셋째, 자존심을 지키고 자신의 능력이나 취향 들을 과장하거나 확대시키기 위한 거짓말, 넷째, 자기 만족감을 느끼거나 남을 웃기기 위한 거짓말로 유형화할 수 있는데, 대부분 거짓말 하는 동기는 자기의 이익을 위해 하는 것으로 나타났다. 실제로 322개의 거짓말을 가지고 연구를 한 결과(Camden, Motley, & Wilson, 1984)를 보면 75.8%의 거짓말이 자신을 위한 거짓말이었고, 상대방을 위한 것은 21.7%, 제3자를 위한 것은 2.5%로 나타났다. 남을 속이기 위한 것이 아니라 남을 배려하기 위해서 관습적으로 하는 거짓말, 그러니까 선의의 거짓말도 나쁜 말이냐에 대해서는 논란의 여지가 있겠지만, 대부분의 거짓말이 이렇게 자기중심적인 것이다.

거짓말을 하는 가장 원천적인 이유는 자존감이 낮기 때문이다. 자기가 타고난 것, 자신의 환경에 대해 인정하지 않고 다른 조건을 충족시키려고 하면 문제가 생긴다. 자기가 원하는 상태는 높은데 현실은 그렇지 않을 때 내적인 갈등이 생기게 되는데, 이런 불일치 때문에 생기는 불편함이나 불안을 없애기 위해서 보통 사람들은 이상을 좀 낮추거나 더 많은 노력을 해서 도달하려고 한다. 그런데 이게 도저히 불가능하다고 생각되면 현실을 왜곡하거나 현실을 부인하는 극단적인 방법을 사용하게 되는데, 현실을 왜곡하는 것이 바로 거짓말이다. 자신의 모습에 대한 자존감이 없으니까 평소에 자존심 상한다고 느끼던 문제들에 대해 현실을 바꾸는 말을 하는 것이다. 결국 자존감이 낮으니까 자존심이 상하고, 이걸 지키기 위해 자신을 속이는 일종의 방어기제로 거짓말을 통해 다른 사람과의 관계에서 자기를 차별화해서 우월감을 느끼거나 자기를 보호하고자 하는 것이다.

이러한 단계가 진전되면 거짓말이 점점 깊어져서 병적인 거짓말로 전이가 되는데, 병적인 거짓말은 보통 세 가지 유형으로 분류한다. 하나는 충동적인 거짓말인데 이건 뇌에서 충동을 조절하는 물질이 적게 분비되면서 스스로 절제하지 못하고 거짓말을 하는 것이다. 이것은 도박에 빠지거나, 도벽이 있거나, 지나치게 물건을 사들이는 것이나 하는 것과 마찬가지로 충동조절 장애의 일종이다. 둘째는 습관적 거짓말인데, 이건 거짓말이 거짓말을 낳고 이걸 감추기 위해서 상습적으로 또 다른 거짓말을 하는 것이다. 이런 사람들은 대체로 어린 시절에 학대를 당했거나 문제 가정에서 자랐을 가능성이 높고 자존감이 아주 낮다는 특징을 가지고 있다. 셋째는 병적인 기억에 의해서 제멋대로 이야기를 만들어 내는 작화증이다. 이런 경우 이야기를 하면서 본인이 거짓말을 한다는 사실을 인지하지 못할 수도 있고, 자기 세계 속에서 사는 망상으로 진전되게 된다.

거짓말은 다른 사람이 알 권리를 침해하고 다른 사람을 기만했다는 점에서 바람직하지 않은 언어행위이다. 따라서 거짓말을 하면 음성언어와 동작언어가 일치하지 않는 이중적인 메시지를 전달하게 된다. 거짓말하는 사람은 과장되게 웃거나 얼굴 근육이 부자연스럽게 움직인다. 상대방과 눈이 마주치는 것을 피하고, 손을 입이나 코 주위, 눈으로 가져가서 가리고, 눈을 오랫동안 감고 있거나 자주 깜빡인다. 클린턴 대통령이 스캔들에 관해 이야기할 때 일 분 동안 26번이나 코를 만졌다는 기사가 실렸다. 거짓말하는지를 식별하기 위해서 거짓말 탐지기를 쓰는데, 그것도 다 거짓말할 때 두드러지는 신체적인 변화를 이용한 것이다. 거짓말을 하면 일단 심장 박동수가 증가하고, 혈압이 높아지고, 호흡이 빨라진다. 또한 눈의 동공이 커지고, 땀이 나게 된다.

무엇보다 거짓말을 하면 생각하는 것과 말하는 것이 일치되지 않으니까 자기 정체성에 영향을 주게 된다. 거짓말을 하면 자존감은 점점 낮아지고, 자존감이 낮다는 것은 의사소통이나 인간관계가 어렵게 된다는 말이 된다. 그뿐만 아니라 거짓말은 사회적으로 용인되지 않기 때문에 다른 사람들로부터 소외당하게 된다. 이런 관점에서 거짓말이 바른 대화의 구도가 될 수 없다는 것은 분명한 일이다.

꾸지람하기

살면서 좋은 말만 하고 살면 얼마나 좋을까? 그러나 사랑하는 자녀에게도 좋은 말만 하기는 어렵다. 게다가 현대 사회의 리더라면 다른 사람의 잘못을 지적하고 새로운 가르침을 주는 것도 피할 수 없이 중요한 일이다. 칭찬은 고래도 춤추게 한다지만, 한편으로는 '칭찬만으로는 고래를 춤추게 할 수 없다'는 말도 있다. 이것은 물론 칭찬과 함께 적절한 꾸지람이 필요하다는 말일 것이다. 그러나 상대방이 잘못한 것을 꾸지람하는 것은 일단 내가 상대방보다 높은 위치에 서는 것이고, 상대방은 잘못했다는 것을 전제로 하는 것이기 때문에 상대방의 체면을 손상시키는 말이 된다.

사람은 누구나 공적으로 지켜지는 자신의 이미지인 체면(face)을 유지하고 싶어 한다. 자기만의 독립된 영역과 함께 다른 사람들과 함께 유대관계를 느끼고 싶어 하는 양면 속에서 독립도 유지하면서 유대관계도 깨뜨리지 않을 수 있는 적당한 거리를 유지하고 싶어 하는 것이다. 이런 상황에서 꾸지람하는 말은 다른 사람의 일상에 개입하는 것이어서 소극적 체면을 손상시키는 말이다. 누구나 자신의 체면이 손상된다고 느끼면 반발을 하기 때문에 꾸지람을 한다는 것 자체가 매우 조심스러운 일이다. 게다가 다른 사람이 잘못한 것을 보고 꾸지람하는 사람보다는 못 본 척 눈감아 주는 사람이 더 너그러운 사람이라고 느껴지고 좋은 평가를 받게 된다.

꾸지람하는 말이 갖는 이런 특징들 때문에 비판을 위한 비판이 되지 않기 위해서는 꾸지람을 하는 이유나 동기가 무엇인가가 가장 중요하다. 꾸지람하는 것은 화내는 거나 혼내주는 것하고는 본질적으로 다르다. 꾸지람을 하는 이유는 그 사람을 세워주는 것, 그러니까 잘못된 점을 지적해서 올바른 길로 나아가게 하는 데 있다. 잘못된 점을 개선하기 위해 꾸지람하는 것과 무조건 야단치는 것은 본질적으로 다르다.

보통 꾸지람하는 걸 야단친다고도 하는데, 야단치는 것은 사전에 '소리 높여 마구 꾸짖는 일'이라고 풀이되어 있다. 그러니까 바른 방향에 대한 조언이라는 관점은 없고 잘못된 것에 대해서 큰소리로 마구 비난하는 것만 말하고 있는 것이다. 그리고 '야단치는' 것에 대해서 그걸 듣는 사람은 '야단맞았다'라고 해서 한 쪽은 치고, 다른 쪽은 맞는 관계인데, 이렇게 감정을 폭발시키는 것은 화를 내는 것이지 꾸지람하는 것은 아니다. 꾸지람은 넘어뜨리기 위해서 비난하고 치는 것이 아니고 다른 사람을 세우기 위한 일이기 때문에 잘못된 내용에 관한 지적과 함께 바른 방향에 대한 조언이 포함되어 있어야 한다. 그렇기 때문에 자녀를 꾸지람하려면 자녀를 바로 세우기 위해 교육한다는 마음으로 꾸지람을 해야 하는데, 자칫 잘못하면 혼을 내준다고 화를 내거나 야단만 치고 만다. 야단이라는 말의 뜻이 '몹시 떠들썩하고 부산하게 구는 일'인 것처럼 소란하게만 만들고 교훈이 빠져 있으면 꾸지람이 아니다.

신문에 부모님께 꾸지람을 듣고 화가 나서 비행을 저지른 기사들이 종종 나온다. 심지어는 아파트에서 뛰어내려 자살을 하기도 하는데, 이건 제대로 된 꾸지람이 아니고 야단을 치거나 혼을 냈기 때문에 생긴 일일 것이다. 절제되지 않은 분노는 또 다른 분노를 부를 뿐이고, 행동의 교정이나 교육적인 효과로 연결되지 않는다. 그래서 진정한 꾸지람은 애정에서 출발해야 한다. 상대방을 위한다는 이유로 그 사람한테 화를 퍼붓거나 분이 풀릴 때까지 잔소리를 늘어놓는 것은 꾸지람이 아니고 화풀이이다. 그러니까 진정한 의미에서 꾸지람을 하려면 화풀이, 잔소리, 야단치기, 혼내주기를 뛰어넘어서, 진실한 마음으로 상대방을 세워주려는 사랑의 마음이 있어야 된다는 말이다.

그런데 이런 진정한 꾸지람이라 하더라도 꾸지람을 받아들일 수 있으려면 무엇보다도 듣는 사람에게 높은 자존감이 있어야 된다. 자기가 잘못한 것에 대해서 지적하는 말을 들으면 보통의 경우 사람들은 상대방이 지적한 방식이 틀렸다고 자신을 합리화하거나, "너는 뭐 다 잘 하고 있어?" 하는 식으로 반격을 하게 된다. 그렇지 않으면 의식적으로 피하거나, 울음을 터뜨리거나, 앙심을 품기도 하고, 관계를 단절하려 한다. 무엇보다 그 말 때문에 의기소침해져서 의욕을 잃게 되는 경우도 많이 있다. 그런데 자존감이 높은 사람들은 사람은 누구나 잘하는 부분과 잘못하는 부분이 있고, 나한테도 잘못한 부분이 있는데, 그것에 관해서 지적해 준 말이라는 점을 알기 때문에 부정적인 반응을 보이지 않고 받아들이게 된다.

내가 꾸지람을 듣게 되는 경우에 제일 중요한 것은 그 말을 들으면서 자존심 대화에 걸려들지 않아야 한다는 것이다. 그 말을 들으면서 "자기는 얼마나 잘났다고 저러는 거야?" 하는 식의 소리가 내면에서 만들어지면 자존심에 걸려들어서 내용을 듣지도 않고 반항하거나 무시하게 된다. 그러나 누구에게나 약점이 있고, 나에게도 실수가 있다는 것을 편안하게 받아들이고, 지금 나에게 이야기하는 문제에 집중하는 것이 필요하며, 그 말에 반발하고 받아치는 소리가 아니라, 상대방이 하고 있는 말을 통해 내 문제를 발견하려는 노력이 필요하다. 보통의 경우 꾸지람을 들을 때 심장 박동이 빨라지고 호흡이 가빠지고, 혈압이 높아지기 때문에 심호흡을 하면서 긴장을 풀고 의자에 앉을 경우에는 깊숙이 앉아서 침착하고 차분하게 반응하는 것이 좋다.

꾸지람을 듣는 것이 누구에게나 힘이 드는 일인 만큼 꾸지람을 하는 경우에도 신중하게 해야 한다. 일본 호리바제작소 회장인 호리바 마사오는 3분 꾸지람하기 위해서 3시간 동안 고민한다고 말한다. 꾸지람을 들으면 분명히 의욕과 생산성이 낮아지기 때문에 꾸지람하는 사람은 신중해야 하고, 3시간을 투자할 정도의 열정이 있어야 한다는 것이다.

꾸지람을 할 때는 첫째, 문제점을 올바르게 파악하고 잘못한 부분에 대해서만 꾸지람을 해야 한다. 한 가지 잘못을 가지고 그 사람의 다른 면까지 비난하는 말을 해서는 안 된다. 예를 들어서 준비물을 챙겨 오지 않은 학생에게 "수업 시간에 떠들기만 하는 줄 알았더니, 준비물도 제대로 못 챙겨 오니? 네가 제대로 하는 게 뭐야?" 하는 식으로 꾸지람을 하면 아이는 자신의 잘못을 뉘우치는 것이 아니라 선생님이 자기를 미워한다고 받아들이게 될 뿐이다. 그보다는 "오늘 준비물을 잘 챙기지 못했구나. 준비물이 없으면 수업 시간에 같이 활동할 수가 없단다. 다음부터는 꼭 챙겨 와라"라고 말하는 것이 꾸지람이다. 직장에서도 마찬가지이다. "자네 왜 그렇게 제대로 하는 게 하나도 없나?" 하는 식으로 꾸지람을 하는 것보다는 구체적으로 "이번 보고서에 통계 처리가 잘못 됐네. 철저하지 못한 통계는 아무 의미가 없는 것이니, 다시 한 번 검토해 보고 통계에 대해서는 좀 더 신중하게 다루길 바라네" 하는 식으로 말한다면 오히려 존경받는 상사가 될 수 있다.

둘째, 모든 사람에게 동일한 기준을 적용해서 꾸지람해야 한다. 같은 잘못인데 어떤 사람에게는 관대하고, 어떤 사람한테는 꾸지람을 해서는 안되며, 누가 무엇을 어떻게 잘못했는지 자세히 알아보고 언제나 누구에게나 같은 기준을 적용해야 한다. 그러기 위해서는 스스로 객관적이고 정당한 기준을 가지고 있어야 한다. 사람마다 기준이 다르고 상황에 따라

적용하는 기준이 다르기 때문에 조직 안에서 많은 갈등이 일어난다. 그러기 때문에 다른 사람들이 적용하는 기준에 대해서도 잘 파악하고 있어야 갈등을 최소화할 수 있다. 가정에서도 형이 하면 꾸지람하지만, 동생이 하면 봐주고, 같은 일에 대해 엄마는 꾸지람하지만 아빠는 그 정도를 가지고 뭘 그러느냐고 하면 오히려 더 어려워진다. 따라서 꾸지람을 하기 전에 내가 가지고 있는 기준은 무엇인가? 다른 기준을 더 추가할 필요는 없는가? 내 기준은 고정적인가? 내 기준을 다른 사람들은 어떻게 생각할까? 다른 것을 틀렸다고 지적하는 것은 아닌가? 하는 것들을 생각하는 것이 필요하다.

셋째, 때와 장소를 가려서 꾸지람을 하여야 한다. 꾸지람은 체면을 손상시키는 것이기 때문에 여러 사람 앞에서 하는 것은 오히려 분노만 일으키게 된다. '내가 잘못한 것은 인정한다 치더라도 많은 사람들 앞에서 꼭 그렇게 창피를 주어야 했을까?' 하는 생각으로 원망하게 될 뿐이다. 그래서 상대방이 감정적이지 않은 적절한 때를 선택해서 다른 사람들이 알아채지 못하게 은밀하게 하는 것이 좋다. 자녀들을 꾸지람할 때라도 동생이 보는 앞에서 형을 꾸짖는 것보다는 방으로 들어가서 조용히 타이르는 것이 더 좋다.

넷째, 다른 사람과 비교하면서 꾸지람해서는 안 된다. 김 대리를 꾸중하면서 "박 대리 좀 봐요. 얼마나 잘 하나" 하는 식의 말은 반발만 불러일으킬 뿐이다. 그리고 개선하기 위한 구체적인 대안을 조언해 주지 않으면 트집만 잡고 비난하는 것으로 끝날 뿐, 사람을 세우는 꾸지람은 되지 않는다. 상대방의 실수를 올바르게 고치기 위해서는 구체적인 방법을 스스로 생각할 수 있도록 하거나, 개선 방법을 제시해 주어야 한다. 그래서 꾸지람하기 전에 먼저 장점을 칭찬해 주고, '내 생각엔~', '엄마가 보기엔~' 하는 말로 자신의 주관적인 의견이라는 것을 표현하고, '다음에 더 좋은 평가를 받으려면~', 또는 '시험 성적을 더 올리려면~' 하는 말로 동기를 부여해 준 다음에, '이 자료를 더 검토해 봐요' 또는 '잠자는 시간을 30분만 줄이자'와 같이 구체적인 해결책을 조언해 주어야 한다. 자녀들이 규칙을 배워가는 때에는 엄격하고 단호한 꾸지람을 하는 것이 효과적이지만, 성인들을 꾸지람할 경우에는 상대방의 체면을 고려해서 언어 표현도 잘 선택하는 지혜가 필요하다.

요즘 신문 기사에는 취업 준비 안 한다고 꾸지람들은 여대생이 자살했다거나 텔레비전 그만 보고 공부하라는 꾸지람에 초등학생이 목을 매었다는 기사, 그리고 집에서 논다는 꾸지람에 아버지를 살해했다거나, 자기 아들한테 꾸지람했다고 학부모가 선생님을 폭행했다는 것과 같이 꾸지람 때문에 벌어지는 어처구니없는 일들이 많이 보도된다. 자존감이 낮으면 꾸지람 한 마디에도 자살을 하고, 자존감은 없이 자존심만 강하면 폭력적인 행동을 하게 된다. 꾸지람은 우리가 더 지혜로워지고 발전할 수 있도록 해주는 말이기 때문에 상대방을 키울 수 있는 지혜로운 입술, 그리고 나를 키울 수 있는 지혜로운 귀로 꾸짖음과 친해져야 할 필요가 있다.

화가 났을 때

화가 난다는 것은 '분노'라는 감정과 가장 가까울 것이다. 분노는 사전에 '일반적으로 목표에 도달하기 위한 행동이 방해받았을 때 생기는 공격적 정서와 행동'이라고 풀이되어 있다. 아동 발달에서는 신생아에게는 쾌와 불쾌의 두 종류의 감정만 있는데, 6개월쯤 지나고 나면 불쾌의 감정에서 분노, 혐오, 공포가 파생된다고 하여 분노를 유아기부터 가지고 있는 불쾌한 기분의 한 유형으로 본다.

유아는 졸릴 때나 놀랐을 때 화를 내면서 운다. 초등학교 다닐 때쯤 되면 누가 간섭하거나, 자기 물건을 뺏거나, 때리거나, 자존심을 상하게 하면 화를 내면서 거칠게 행동하거나 싸우는 일들이 생긴다. 이렇게 유아기 때부터 생겨난 분노의 감정은 나이가 들수록 종류도 더 다양해져서 사회 부조리에 대한 분노, 자신의 무능함이나 실패에 대한 분노 같은 여러 양태로 나타난다.

누구나 자기 기대대로 안 되거나, 자존심이 상하거나, 자기 생각이나 신념이 방해를 받으면 분노를 느끼게 된다. 감정 과학을 연구한 클라우

디아 해먼드 박사가 160명을 대상으로 조사한 바에 의하면 85%가 일주일에 한두 번의 분노를 느낀다. 싫어하는 사람보다는 가깝게 느끼는 사람에 대해 화를 내는 경향이 있으며, 화를 내서 얻을 수 있는 것이 가장 많은 상대에게 화를 낸다는 것이다. 아이들도 아버지보다는 어머니에게 화를 내고, 직장에서도 상사보다는 동료에게 화를 더 잘 낸다. 어떻게 보면 만만한 사람한테 화를 내는 것이고, 그러다 보면 화내는 사람이 나를 만만하게 보고 마구 대하는 것 같아서 덩달아 화를 내게 되는 것이다. 그래서 분노를 표출하는 것은 상호적인 일이 되기 쉽다.

분노라는 것은 에너지이고 힘이다. 이러한 분노가 부당함에 맞서기 위한 동력이 될 수도 있어서 아리스토텔레스는 분노의 핵심은 적절한 때, 적절한 사람들과 함께 있을 때, 적절한 대상에게 적절한 이유로, 적절하게 표출하는 데 있다고 했고, 변영로 시인의 시 〈논개〉에서도 거룩한 분노는 종교보다 깊다고 했다.

분노는 밖으로는 다른 사람의 정서를 공격하는 에너지가 되고, 안으로는 우리 신체가 공격에 대비하게 하고 근육에 에너지를 제공해 준다. 그래서 분노만큼 우리 몸을 오랫동안 활기 있게 유지시켜 주는 감정은 없다고 말한다. 그러나 생화학자들은 분노했을 때 만들어지는 활성산소 즉 유해산소가 가장 강력한 것인데, 이것이 세포를 공격해서 DNA와 세포 조직을 손상시키니까 병도 걸리고 노화도 빨라져서 결국 수명에 영향을 주게 된다고 말한다.

분노는 자기 스스로를 파괴하는 것인 동시에 보통 폭력적인 말이나 행동으로 나타나서 가정폭력의 언어폭력이나 물리적인 폭력의 원인이 된다. 화가 나면 제대로 된 판단을 내리기 어렵고, 충동에 대한 통제가 잘 되지 않는다. 화를 내는 사람들은 세로토닌(serotonin)이라는 신경전 달물질이 기준보다 낮아지게 되는데, 이것은 충동적 공격성을 보이는 사람들에게서는 나타나는 것과 같은 현상이다.

병적으로 화를 잘 내고 그럴 때마다 충동적인 행동을 하는 경우라면 약물치료를 받을 필요가 있다. 일반적으로 분노를 더 자주 표출하는 것도 남성이고, 화가 났을 때 충동적인 행동을 더 잘 하는 것도 남성이어서, 남성이 살인을 저지를 확률이 여성에 비해 27배나 높다. 그러나 자제력을 잃고 흥분하는 빈도는 남성이나 여성이나 다 비슷한데, 언쟁이 격화되었을 때 폭력을 휘두르거나 무기를 사용할 가능성이 남성에게서 더 크게 나타난다.

분노의 감정이 생길 때 바로 화를 내는 것은 매우 조심해야 할 행동이다. 일단 화로 표출되면 부정적인 에너지가 되어서 나를 상하게 하는 동시에 상대방을 상하게 만든다. 화내는 부모 밑에서 자란 자녀들이 공격적이고, 화를 잘 내는 것은 보고 배워서인 점도 있지만 부정적인 에너지가 자녀에게 들어와서 쌓여있기 때문이다. 그보다는 상황을 새롭게 인식하고 긍정적으로 재해석하는 것이 필요하다. 분노한 이유가 무엇인가 하는 것을 다시 분석해 보고, 다른 각도로는 생각할 수 없는지 스스로에게 물어보는 것이다. 그러면서 텔레비전 채널을 바꾸듯 생각의 채널을 긍정적 사고 쪽으로 돌리라는 것이다.

그럼, 상대방이 화가 났을 때는 어떻게 하면 좋을까? 첫째, 시간을 끌면서 분노가 풀리고 잊어버리기를 기다리는 것이다. 분노는 본질상 무겁고 잔인한 속성을 가지고 있어서 맞대응하지 않는 것이 좋은 방법이다. 그러나 더 좋은 방법은 그 분노를 흡수해 주어서 상대방의 화를 풀어주는 것이다. 분노를 흡수하는데 좋은 대화법은 공감하며 듣는 것이다. 열심히 들어 주기만 해도 화를 흡수할 수 있지만, 공감하며 듣는 것은 단순히 열심히 들어주는 것이 아니고, 상대방이 하는 말을 받아줌으로써 상대방의 마음속에 담겨 있는 생각들을 다 풀어낼 수 있도록 도와주는 것이다.

공감하며 듣는 것은 앞서 살펴본 바와 같이 상대방의 말이나 표정, 태도를 주의 깊게 받아들이고 그 말에 대해서 논리적으로나 감정이입을 통해서 추측을 한 다음에 "너는 이렇게 느낀 것 같은데, 내 추측이 맞는 거니?" 하면서 돌려주는 것이다. 상대방에게 들은 것을 확인하는 말로 다시 돌려주면서 정말로 그 말을 이해하고 있고, 또 그 말을 경청했다는 것을 적극적으로 나타내 주는 것이기 때문에 상대방의 틀 안으로 들어가는 것, 다시 말해서 상대방의 관점을 통해서 사물을 보는 것이고, 상대방이 세상을 보는 방식에 입각해서 세상을 보는 것이다. 상대방이 분노로 폭발할 것 같은 상황에서 그 사람을 이해하겠다는 마음을 가지고 말을 들어주는 것은 그 분노를 녹여서 흡수하는 힘을 가지게 된다.

상대방이 화가 난 상태에 섣부른 충고나 비평을 하는 것은 오히려 화를 키울 수 있다. 따라서 화난 사람과 대화를 할 때는 꼭 필요한 최소한의 말만 하고 나머지는 모두 열심히 들어준다고 생각하는 것이 좋다. 그러나 상대방이 나 때문에 화가 났을 경우는 장황한 변명보다는 진실성 있는 말로 사과하고, 그 문제를 해결할 수 있는 대안을 제시하는 것이 좋다. 예를 들자면 내가 정해진 시간에 일을 해주지 않아서 상대방이 화를 내는 경우에 "아, 그래서 화가 나셨군요. 예, 마음이 많이 상하셨겠어요. 저도 충분히 공감합니다" 하는 말들을 하는 것만으로는 부족하다. 이럴 때는

338

내가 왜 늦었는지에 대해 아무리 열심히 설명을 해도 화를 돋우는 변명에 지나지 않는다. 그보다는 지금까지 진척된 상황을 토대로 앞으로 어떻게 하겠다는 대안을 제시하고 조금만 시간을 더 주면 일을 마치겠다고 약속을 해주는 것이 더 좋다.

화가 났을 때 그대로 입을 열거나, 화가 난 사람에게 준비 없이 대답을 하면 거의 대부분 싸움을 일으키게 되고 만다. 내가 화가 났을 때는 되도록 나쁜 에너지를 밖으로 표출해서 나도 상하고 남도 상하게 하는 일이 없도록 하면서, 관점을 좀 바꾸어서 긍정적으로 보는 훈련을 하는 것이 필요하고, 다른 사람이 화가 났을 때는 이해하고자 하는 마음으로 공감하고 들으면서 상대방의 화를 흡수해서 풀어주는 훈련이 필요하다.

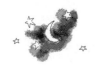

껄끄러운 말

말에는 하고 싶을 때 편안하게 할 수 있는 말도 있지만, 이 말을 하고 나면 상대방이 화를 낼 것 같기도 하고, 관계가 더 나빠지거나 상처를 주게 되지는 않을까 생각해서 주저하거나 피하게 되는 껄끄러운 말들도 있다. 그래서 말을 하지 않고 문제들에 대해 회피하거나 방어하면서 방치하고 같이 살면서도 남 같은 관계, 상처와 분노, 갈등에 쌓인 관계로 지내는 경우들도 있다. 문제는 시간이 지난다고 저절로 해결되는 것이 아닌데, 상대방한테 진실을 말하는 것이 두려워서 그 사람을 피하다 보면 그 사람과 더 멀어지게 되고, 관계는 더 악화될 수밖에 없다. 더구나 상대방은 그게 문제라는 걸 모르고 있을 수도 있다.

그리고 마음속에서 부정적인 생각들이 더 왜곡되고 강화되어서 처음에는 작은 문제일 수도 있었던 것이 정말 해결할 수 없는 문제가 되어버릴 수도 있다. 문제를 대면하게 될 때 변화를 위한 기폭제가 될 수도 있고, 비슷한 문제들을 해결해 나갈 수 있는 능력도 키우게 된다. 문제를 내놓고 함께 나누면 그 문제를 무시하거나 부정할 때보다 상황이 개선될 가능성이 훨씬 높아진다. 진실한 대면이 없이는 성장하는 관계도 없다. 아이가 반항할까 봐 부모로서 하고 싶은 말도 못하고 비위만 맞춘다면, 자녀하고 갈등은 없을지 몰라도 자녀가 성숙한 인격으로 자라게 할 수는 없을 것이다.

그런데 이런 껄끄러운 말을 할 때는 어떻게 하면 좀 더 효과적일까? 껄끄러운 대화를 하려면 기본적으로 자존감이 건강해서 자신을 솔직하게 드러낼 수 있어야 한다. 나와 관련된 모든 관계에는 내가 구성원으로 포함되어 있는데, 내가 만족하지 못한다면 구성원 가운데 일부가 불편한 것이다. 그렇기 때문에 그 관계가 건강해지려면 내가 느끼는 문제가 해결되어야 한다. 내가 노력해서 좋아질 수 있고 행복을 느낄 수 있는 것이라면 당연히 노력하겠다는 마음이 있어야 한다.

첫째, 마음이 먼저 준비되어야 한다. 내가 느끼는 감정에 대해서 솔직하게 말할 수 있어야 문제에 접근할 수 있는데, 솔직해지자고 생각하면 마음이 딱딱해지고, 말하는 태도가 경직될 수 있다. 불편한 말들은 대부분 마음속에 좀 쌓여 있다가 나오는 말이다 보니까 그 말을 꺼내면서 마치 투사가 되는 것 같은 기분이 들고, 그런 문제 때문에 겪었던 서운함과 분노 같은 것도 묻어나오게 되는 경향이 있다. 그러다 보니 말도 좀 딱딱해지고, 목소리도 긴장되고, 기분 나쁜 태도로 말하게 되는 것이다. 게다가 "나 당신한테 좀 할 말이 있어요"라거나 "오랫동안 혼자 고민하던 문제가 있는데, 아무래도 좀 말해야겠어요" 하는 식으로 시작을 하게 되면 상대방도 같이 긴장하게 되고, 방어적인 마음이 생기게 된다. 말을 시작할 때 이렇게 긴장이 된다면 사실, 아직 말할 준비가 되지 않은 것이다. 대면해서 말을 하는 목적은 문제를 해결해서 더 좋은 관계를 만들자는 것이니까 먼저 따뜻한 마음을 준비하고, 목소리의 온도도 좀 높이고, 태도도 부드럽게 해서 말을 시작해야 한다.

둘째, 자기 말만 하려고 해서는 안 된다. 불편한 말을 꺼내다 보면 말하는 것도 꼭 상대방한테 강의하거나 설교하는 것 같이 자기 말만 하려고 해서 상대방이 오히려 더 받아들이기 힘들게 만드는 경향이 있다. 문제를 대면하려면 '나'와 '상대방'이라는 두 사람이 이 문제에 관여하고 있다는 것을 늘 기억해야 한다. 대화를 하면서 자기 생각과 상대방의 생각을 구분하지 않으면 문제가 생겨서 화해의 과정이 갑자기 중단될 수 있기 때문이다.

어떤 맞벌이 부부가 남편은 주말에라도 집에서 밥을 먹겠다고 하고, 아내는 주말마다 음식을 준비하는 문제로 힘들고 지쳐 있는 상태이다. 아내도 남편 입장이 이해는 되지만, 주중에 똑같이 일하다가 주말에도 쉬지 못하고 늘 새로운 음식을 준비해야 한다는 부담이 시간이 갈수록 불만으로 자리 잡게 되는 것이었다. 그래서 하루는 용기를 내서 이 문제를 가지고 말을 시작했다.

• 대화 1

아내 여보, 우리가 외식한 게 언젠지 모르겠어요. 당신도 나랑 외식하고 싶지 않아요?

남편 아니, 난 외식 싫어.

아내는 남편이 야속하고, 서운해서 무척 화가 났으며, 그 뒤로 오랫동안 남편과 어떤 말도 나누지 않았다. 오랫동안 참다가 너무 힘들어서 말을 꺼낸 아내는 얼마나 서운했을까? 그런데 여기에 함정이 있다. 남편은 이 말을 들으면서 자기가 외식할 뜻이 있는지에 대해서 묻고 있는 말로 들은 것이다. 아내는 간접적으로 돌려 한 말을 남편은 직접대화로 처리한 것이다. 그래서 외식할 마음이 없다는 말을 편하게 할 수 있다. 다른 한편으로 이 말은 아내가 그동안 같이 외식을 하지 않은 것에 대해서 자신을 비난하고, 자기가 외식을 하도록 행동을 조정하려고 하는 말로 받아들여질 수도 있다. 그래서 기분이 나쁜 상태로 대답할 수가 있다. 따라서 이런 문제를 해결하려면 나의 문제는 나의 문제로 전달해야 한다. 이 경우 아내가 "내가 피곤해서 저녁 준비하기가 힘들어요. 외식을 했으면 좋겠어요" 하는 말로 전달하면 남편은 훨씬 더 쉽게 동의할 수 있다. 음식을 준비하기 힘든 것이 나의 문제인데, 그걸 '남편이 외식하고 싶은지'를 묻는 남편의 문제로 물었기 때문에 문제가 꼬이게 되는 것이다.

셋째, 문제를 명확하게 하는 것이 필요하다. 진짜 문제가 무엇인지, 그게 나한테 어떤 영향을 주는지, 그리고 어떻게 변하기를 바라는지에 대해서 명확하게 전달하는 것이 필요하다는 것이다. 불편한 말을 어렵게 꺼내고서도 문제에 대해서 부정적인 측면만 이야기하다가 마는 경우들이 있다.

•대화 2

아들   어머니, 왜 그렇게 사람을 못 살게 구세요?

어머니   그게 무슨 말이야?

아들   집사람이 하는 일마다 그렇게 핀잔을 주세요? 그 사람도 며느리 노릇 좀 하겠다고 애를 쓰는 게 하나도 안 보이세요? 지난 번 아버지 생신 때도 음식 타박 하셨잖아요?

어머니 아니, 무슨 타박을 했다는 거야?

아들 어머니가 집사람 무시 하니까 아이들도 제 엄마를 우습게 안다고요. 아무리 공부하라고 해도 들은 척도 안 하니, 성적이 오르겠어요?

어머니 네 아이들 공부 못 하는 것도 나 때문이라고? 정말 듣자 하니, 엄마한테 못 하는 말이 없구나.

이런 대화에서 말을 꺼낸 아들은 그냥 비판적인 사람이 되는 거고, 어머니는 비방을 받았다고 느끼니까 서로 기분만 상하게 되고 관계에 문제가 생기고 만다. 따라서 무엇이 정말 문제이고 어떻게 해주기를 바라는지 구체적으로 말해야 한다. 구체적으로 전달한다는 것은 문제가 무

엇인지를 말하고 난 다음 그것이 나에게 주는 영향과 내가 느끼는 감정을 전달하고 상대방에게 원하는 것이 무엇인지를 말하는 것이다.

•대화 3

아들 어머니, 제 생각에 어머니 보시기에 어멈이 하는 일이 좀 못마땅하신 것같아요.

어머니 그게 무슨 말이야?

아들 지난 번 아버지 생신 때도 불편한 말씀을 하셨는데, 오늘도 언짢은 말씀을 하시네요

어머니 그야, 그럴 만하니까 그러는 거지.

아들 어머니께서 어멈한테 심하게 대하시니까 어멈도 마음이 많이 상하는 것 같아요. 그리고 아이들도 할머니가 엄마한테 왜 화를 내시는지 묻곤 하거든요. 저도 중간에서 이러지도 저러지도 못하고 난감해요.

어머니 그래서?

아들 어머니, 저는 어머니께서 사소한 잘못들은 좀 너그럽게 이해해 주시고, 실수한 것들은 남들 보지 않는 데로 어멈을 불러서 따로 가르쳐 주시면 좋겠어요. 그리고 어멈이 잘한 게 있으면 칭찬도 좀 해주시면 우리 집안이 더 화목해질 거 같아요.

이론적으로는 이렇게 말할 수 있지만, 이런 상황은 정말 미묘하다. 아내와의 관계, 어머니와의 관계 모두 중요한데 잘못 말했다가는 오히려 관계를 다 망칠 수 있으니까 말을 못 꺼내고 그냥 묻어두는 경우가 많

을 것이다. 그러나 시간이 가도 문제가 해결되지 않는다면 온화하고 정중한 태도로 문제와, 그 영향과, 해결방법을 말하는 것이 필요하다.

넷째, 문제의 핵심을 놓치지 않아야 한다. 큰맘먹고 어머니께 이런 말씀을 드리려고 해도 이 순서대로 들어 주시지도 않고 벌써 한두 마디 하면 공격적인 말들이 나올 수 있다. 그러다 보면 곁길로 가서 처음 시작한 말이 무엇이었는지도 잊어버리고 딴 말로 서로 옥신각신하다가 기분이 상한 채 서로 불쾌한 말만 주고받다가 나오게 된다. 그렇게 때문에 이런 대화를 할 때는 이 대화의 과제가 무엇인지를 놓치지 말아야 한다. 그런데 상대방은 이 과제에 집중하지 못하고 궤도에서 벗어나도록 자꾸 말을 바꾸면서 걸림돌을 만들 것이다. 예를 들자면 어머님은 "야, 넌 네 처가 어떻게 하는지 알기나 해?" 하면서 잘못한 일들을 나열하고 싶어 하시거나, "네 처가 나한테 이런 말 하라고 시켰냐?" 하면서 역정을 내실 수도 있다.

이럴 때 수용적인 태도를 보이는 것이 이런 과제 대화를 할 때 더 도움이 되기 때문에 어느 정도는 상대방의 말에 귀를 기울여 주는 것이 좋다. 그렇지만 단지 공감하면서 들어만 드리고, 다시 처음 문제로 돌아가야 된다. 중간에 나온 말들에 흥분해서 그 말로 초점을 옮기게 되면 과제는 해결할 수 없게 되고 만다. 그러니까 "예, 어머니께서 마음 불편하신 건 잘 알겠어요. 그런데 제가 말씀드리는 건~" 하면서 다시 과제로 돌아가는 것이다.

이렇게 하려면 상당한 마음의 준비가 필요하다. 생각 없이 나오는 대로 말하다 보면 중간에 나온 말 때문에 흥분해서 마음만 상하고, 관계는 더 악화되고 만다. 뿐만 아니라 나는 아무리 계획된 말을 하려고 해도 상대방이 방어적인 태도를 보이면 말을 하기 어렵다. 예를 들어 어머니께서 "야, 난 그런 이야긴 듣고 싶지도 않아. 그런 이야기 꺼내려면 오지도 마" 하는 식의 방어적인 말씀을 하실 수 있다. 이럴 땐 조심스럽게 상대방의 방어적인 태도를 지적하는 것이 필요하다. "어머니, 저는 심각하다고 생각해서 이런 말씀을 드리려고 하는데, 어머니는 듣지 않으려고 하시고, 딴 말씀을 꺼내시네요. 전 제가 드리는 말씀을 좀 들어주셨으면 좋겠어요" 하는 식으로 차근차근 말씀을 드리는 것이다.

상대방이 말을 막아도 흥분하지 않고 끝까지 따뜻한 마음으로 차근차근 이야기할 수만 있다면, 간단한 문제라면 생각보다 쉽게 풀릴 수 있다. 그러나 오래 묵은 문제들이 이런 대화 한 번으로 쉽게 풀리지는 않을 것이다. 어쩌면 문제를 더 심각하게 만들 수도 있는 데, 중요한 것은 이런 상황에서 대화하는 방법을 익히는 것이다. 우리가 대화하는 방식은 이미 습관화되어 있다. 따라서 습관을 바꾸는 것은 매우 어려운 일이고, 결단이 필요한 일이다. 한 번, 두 번, 이런 식으로 말하는 것을 연습한다는 것만으로 얽힌 관계가 조금씩 풀릴 수 있다.

소통은 상대방에게 내 이야기를 해서 나를 이해시키는 과정이 아니다. 서로 전제로 하는 배경과 정보가 다르면 불통이 되고, 내 관점만 고수하면 먹통이 된다. 서로 다르다는 것을 이해하고 인정하면서 상대방의 속에 들어 있는 생각과 관점을 끌어내고, 내 생각과 감정을 풀어내어 함께 흐르게 하는 것이 진정한 소통이다.

참고문헌

구현정, 『대화의 기법』, 한국문화사, 1997.

구현정, 『대화』, 인디북, 2003.

구현정, 『대화의 기법: 이론과 실제』, 도서출판 경진, 2009.

구현정·전영옥, 『의사소통의 기법』, 박이정, 2005.

구현정·전정미, 『화법의 이론과 실제』, 박이정, 2007.

다카이 노부오, 유인경 역, 『멋지게 사과하는 방법 80가지』, 다리미디어, 2005.

신달자, 『미안해 고마워 사랑해』, 문학의 문학, 2010.

토마스 홀트베르트, 배진아 역, 『웃음의 힘』, 고즈윈, 2005.

Austin, John L., *How to do things with words*, Oxford University Press, Oxford, 1962.

Blanchard, Ken, *Whale done!: The power of positive relationships*, The Fre Press, New York, 2002: 조천제 역, 『칭찬은 고래도 춤추게 한다』, 21세기북스, 2002.

Byock, Ira, *The four things that matter most: A book about living*, Simon & Schuster, New York, 2004.

Camden, C., Motley, M. T. and Wilson, A., "White lies in interpersonal communication: a taxonomy and preliminary investigation of social motivations", *Western Journal of Speech Communication* 48, 1984, pp. 309~325.

Collett, Peter, *The book of tells*, Doubleday, London, 1983: 박태선 역, 『몸은 나보다 먼저 말한다』, 청림출판, 2004.

Cousins, Norman, *Anatomy of an illness*, W. W. Norton & Co Inc, 1979: 양억관·이선아 역, 『웃음의 치유력』, 스마트비즈니스, 2007.

Darwin, Charles, *The expression of the emotion in man and animals*, John Murray, London, 1872: 최원재 역, 『인간과 동물의 감정 표현에 대하여』, 서해문집, 1999.

DeVito, Joseph A., *Human communication: the basic course*, Sixth edition, Harper Collins College Publishers, New York, 1994.

Ekman, Paul, *Telling lies: clues to deceit in the marketplace, politics, and marriage*, W. W. Norton & Company, New York, 1985(2001).

Fishhoff, Baruch, "Hindsight is not equal to foresight: The effect of outcome knowledge on judgment under uncertainty", *Journal of Experimental Psychology: Human perception and performance*, 1(3), 1975, pp. 288~299.

Gladwell, Malcolm, *Blink: The power of thinking without thinking*, Little, Brown and Company, Boston, 2005.

Goffman, Erving, *Interaction ritual: essays on face-to-face behavior*, Doubleday Anchor Books, New York, 1967.

Gordon, Thomas, and Gordon, Judith, *Parent effectiveness training in action*, The Putnam Publishing Group, New York, 1976; 김인자 역, 『부모역할 배워지는 것인가』, 한국심리상담연구소, 1989.

Gray, John, *Men are from Mars Women are from Venus*, HarperCollins, 1992; 김경숙 역, 『화성에서 온 남자 금성에서 온 여자』, 동녘라이프, 2006.

Grice, Herbet Paul, Meaning, *Philosophical Review* 67, 1957, pp. 377~388.

Grice, Herbet Paul, "Utterer's meaning, sentence-meaning, and word-meaning", *Foundations of Language* 4, 1968, pp. 1~18.

Grice, Herbet Paul, "Logic and conversation", Cole, P. and Morgan, J. L.(eds.), *Syntax and Semantics 3 Speech acts*, Academic Press, New York, 1975, pp. 41~58.

Gross, Stephan, *Beziehungs intelligenz*, 1997; 박정미 역, 『인간관계지능』, 청년정신, 2000.

Hall, Edward T., *The hidden dimension*, Double day, New York, 1966; 최효선 역, 『숨겨진 차원(공간의 인류학)』, 한길사, 2002.

Hammond, Claudia, *Emotional roller coaster: A journey through the science of feelings*, Trafalgar Square, 2002; 박상원 역, 『감정의 롤러코스터』, 사이언스북스, 2007.

Hayakawa, Samuel, *Language in thought & action*, Fourth edition, Harcourt Brace Jovanovich, New York, 1978.

Herritage, John, *Garfinkel and ethnomethodology*, Polity Press, Cambridge, 1984.

Hobbes, Thomas, *Leviathan*, Clarendon Press, Oxford, 1651(1909).

Johnson, Spencer, *The one minute father*, William Morrow & Company, New York, 1983; 강주헌 역, 『좋은 아빠가 되기 위한 1분 혁명』, 동아일보사, 2004.

Ketterman, Grace H., *Verbal abuse: healing the hidden wound*, Servant Ministries, 2004; 임종원 역, 『말 때문에 받은 상처를 치유하라』, 미션월드, 2005.

Knapp, Mark L., *Interpersonal communication and human relationship*, Allyn and Bacon, Boston, 1984.

Lakoff, Robin, *Language and woman's place*, Harper and Row, New York, 1975; 강주헌 역, 『여자는 왜 여자답게 말해야 하는가』, 고려원, 1991.

Leech, Geoffrey, *Principles of pragmatics*, Longman, London, 1983.

Levine, Stephen, *A year to live: How to live this year as if I were your last*, Bell Tower, New York, 1997.

Littlejohn, Stephen, *Theories of human communication*, Wadsworth Publishing Company, Belmont, California, 1992.

Mehrabian, Albert, *Nonverbal communication*, Aldine-Atherton, Chicago, Illinois, 1972.

Orwell, George, "Funny, but not vulgar", In Sonia Brownell Orwell and Ian Angus(eds.), *The collected essays, journalism and letters of George Orwell*, Harcourt Brace Jovanovich, New York, 1968(1945).

Pérez Simó, R. *El desarrollo emocional de to bajo*, Paidós, Barcelona, 2004.

Pert, Candace, *Molecules of emotion: the science between mind-body medicine*, Simon & Schuster, New York, 1999.

Post, Emily, *Etiquette* 17th Edition, Harper Collins Publishers, New York, 1922(2004).

Powell, John, *Why am I afraid to tell you who I am?*, Argus Communications, Niles, IL, 1969.

Punset, Eduardo, *Por qué somos como somos*, 2008; 유혜경 역, 『인간과 뇌에 관한 과학적인 보고서』, 도서출판 새터, 2010.

Sacks, H., Schegloff, E. A., and Jefferson, G., "A simplest systematics for the organization of turn-taking for conversation", *Language* 50, 1974, pp. 696~735.

Schegloff, E. A., Jefferson, G., and Sacks, H., "The preference for self-correction in the organization of repair in conversation", *Language* 53:2, 1977, pp. 361~382.

Schegloff, E. A. and Sacks, H., "Opening up closings", *Semiotica* 8, 1973, pp. 289~327.

Searle, John R., *Speech acts: an essay in the philosophy of language*, Cambridge University Press, London, 1969.

Selye, Hans, *The stress of life*, McGraw-Hill, New York, 1956.

Tannen, Deborah, *Conversational style: analyzing talk among friends*, NJ, Ablex, Norwood, 1984.

Tannen, Deborah, *That's not what I meant!: how conversational style makes or breaks your relations with others*, William Morrow, New York, 1986; 이용대 역, 『내 말은 그게 아니야』, 사계절, 1992.

Tannen, Deborah, *You just don't understand: women and men in conversation*, William Morrow, New York, 1990; 정명진 역, 『당신은 정말 이해할 수 없어요』, 한언, 1992.

Tannen, Deborah, *Talking voices: repetition, dialogue and imagery in conversational discourse*, Cambridge University Press, Cambridge, 1991.

Tannen, Deborah(ed.), *Gender and conversational interaction*, Oxford University Press, New York and Oxford, 1993.

Tannen, Deborah, *I only say this because I love you: how the way we talk can make or break family relationships throughout our lives*, Random house, New York, 2001.

Pease, Allen, *Body language: how to read other's thoughts by their gestures*, Sheldon Press, London, 1987(1981); 정현숙 역, 『바디랭귀지』, 을지서적, 1992.

Satir, Virginia, Peoplemaking, Palo Alto, *Science and Behavior Books*, California, 1972; 성민선 외 역, 『사람만들기』, 홍익재, 1991.

기본부터 제대로 알고 시작하는
대화의 기술, 대화의 모든 것!!

『소통 불통 먹통』은 우리가 잘 모르고 있는, 혹은 잘못 알고 있는 '대화'에 관한 고정관념을 고쳐준다. 효과적이고 당당한 말하기 방법을 전해 주는 것이다. 대인관계의 대부분은 대화로 이루어진다. 따라서 좋은 말솜씨는 자기경영과 최선의 대인관계의 시작이다.

"말 한마디로 천 냥 빚을 갚는다"고 하듯이 말은 곧 경쟁력이다. 하지만 무조건 술술 막힘없이 이야기한다고 해서 결코 '대화'를 잘하는 것은 아니다.

언어학적 대화의 원리부터, 실생활에 꼭 필요한 센스 있게 말하기, 자신의 마음을 당당하게 표현하면서 상대방도 배려하는 고난이도의 말하기까지 대화의 모든 기술이 담겨 있다.